U0484862

杰出投资者的

[加拿大] 塞巴斯蒂安·佩奇　著
(Sébastien Page)
庞　鑫　黄　石　译
桂　林　专业审订

BEYOND DIVERSIFICATION

顶层认知

中国科学技术出版社
·北　京·

Beyond Diversification: What Every Investor Needs to Know About Asset Allocation by Sébastien Page
Copyright © 2021 by Sébastien Page
ISBN:978-1-260-47487-9
Simplified Chinese Edition Copyright © 2024 by **Grand China Happy Cultural Communications Ltd**
All Rights reserved.
No part of this publication may be reproduced or transmitted in any form or by any means, electronic or mechanical, including without limitation photocopying, recording, taping, or any database, information or retrieval system, without the prior written permission of the publisher.
This authorized Chinese adaptation is published by China Science and Technology Press Co., Ltd in arrangement with McGraw-Hill Education (Singapore) Pte. Ltd.
This edition is authorized for sale in the People's Republic of China only, excluding Hong Kong, Macao SAR and Taiwan.
Translation Copyright © 2024 by McGraw-Hill Education (Singapore) Pte. Ltd. And China Science and Technology Press Co., Ltd.

本书中文简体字版通过**Grand China Happy Cultural Communications Ltd（深圳市中资海派文化传播有限公司）**授权中国科学技术出版社在中国大陆地区出版并独家发行。未经出版者书面许可，不得以任何方式抄袭、节录或翻印本书的任何部分。

北京市版权局著作权合同登记　图字：01-2023-6240

图书在版编目（CIP）数据

杰出投资者的顶层认知 /（加）塞巴斯蒂安·佩奇著；庞鑫，黄石译．-- 北京：中国科学技术出版社，2024.5
书名原文：Beyond Diversification
ISBN 978-7-5236-0540-0

Ⅰ．①杰… Ⅱ．①塞… ②庞… ③黄… Ⅲ．①投资管理 Ⅳ．① F830.593

中国国家版本馆 CIP 数据核字 (2024) 第 042150 号

执行策划　黄　河　桂　林
责任编辑　申永刚
策划编辑　申永刚　贾　佳
特约编辑　蔡　波
版式设计　孟雪莹
封面设计　东合社·安宁
责任印制　李晓霖

出　　版　中国科学技术出版社
发　　行　中国科学技术出版社有限公司发行部
地　　址　北京市海淀区中关村南大街16号
邮　　编　100081
发行电话　010-62173865
传　　真　010-62173081
网　　址　http://www.cspbooks.com.cn

开　　本　787mm×1092mm　1/16
字　　数　260千字
印　　张　21
版　　次　2024年5月第1版
印　　次　2024年5月第1次印刷
印　　刷　深圳市精彩印联合印务有限公司
书　　号　ISBN 978-7-5236-0540-0 / F·1209
定　　价　99.80元

（凡购买本社图书，如有缺页、倒页、脱页者，本社发行部负责调换）

BEYOND DIVERSIFICATION

— 杰出投资者的顶层认知 —

伟大的投资者有一定之规和思维过程：它们是萌生、培育求知欲和创造性思维的根基。在这个过程中，伟大的投资者始终坚持严谨自律的作风，深入研究并总结出各种观点或想法。这个过程不是捕风捉影、好高骛远，而是持之以恒、脚踏实地，追求可复制、可验证的规律。

普信集团首席信息官、投资主管

罗伯·夏普斯（Rob Sharps）

普信集团（T. Rowe Price）是美国最大的主动管理基金公司，管理资产规模超 1 万亿美元，它采用自下而上的方法进行基本面和量化分析。目前普信集团在中国香港和上海均设有办事处，华夏基金与普信集团有深度合作，聘请普信集团作为境外投资顾问。

声明：本书所述观点均为作者个人观点，且可能与普信集团其他员工的观点有所不同。本书引用的信息和观点来源可靠，但作者对其准确性不做保证。此外，不得将本书视为出售或购买任何证券的分销、要约、邀请、建议或推荐之用；当然，本书所述观点不构成投资建议。投资者在作出投资决策前，应寻求独立的法律和财务建议。历史业绩不能保证未来投资收益，投资有风险。书中所附图形和表格仅为说明观点之用。

本书赞誉

比尔·斯特罗姆伯格（Bill Stromberg）
美国规模最大的主动管理基金公司普信集团总裁兼首席执行官

塞巴斯蒂安·佩奇为我们呈现了一份简洁严谨、深入浅出的资产配置基础指南。无论是出于休闲而阅读，还是追求收益而正在投资，这种以预测风险和收益率为基础而创建投资组合的基本框架，都会令人耳目一新。清晰明了且易于理解的论述，让《杰出投资者的顶层认知》成为所有人学习金融投资的一站式选择。

马克·克里兹曼（Mark Kritzman）
温德姆资产管理公司（Windham Capital Management）总裁兼首席执行官、麻省理工斯隆管理学院金融学高级讲师、《资产配置从业者指南》（*A Practitioner's Guide to Asset Allocation*）作者

塞巴斯蒂安·佩奇把理论、轶事与常识融为一体，以全新视角描述了

资产管理的最佳实践。他对这个话题的深刻理解，再加上他的睿智，让原本刻板严谨的金融学变得妙趣横生。毫无疑问，阅读本书，也会让你成为一位更睿智的投资者。

劳伦斯·西格尔（Laurence B. Siegel）
特许金融分析师协会研究基金会（CFA Institute Research Foundation）"加里·布林森"（全球资产配置之父）研究部主任、《更节俭、更富有、更环保》（*Fewer, Richer, Greener*）作者

这绝对是一种超越传统格局的投资新思维。作为资历深厚的投资者和分析师，塞巴斯蒂安·佩奇以精妙的视角，解答了资产配置、风险管理、市场预测和构建投资组合等金融领域的诸多问题。佩奇对投资管理中的关键点有着深刻洞察，而本书则是这些智慧的集大成者。

斯蒂芬·布朗（Stephen Brown）
纽约大学斯特恩商学院银行与金融系金融学名誉教授、《金融分析师杂志》（*Financial Analysts Journal*）执行主编

这是一本精彩纷呈的论著。它代表了对资产配置、风险衡量和收益率预测等相关题材的最新调查研究成果，当然也代表了金融领域的权威观点，但更有意义的是，这些理论在资产管理方面的实际应用。这本书逻辑严谨，构思精妙，措辞优雅，但最令人意外的是，这本书丝毫不缺少乐趣。作者是金融领域的思想领袖，而他的书当然也是对这个领域最重要的贡献。

罗宾·格林伍德（Robin Greenwood）
哈佛商学院“乔治·冈德”金融与银行学教授

现代金融思维的强大魅力往往因深奥刻板的数学和晦涩难懂的术语而褪色，但这本出自实操大师之手的论著不仅通俗易懂，而且妙趣横生。塞巴斯蒂安·佩奇让原本枯燥的资产配置理论拥有了鲜活的生命，尤其是佩奇为其注入的充满活力的讨论和解析。

维尼尔·班萨利（Vineer Bhansali）
长尾阿尔法咨询公司（LongTail Alpha, LLC）创始人、太平洋投资管理公司（PIMCO）量化投资组合分析部门前主管、《尾部风险对冲》（*Tail Risk Hedging*）作者

塞巴斯蒂安·佩奇巧妙地把学术成就和实践成果融为一体，使得这本书既不缺少审慎研究的理论洞见，也不缺乏引人入胜的轶事见闻，以寓教于乐的方式为我们全面论述了最先进的资产配置技术。对那些曾对如何构建最优投资组合感到好奇的人来说，本书绝对值得一读。

BEYOND DIVERSIFICATION

伟大的投资者身上与众不同之处

罗伯·夏普斯
普信集团首席信息官、投资主管

每次在介绍自己是普信集团投资主管时，我经常被问到两类问题。

人们会毫不避讳地问我，市场未来走向会怎样或应该投资什么产品？他们接着会问我第二类问题，如何成为更优秀的投资者？某些更有野心的人甚至会问，怎样才能成为一名伟大的投资者？

我的手里当然没有无所不知、可以透视未来的水晶球，而且金融市场根本就不存在这样的魔法道具。但我不会避而不答，而是从自己数十年的投资经验出发，结合我有幸称为同事的天才投资者的成果和洞见，为对方提供一个还算说得过去的答案。大多数人并没有意识到，真正算得上伟大的投资者其实寥若晨星。不过，我曾有幸和一些伟大的投资者并肩共事。列夫·托尔斯泰有一句名言："所有幸福的家庭都是相似的。"但我很清楚，所有伟大的投资者通常都有不同寻常之处。

伟大的投资者有永不满足的求知欲。他们想知道，事情为什么是现在的模样，怎样才能产生不同的结局。很多人酷爱参与资本市场，但让伟大投资者做到与众不同的，是他们洞见、揭示奥秘的激情。

伟大的投资者是具有创造性的思想家。这里的投资不只局限于股市。在生活的方方面面，他们都是善于发现的思想家。但同样重要的是，所有富于创造精神的思想家都惺惺相惜。通过与其他投资者激烈辩论，他们从中汲取知识的养分，从而挑战自己，激励自己。伟大的投资者善于从辩论中发掘和提出自己的观点。

伟大的投资者有自己的一定之规和思维过程：它们是萌生、培育求知欲和创造性思维的根基。虽然这个过程因人而异，但通常都包含某些共同特征。在这个过程中，伟大的投资者始终坚持严谨自律的作风，深入研究并总结出各种观点或想法。这个过程不是捕风捉影、好高骛远，而是持之以恒、脚踏实地，追求可复制、可验证的规律。

这不禁让我想到普信集团的同事塞巴斯蒂安·佩奇。他绝对称得上资产配置领域的伟大投资者之一，而这也是本书的主题。佩奇有着近乎无法抑制的求知欲。他广读深耕，不仅包括各类图书、播客、上市公司研究报告、同事提出的最新想法，更深入统计资本市场的大量数据。在金融领域，他对所有相关信息和知识保持饥渴，不仅要阅读，还要吸收消化，并彻底领悟其中的内涵。

佩奇当然是名副其实的创造性思想家，而且非常重视其他创造性思想家的观点。在普信集团，公司招揽了诸多极有天赋的投资者。而佩奇则善于引导他们在激烈、有时甚至是充满敌意的讨论中说出自己想法，为我们的关键决策提供最宝贵的信息。在阅读本书的过程中，读者不妨数数他带着问题闯入同事办公室的次数，而这些碰撞往往会成为激发灵感与创造性思维的源泉。

佩奇和普信集团的资产配置团队正是靠着持久、严格而且充满挑战性的决策流程而立足于金融领域。正是佩奇的决策流程，确保我们的资产配置团队始终从数据和分析出发，以严肃、自律的方式作判断。

金融是一门科学，教会我们应对未知

JPP[1]
加拿大舍布鲁克大学金融学教授

我从事金融教学 40 年，直到退休我才最终完全离开这个领域。我跳上雪地摩托车，追求我人生中的下一个里程，这是一种无拘无束、自由自在的时光。我想，只有佩奇能说服我回忆昔日的时光。我很高兴看到佩奇这本书的问世。

金融是个迷人的领域。它的主要目标是解决资源配置的最优化问题，以最终取得改善社会福祉的决策。我们在生活中做出的每一个决定，当然也包括财务决策，都会影响到我们的未来，但没有人可以假装对未来未卜先知。因此，金融不是描述过去或众人皆知的事情，相反，它的核心是描述我们应如何应对尚不知晓结果的选择。

资产配置决策的理论基础

金融是一门科学，就像物理或化学一样：它依赖于坚实稳固的理论基础，涉及严谨的实证分析，并最终转化为重要的实践价值。

本书介绍的资产配置为针对资本市场决策的金融科学和实践提供了值得信赖的范例。我们的目标，就是让所有类型的投资者——无论是机构还是个人，以愿意承担的既定风险水平实现最高的收益率。而其间所采取的手段和步骤，就是收益率预测、风险预测和投资组合构建。

收益率预测是财经文献中最热门的话题之一。要预测资产的收益率，就意味着预测它们的市场价格——这无疑是同一枚硬币的两面。如果我们知道收益率，就应该知道价格；反之，在我们纳入收入要素之后，就可以从价格推导出收益率。价格不是我们预期或想象中的资产价值，而是其他人愿意为此付出的代价。因此，它取决于人的理性和行为因素。问题的关键在于，在投资的时候，我们还无法控制资产的未来价格。“买入不代表赚钱”这句格言很有道理：错误的投资决策是无法逆转的，因为在我们意识到购买价格很糟糕时，亏损已经形成。

在本书中，佩奇告诉我们，收益率预测的理论基础的前提是有效市场假说。从资产配置角度看，有效市场是经济发展的重要前提。对资产价格的最优评估应该是指它们的内在价值，任何人都不可能永远利用交易价格与内在价值的差异，赚取从天而降的超额收益。

如果市场上的所有可获取信息都在价格上体现出来，这个时候市场当然是有效的。因此，基本面分析师应根据他们对提高市场效率的贡献度而获得报酬。

风险预测与收益率预测相辅相成。风险预测的理论基础包括投资组合理论和多元化理论。与收益率不同的是，风险不会叠加。多元化可以让投资者在不增加风险的情况下提高预期收益率。建立投资组合时，部分风险就会消失。个别资产的风险不等于它在投资组合风险中占据的风险比例。当然，正如佩奇给出的解释，多元化并不总会如愿以偿。

相对资产风险的表达方式而言，要量化它在投资组合风险的比例要困难得多。学术界提出“贝塔系数”[2]的概念，它反映的是一种资产相对于另一种资产或市场的相对风险水平。

即使我们就风险度量达成一致，但是在风险预测中，我们依旧要面对很多挑战。同样，我们没有必要解释过去，我们只能向前看。我们必须围绕预期收益率可能得到的结果区间。这里有开放性的问题需要我们去回答：风险在固定时间内是否稳定？我们是否可以根据历史数据来模拟未来的风险？如果风险稳定的话，我们应该使用哪个时间段或怎样的数据频率？如果风险是不稳定的，我们应该进行哪些调整？

投资组合构建是资产配置过程的最后一个步骤。投资组合构建的理论基础在于资本资产定价模型（capital asset pricing model，CAPM[3]）和效用理论的交叉点。根据 CAPM，最优投资组合是市场投资组合（应包含所有风险资产）和无风险利率的组合。在包含了全部风险资产的投资组合中，所有可分散风险都会相互抵消。按照完美的理论，只有这样的投资组合才是“完全多元化的”，因此，我们配置的资产越多，投资组合的预期收益率就越高。

借助理论才能在实际中创造更好的结果

正如本书作出的解释，在面对疑惑时，市值权重可以为投资组合构建提供一个可靠的参照点。配置给市场投资组合的权重取决于效用函数，因为它代表的是投资者的风险承受能力。

在金融领域中，从来没有一种类似 CAPM 的理论会有如此重大的现实意义。CAPM 对投资组合管理，尤其是资产配置的影响，最典型的示例莫过于基于指数的被动管理投资模式的大行其道。但是与所有超级理论一样，CAPM 也有其缺陷。比如说，它是一个单周期模型，假设市场完全有效，这仅仅是它诸多缺陷中的两个而已。因此，CAPM 的局限性同样不可忽视，它的实用性依赖于分析师和基金经理的个人能力。由此可见，没有任何理论、模型或“秘方”可以取代良好的判断力。

归根到底，良好的收益率预测、风险预测和相对完善的投资组合构建过程，会让这些理论在实践中创造出更好的结果。科学的动量方法、数据和信息的充足性以及有效的分析，共同造就出有助于提高市场效率的复杂模型。有效市场假说的支持者必须以简单的语言解释它们，而且必须在理论基础上去解释结果。佩奇在这本书上做到了这些。尽管我是一个吹毛求疵的超级挑剔者，但我依旧愿意给这本书含金量十足的“A”。

注 释

1. 阅读提示：我不仅请 JPP 为本书作序，而且会引用 JPP 的“至理名言”贯穿全书。在本书结尾，我将揭秘 JPP 的身份。

2. 贝塔系数（β、Beta）：资产（或投资组合）的系统风险度量，衡量投资相对于整体市场的波动性。整体市场的贝塔系数为 1。如果某只股票的风险与整个股市的风险情况相一致，这种股票的贝塔系数也等于 1；如果某只股票的贝塔系数大于 1，说明其风险程度大于整体市场的风险水平；如果某只股票的贝塔系数小于 1，说明其风险程度小于整体市场的风险水平。

3. CAPM 的具体计算公式：预期收益率 = 无风险利率 + 贝塔系数 ×（市场预期收益率 – 无风险利率）。

CONTENTS 目录

第一部分　投资前提：预测收益率

很多怀疑论者会争辩说，模型所依赖的假设是无法验证的，因此，我们无法在实际中使用这些模型。但我们的目标不是再现现实生活的诸多复杂性，相反，我们只希望找到有助于我们合理决策的工具。因此，只要模型能提高我们做出正确决策的概率，我们就应该学会利用它。——JPP

第二部分　投资准备：预测风险

以收益率标准差来衡量风险的做法瑕疵极多。但只要我们了解它的局限性，这种衡量方法显然有简化问题的优势。——JPP

第三部分　开始投资：构建投资组合的顶层认知

现代投资组合理论很简单，因为它是基于有限时间窗口（一个时期）发展而来。在跨期背景下，无风险利率和贝塔系数可能会发生变化。——JPP

BEYOND DIVERSIFICATION

PART 1

第一部分

投资前提：预测收益率

BEYOND DIVERSIFICATION

投资前提：预测收益率

几年前，我曾参加过一场小规模量化分析研究会，当我昏昏欲睡时，一场有趣的讨论悄然发生。一位采取基本面策略的基金经理（应该算宽客中的异端[1]）略显粗鲁地问会议主持人：按照对“GIGO”（garbage in, garbage out, 意为输入垃圾，输出垃圾）的指责，是否所有投资组合优化模型实际上都一无是处？这个问题让整个会议室顿时鸦雀无声。

激怒宽客（量化分析师）最简单的方法，或许就是祭出对“GIGO”的诋毁。提问者继续辩称，既然我们无法以合理的置信度评估预期收益率（输入垃圾），投资组合优化模型的输出永远不可能是正确的（输出垃圾）。这样的指责是有道理的，因为投资组合优化模型经常给人以错误的精确感。归根结底，市场上永远都不存在金融炼金术这样的神技——任何计算器都不可能把错误的输入转化为正确的结果。从广义上说，投资组合优化模型不过是非常复杂的计算器而已。

会议主持人是博尔德·舍雷尔（Bernd Scherer）博士，他是业内备受推崇的一位思维领袖，多年来横跨学术界和投资实践领域，业绩与声誉俱佳。舍雷尔博士刚刚从海外归来，还处于倒时差中，完全没有心情在哲学层面上讨论 GIGO 这样的话题。这让我听到有史以来最凌厉的反驳之一。辩论刚开场，他的回答已经结束。这些年来，这句话一直萦绕在我的耳边。

很多怀疑论者会争辩说，模型所依赖的假设是无法验证的，因此，我们无法在实际中使用这些模型。但我们的目标不是再现现实生活的诸多复杂性，相反，我们只希望找到有助于我们合理决策的工具。因此，只要模型能提高我们做出正确决策的概率，我们就应该学会利用它。

——JPP

他说得铿锵有力："如果你觉得没有办法评估预期收益率，就不要做投资。"

投资前的一项重要任务就是预测收益率。投资者或许不能把预期收益率界定为单一精确数字，但是在选择股票、债券或配置资产时，他们也会根据价格作出隐含性预测。这些隐含性预测固然不准确，但至少需要反映市场走势，比如上涨还是下跌？跑赢还是落后大盘？并在一定程度上预测与头寸规模相对应的涨跌幅度。即使是风险平价策略的支持者（第 14 章将着重探讨这个话题），在确定风险收益率对投资组合的贡献时，也需要对隐含性收益率作出假设。总而言之，我们必须在收益率预期和风险之间实现均衡。这就需要我们充分考虑相关性、投资目标、投资的时间窗口、风险承受能力以及负债水平等。但回想一下舍雷尔博士的说法：如果你认为自己对预期收益率一无所知，当然也就难以称自己为真正的投资者。

测算预期收益率的方法有很多种，从基本面分析到量化分析，以及介于两者之间的诸多模型。多年来，我曾与很多投资者进行过合作，他们普遍认为，对历史数据的过度依赖使得量化模型过于幼稚；与我合作过的量化分析师则认为，基本面策略缺乏严谨性，不过是各种故事的大杂烩而已。但大多数成功投资者当然不会这么教条，实际上，他们的观点介于基本面分析和量化分析之间。他们认为，只要把强大的动量数据分析与基本面的前瞻性判断结合起来，就能获得最佳结果。

当然，问题在于如何让基本面分析与量化分析实现结合，本书将对此提出建议。但首先需说明的是，仅仅因为使用的是历史数据（因而不具有“前瞻性”），就把量化预期收益率归于无用，这样的批评显然失之偏颇，自然也要予以反驳。至于对“GIGO”的批评，更是曾让我“血压升高”。

毕业后，我的职业生涯是从道富银行（State Street）开始的。我当时的一项重要任务，就是参与预测量化分析中的预期收益率。客户有时会质疑这些模型，他们会说：“这种方法根本行不通，因为它只考虑历史数据，没有考虑未来趋势，但目前的市场环境已发生很大变化。”

尽管我非常热爱道富银行的这份工作，但同时也苦于全球各地旅行带来的紧张压力。有一天，在我还没有消除时差反应的时候，再次遇到有人对预期收益率提出疑问，像舍雷尔博士一样，我毫不客气地给客户做出最简短的反击：“我很抱歉，虽然我也在到处寻找预测未来数据的水晶球，但没有找到。彭博社也不会找到。”

其实，我想说的关键是，历史数据就是我们唯一拥有的信息。它们的价值至少体现在帮助我们形成对未来的认识。正因为如此，我们将在本章中探讨各种针对预期收益率的分析方法。

注 释

1. 宽客（Quant）是一个金融行业术语，是指从事量化分析和量化投资的专业人士，他们的工作就是使用计算机模型和算法预测市场，管理投资风险。

第 1 章

资本资产定价模型不完美但实用

投资组合的预期收益率应取决于利率水平。当利率上调时，投资者就会要求可交易资产具有更高的收益率。—— JPP

友情提示：就在本书收尾之际，新冠肺炎疫情①不期而至。任何模型都不可能从公开卫生角度预测这场疫情的未来走势。不过从长远来看，我相信本书提及的预测模型与后疫情时代可以构建的预估值不会有太大差别。我们的方法简单明了，清晰透明，而且可以使用更多新数据，轻而易举地实施更新。

对多元化资产投资者而言，预测未来收益率的基础方法，就是使用 CAPM。尽管存在诸多缺陷，但 CAPM 的实践效果显然超过大多数投资者的认识，因为它将预期收益率、风险以及当前利率水平的客观标准联系起来。20 世纪 60 年代，美国学者威廉·夏普（William Sharpe）、约翰·林特尔（John Lintner）、杰克·特里诺（Jack Treynor）和简·莫辛（Jan Mossin）等人从投资组合理论出发，分别开发出各自的 CAPM [1]。任何学过基础金融知识的人都应该熟悉 CAPM。我在读本科的时候，第一次了解到这个模型背后的历史变迁。当时，一位教授送给我一本彼得·伯

① 2022 年 12 月 26 日，国家卫健委将新型冠状病毒肺炎更名为新型冠状病毒感染。——编者注

恩斯坦（Peter L. Bernstein）出版于1991年的著作《资本革命》（*Capital Ideas*），这是一本介绍现代金融起源和发展历程的鸿篇巨作。这本书比我读过的任何其他书都更影响我对金融的兴趣和职业选择的规划。

在2007年出版的续集《资本新革命》（*Capital Ideas Evolving*）中，伯恩斯坦对《资本革命》所述概念的实践应用进行了讨论。对此，伯恩斯坦得出的结论是："在《资本革命》一书中提出的所有理论，CAPM已经成为最吸引业界关注，或许也是最具影响力的理论。"同样不能不提的还有出版于1995年的《现代投资组合理论与投资分析》（*Modern Portfolio Theory and Investment Analysis*），在这本已被奉为殿堂级教科书的作品中，埃德温·埃尔顿（Edwin Elton）和马丁·格鲁伯（Martin Gruber）把CAPM称为"金融界最重要的发现之一"。

金融学中的"牛顿运动定律"

但CAPM并非完美无瑕。它的推导过程依赖于一系列令人质疑的假设：投资者是理性的、不存在税收及交易成本、所有投资者都掌握相同的信息等。甚至现代投资组合理论之父哈里·马科维茨（Harry Markowitz）也对CAPM能否获得广泛接受表示担忧。

2005年，马科维茨在《金融分析师杂志》发表了一篇题为《市场效率：理论差异及其对策》的论文。他在文中写道，CAPM"虽然简单方便但不切实际"。马科维茨关注的点，既是CAPM的一个关键部分，但也是很少有人讨论的地方：投资者可按无风险利率随心所欲地借贷的假设明显不切实际。在"层层叠"游戏中，如果你抽错一块积木，整个结构就会轰然而倒；如果我们在CAPM中删除这个最重要的理论假设，整个理论体系同样不复存在。

马科维茨指出，离开了这个假设，市场投资组合将不再“有效”，也就是说，其他投资组合可能会带来更高的按预期风险调整后的收益率。而且 CAPM 的核心理论和用途也不再合理。考虑到当下指数基金已成为主流，因此，这个结论尤为有趣。

在汇聚学术界和投资专业人士的量化投资会议上，我们偶尔会有机会听到马科维茨和夏普就 CAPM 及其他问题展开的辩论。我很幸运成为这个行业群体的一员，有幸与诺贝尔奖获得者以及从业者交流思想，开展理性的讨论。通过这些讨论，我清楚地认识到，这两位金融学大师已坦然接受他们在某些问题上的分歧。他们之间的友谊不仅未受丝毫影响，反而愈加深厚。当夏普听闻自己与马科维茨及默顿·米勒（Merton Miller）同时获得诺贝尔经济学奖的消息时，他非常高兴能与马科维茨分享这个奖项：“我们已经是老朋友了，而且是非常亲密的朋友。同时他也是我的导师。他获得这份荣誉当之无愧，米勒当然也如此。[2]”

但我从字里行间细细地品味马科维茨对 CAPM 的看法，我发现，马科维茨批评 CAPM 的动机可以这样理解：虽然 CAPM 源自均值-方差投资组合优化理论（mean-variance portfolio optimization，这也是马科维茨对金融学最重要的贡献之一），但他并未表示不需要这个模型。从字面上理解，该模型认为，所有投资者持有的现金和股票在投资组合内的比例取决于对两者的风险厌恶程度。但马科维茨在 2005 年发表的论文中，直接对这个结论提出疑问：

> 在 CAPM 出现之前，传统观点认为，有些投资方法适用于毫无市场经验的新手，但有些则只适合那些已准备好承担“投资风险”的人。CAPM 让很多人认为，这种传统思路是错误的，投资风险性有价证券，创建投资组合是有必要的。因此，无论是新手，还是经

验丰富的投资者，它们的唯一区别就在于现金或杠杆的使用数量。但正如我们即将看到的那样，如果将负债能力上限纳入分析中，我们或许应该认为，在 CAPM 出现之前的传统思路才是正确的。

归根到底，马科维茨承认 CAPM 的理论参考价值，但他以经典物理学的重力现象做类比，提醒我们应在实践中警惕它的局限性：

> 尽管 CAPM 存在不足，但还是应把 CAPM 作为金融学的重要理论。举例来说，经典物理在研究地球上的物体运动时，假设地球上没有空气阻力。按这个假设，所有计算和结果自然会简单得多。但是在某些情况下，我们必须对一个显而易见的事实予以关注和适当解释：在地球上，同一高度的铁球和羽毛同时下落，永远不会同时落地。同样，对金融专业学生而言，也需要在某些情况下看到现实情况与理论假设之间的差异。

其他学者则从理论和实证角度表达了对 CAPM 的普遍疑虑。在 2004 年发表于《经济展望杂志》(*Journal of Economic Perspectives*) 的《资本资产定价模型：理论和证据》一文中，尤金·法玛 (Eugene F. Fama) 和肯尼斯·弗伦奇 (Kenneth French) 对 CAPM 发出了比马科维茨更猛烈的攻击：

> 归根到底，我们认为，不管是来自理论上的缺陷还是实操中的不足，CAPM 在实证检验中的失败都表明，该模型的大多数用途是无效的。

对一篇学术论文来说，这无异于发起战争，如此直言不讳、毫不留情的攻击绝对实属罕见。为证明他们的观点，法玛和弗伦奇提出，个别股票按 CAPM 得到的预期收益率与随后所实现收益率完全不一致。

此外，法玛和弗伦奇还阐述了账面市值比和组合规模等其他变量对 CAPM 的影响。

但是，多元化资产的投资者还是应谨慎对待这些检验结论，因为它们完全基于对短期收益能力的考量，也只考虑了 CAPM 对股票类别资产的预测。因此，这些检验并不能说明 CAPM 预期收益率对其他资产类别的有效性。

无独有偶，纳西姆·尼古拉斯·塔勒布（Nassim Nicholas Taleb）在这个话题上也毫不讳言。他在 2010 年出版了有些夸张但却妙趣横生的畅销书《黑天鹅》(*The Black Swan*)。在这本书中，他表达了对夏普和马科维茨的否定。在谈到他们获得诺贝尔奖的时候，塔勒布以一种似乎很愤怒的口气写道：

> 诺贝尔奖评奖委员会已经习惯于把诺贝尔奖发给那些利用伪科学和伪数学为经济学“带来所谓严谨”的人。在股市崩盘后，他们居然把奖项颁发给两名理论家马科维茨和夏普。他们的成就不过是以高斯方法为基础，构建起精美漂亮、充满理想主义气息的模型，从而对所谓的现代投资组合理论作出“贡献”。如果剔除他们采用的高斯假设，把价格视为可拓展变量，那么剩下的就只有胡说八道。诺贝尔奖评奖委员会或许已经验证过夏普和马科维茨的模型，但其实它的作用无异于在互联网上兜售江湖偏方。

这似乎与埃尔顿和格鲁伯将 CAPM 奉为“金融界最重要的发现之一”

的评价相去甚远。塔勒布认为，无论是现代投资组合理论还是CAPM，都是在高斯假设下推导得到的。在本质上，这些理论都是假设，投资的风险可以表示为收益率的标准方差。这样，我们就必须假设潜在收益率是正态分布，不存在长尾分布。

在本书第二部分，我们将探讨高斯假设的局限性，以及针对多元化资产投资者的收益补救措施。但现在，我只想说，极端收益率远比正态分布的预测更频繁，尤其是在熊市趋势中。有经验的投资者都知道，在市场上,收益率存在长尾分布的特征。因此,如果依赖推导CAPM的理论，亏损风险可能会远超预期。

公平地说，马科维茨、夏普及其他学者都会接受的观点是，实际的收益率分布通常是非正态的。比如说，早在1959年，马科维茨就曾在论文中提出以半方差分析法解决非正态收益分布。但这并不意味着，CAPM和其他相关模型是错误的。借用马科维茨以经典物理实验做的类比，铁球和羽毛在真空中会以相同速度下落，也就是说，只要假设成立，这些模型就是正确的。从这个意义上说，CAPM就是金融学中的“牛顿运动定律”。

归根结底，评估预期收益率就是尝试预测未来，这非常困难！没有人拥有能看到未来的水晶球，任何模型都是有缺陷的。在我看来，尽管数十年以来学术界对CAPM的价值褒贬不一,但是和其他所有模型一样，CAPM为多元化资产投资者提供了良好的理论框架，因为它把预期收益率与风险有机地联系起来。

从这个角度看，虽然针对预期收益率的讨论经常会演变为一场关于预测未来的无休止争论，但借助CAPM，我们至少可以用一种大部分人认可且分歧较少的方式预测未来。当然，任何人都难以驳倒应对风险予以补偿的观点：高风险资产类别应比低风险资产类别要求更高的预期收益率，这至少适用于时间窗口足够长的投资。这种方法背后的均衡概念非常有吸引力。但一个重要的细微之处在于：在 CAPM 中，风险不是被定义为资产价格的波动率或亏损敞口，而是对多元化资产投资组合收益波动率的影响度。换句话说，证券或资产类别的预期收益率与它们对全球市场投资组合的敏感度成正比，而衡量这个敏感度的标准即为贝塔系数（Beta，或表示为 β）。

我们不妨简单讨论一下贝塔系数的细节。要计算资产的贝塔系数，我们只需用资产波动率与总体市场波动率之比乘以资产与市场的相关系数。具体表示为如下公式：

贝塔系数 =（资产波动率 / 市场波动率）× 相关系数

其中，波动率表示为资产收益率的标准差（standard deviation），相关系数对应于资产和市场之间的相关性。据此，我们可以把预期收益率定义为：

预期收益率 = 无风险利率 + 贝塔系数 ×（市场预期收益率 – 无风险利率）

股市收益率平均水平的计算方法

在 2004 年，驳斥 CAPM 的论文中，法玛和弗伦奇指出，在较长周期内，高贝塔系数股票的业绩可能会落后于低贝塔系数股票，这就会导致上述等式不再成立。另一方面，在 2012 年出版的畅销书《预期收益：投资者获利指南》（*Expected Returns on Major Asset Classes*）中，作者安蒂·伊尔曼恩（Antti Ilmanen）指出，1962—2009年期间，贝塔系数与股票及债券的相对收益率存在正相关。显然，股票的贝塔系数高于债券，因此，随着时间推移，股票带来更高收益率。这个简单例子表明，与个股相比，CAPM或许更适用跨类别的资产配置。

除贝塔系数外，预期收益率还依赖于当前的无风险利率以及预期的市场风险溢价（市场的预期收益率–无风险利率）。完美主义者会指出，市场上根本就不存在无风险利率这个东西。这当然没有错，因为即使是现金的价值也不是永恒的；而且理论上，纵然最安全的政府债券也存在违约风险。但金融市场中的从业者并非完美主义者，通常，人们把美国国债视为无风险资产的代表。顺便提件有趣的事情：对养老金固定收益计划等以债券为主要标的投资而言，现金远非无风险利率。事实上，和匹配负债期限的长期债券相比，持有的超额现金也是一种波动率较高的资产。我们将在本书第三部分讨论以债务为基础的投资。

为解释针对依赖“历史数据”的批评，我们认为，对无风险利率的评估必须体现前瞻性。我们可以把CAPM视为一种简单的积木搭建法：以当前的无风险利率为基础，增加风险溢价（与资产的贝塔系数成正比）。假设我们把三个月的短期美国国债利率作为无风险利率，计算预期收益率的目标资产类别贝塔系数为1。另外，我们还假设待估的总体市场风险溢价率为1.9%，并假设该溢价率不会随着时间的推移而改变。我们将在稍后详细讨论总市场风险溢价的评估方法。

在20世纪80年代的前半段，三个月期限的美国国债利率上调至超过10%。截至2018年3月23日[3]，三月期美国国债利率为1.7%。如果能穿越历史，假设我们回到20世纪80年代初，在忍受那个时代难听的音乐和难看发型的前提下，我们还会注意到当时居高不下的名义预期收益率。在这里，之所以使用“名义”一词，是因为当时的通货膨胀率也处于高位，而这个简版 CAPM 根本就没有提及通货膨胀率和真实收益率的话题。基于如上假设，资产类别在 20 世纪 80 年代初的预期收益率应为 11.9%，计算过程如下所示：

预期收益率 = 无风险利率 + 贝塔系数 × 市场风险溢价率

预期收益率 = 10% + 1 × 1 .9% = 11.9%

而在 2018 年 3 月，预期收益率应为 3.6%，计算过程如下：

预期收益率 = 1.7% + 1 × 1.9% = 3.6%

对相同的资产类别，面对相同的风险水平……不同时期有着完全不同的起点。在低利率环境下，投资者可以预见的是，所有资产类别都要接受低收益率。无风险利率就像是一艘大船的锚：在它处于低位时，整个市场的预期收益率都会被压低。

怀疑论者会说，美国始终处于低利率经济环境，但股票的真实收益率也始终维持高位。截至 2018 年 3 月，在考虑股息时，标普 500 指数在过去 9 年中累计上涨 292%，年均收益率为 12.7% [4]。即便是在利率处于低位时，仍有可能看到较高的实际风险溢价率。估值或许是这个谜题中被忽视的部分：在 2008—2009 年全球金融危机后，股市几乎跌至史上最低位。因此，我认为，在预测 CAPM 中的市场风险溢价率（包括股票和债券）时，需考虑金融市场总体上是被低估还是高估。毕竟，我们无法通过调整相对估值来模拟个别资产类别的预期收益率，但调整对整体市场风险溢价的估值显然会有助于改善我们的预测。投资者有时会用“水涨船高”这样的说法描述市场反弹。既然如此，我们是不是也应该去预测到底是潮起还是潮落呢？在截至2018年的9年时间里，市盈率（price earnings ratio，简称P/E）上升与利率下降相叠加，这显然是涨潮的节奏。

2018年3月，市场估值区间开始拓宽。在这种情况下，如果希望我们的估算更有预见性，是否应该将CAPM的预期收益率调整为低于历史平均水平呢？

“当潮水退去时，我们才能看到谁在裸泳”是沃伦·巴菲特经常说的一句话。请原谅我经常使用潮汐这个比喻，但我想说的是，对初出茅庐的投资者来说，熊市或者疲软的金融市场更难驾驭。毕竟，在这样的市场环境中，证券发行人、财务顾问和个人投资者的日子都不好过。

在下一章，我们将探讨基于估值的收益率预测方法。现在，我们不妨关注最简单的预测模型。沃顿商学院的金融学教授杰里米·西格尔（Jeremy Siegel），他在2002年出版图书《股市长线法宝》（*Stocks for the Long Run*）。他经常以市盈率的倒数作为对股票真实收益率的近似预测值。假设某只股票的市盈率为20——这也是西格尔经常引用的数字[5]，股票的预期真实收益率应该是5%（即1/20）。

对于通货膨胀率，我们可以使用市场隐含的通货膨胀率，或者说盈亏平衡通货膨胀率（breakeven inflation rate），它是同期名义国债收益率与通货膨胀保值债券（TIPS）收益率之间的差。2018年3月，10年期盈亏平衡通货膨胀率约为2%。如果在真实收益率评估值基础上累加通货膨胀率，我们即可得到7%（5% +2%）的预期名义股票收益率。看起来还不错。

耶鲁大学的罗伯特·希勒（Robert Shiller）教授是2013年诺贝尔经济学奖获得者，他采用过去10年的股市收益率计算市盈率，既对收益率进行了正态化分布处理，又对通货膨胀率的影响进行了调整，也就是所谓的周期调整市盈率（cyclically adjusted price-to-earnings ratio，简写为 CAPE，也被称为“希勒市盈率”）。采用 10 年期数据的目的是代表一个完整的商业周期。

按希勒的方法，美国股票的预期真实收益率为 1%，或者说，如果我们假设通货膨胀率为 2%，名义收益率应为 3%。[6] CAPE 高于当前市盈率的部分原因，是收益率在过去 10 年中出现显著提高。造成 CAPE 低于当前市盈率的原因，则可能是希勒并不是简单地使用市盈率倒数，而是根据回归模型对估值进行了调整。

我们尽量简化算法，但预测收益率绝非易事。尽管 CAPM 是现代金融学最重要的基础理论之一，马科维茨和夏普似乎对该模型所依赖的理论持不同意见。这一次，两位金融学大师的分歧在于股权风险溢价率，这也是 CAPM 的另一个关键输入变量。我怀疑，希勒与西格尔的估算代表了预测的两个极端状态——从最悲观的预测到最乐观的预测。

考虑到我们的目标是对全球股市进行评估，美国以外的 CAPE 不到 20，而美国市场为 30，[7] 而且我们马上还要重新讨论在 CAPE 问题上的分歧，因此，我建议预测偏向于西格尔的算法。我认为，合理的方案是对西格尔和希勒的预测分别按 80% 和 20% 的权重计算加权平均值，作为最终的收益率。由此，我们可以得到预期的名义股权收益率为：

$$0.8 \times 7\% + 0.2 \times 3\% = 6.2\%$$

重要提示：这个 6.2% 的预测收益率既不代表普信集团的官方观点（作为一家公司，普信集团从不设定“内部观点”），也不代表我所在的全球多元化资产部门的观点。

相反，它是一个采用单一要素（市盈率）的简单、透明的预测结果。80/20 的配置比例显然是我自己的主观判断。从量化角度说，这种分割方式绝不代表“稳健”。在我们的多元化资产投资部门，如果我在投资过程的某个环节使用这种方法，研究团队的同事都会感到尴尬和担心。在接下来的几章中，我们将探讨其他几种收益率预测方法，这些方法会涉及更多因素，而且更易于作为我们的判断依据。

在这里，我们把该估算值作为 CAPM 的基本输入。那么，6.2% 对全球股市而言是否合理呢？债券资产管理者往往对风险资产持过度悲观的看法，因此，不难想象，太平洋投资管理公司对未来股票收益率采取了超低预测。2018 年年初，我的前同事拉维・马图（Ravi Mattu）和瓦桑特・内克（Vasant Naik）从估值角度出发，认为股权风险溢价率的估计值应在 2.5% 左右，并提醒投资者：“与当前预测的股权风险溢价（ERP）2.5% 相比，股票可能会带来更低的超额收益率，因为股权风险溢价率合理的公允价值可能略高于这个数值。[8]”

我理解他们的意思是，要获得更高的 ERP，估值就必然下降。如果我们假设名义上的无风险利率为 2%，我们得到的预期收益率就应该是 4.5%。相比之下，按贝莱德资产管理公司（BlackRock）的预测，美国股市的长期均衡收益率为 7.2%，全球股市的长期均衡收益率为 8.1%[9]。

同样，这些预测似乎处于极端状态。在这种情况下，6.2% 对我来说似乎是合理的。事实也证明，它更接近资本管理公司（AQR，6.2%）、北方信托（Northern Trust，6.4%）、怡安集团（Aon，6.5%）和纽约梅隆银行（BNY Mellon，6.2%）等机构的估算值[10]。

那么，我们的目标是预测下一个月、下一年还是更长时间的收益率呢？ CAPM 是一个单周期模型，因此，时间跨度问题可以忽略不计。而在实际运用中，投资者通常将 CAPM 用于相对较长的时间窗口。

事实上，我也从未见过把 CAPM 用于短期投资决策的投资者。比如说，计划发起人和分析师会利用 CAPM 进行战略性资产配置（strategic asset allocation）研究。此类研究的时间窗口通常在 3~10 年。而对于覆盖整个生命周期的投资而言，投资期限可长达 40 年甚至更久。同样，希勒和西格尔的股票收益率预测也采用相当长的投资期限假设。我认为，延长时间窗口带来的一致性更适合 CAPM 对变量的要求。

到期收益率是评估债券收益率的最优指标

在估算总市场风险溢价率时，我们还需预测债券收益率。在理论上，我们需要预测投资组合中所有资产类别的收益率，当然也包括非流动性投资，但出于现实原因，我在研究中着重考虑流动性市场。在固定收益市场中，到期收益率（yield to maturity）是预测未来收益率的合理指标……而且其代表性超过大多数人的想象。

从定义上说，对于购买并持有单一无违约风险债券取得的收益率，到期收益率显然是最完美的预测性指标。但对 CAPM 而言，显然还需要对整个债券市场进行收益率预测，这就需要考虑信用敞口等要素。因此，最好把预测对象表示为固定期限的投资组合，而不只是买入并持有单一债券。

不过，归根到底，预测债券收益率显然比预测股票收益率容易，而且预测债券收益率的计算过程也非常有趣，至少对像我这样的极客（Geek，这里是指痴迷数据并投入大量时间钻研的人）来说是这样的。

首先，预测债券收益率的关键点在于，随着时间推移，再投资率的提高会抵消利率上调对收益率的冲击。假设债券投资组合的久期（duration）为 5 年。如果利率意外上涨 0.5%，投资组合收益率应下跌

2.5%（5 × 0.5%）。但现在，由于再投资率的提高，投资组合的收益率反而比利率上调前提高 0.5%。如果忽略几个次要的细微因素，如收益率曲线效应以及利率冲击的持续时间等，我们可以预见，投资组合收益率将在随后 5 年内累计反弹 2.5%（5 × 0.5%）。无论利率冲击的大小如何，都会出现这种抵消效应。

这就可以解释，从历史上看，初始到期收益率为什么始终是预测债券未来收益率的最优指标，而且这种预测能力接近真实水平的最优条件，就是投资期限与投资组合的持续时间相匹配。

在远期曲线（forward curve）尚未体现利息上调的影响时，由于加息会带来短期亏损，债券投资者通常会担心利率上升。但是与传统观点相悖，这个例子反而说明了利率上调给债券带来的额外收益：利率上调意味着更高的再投资率，并最终形成更高的预期收益率。

对此，我的前同事郭海伦和尼尔斯·皮德森（Niels Pedersen）在 2014 年发表了极具见地的论文。在这篇题为《利率上升环境中的债券投资》的文章中，他们摆脱上述简单假设带来的约束。他们充分考虑到利率冲击的发生时点，并通过模型分析了非平行收益率曲线的移动。

他们发现，如果利率逐渐上涨，或是上涨仅出现在投资期限后期，再投资效应需要较长时间才能抵消价格冲击。此外，他们还推导出经验法则，预测这些特殊情况会在什么时候发生收敛。郭海伦和皮德森的结论一目了然，简洁明了，而且妙趣横生。但文章最重要的观点是，利率上升对债券的影响是双向的：短期会带来负面效应，而长期则是利好。

在 2014 年发表的另一项实证研究中，马蒂·莱伯维茨（Marty Leibowitz）、安东尼·波瓦（Anthony Bova）和斯坦利·科格尔曼（Stanley Kogelman）发现，巴克莱美国政府 / 信贷指数的收益率始终收敛于指数的初始到期收益率。在他们采取的研究窗口期内，指数始终维持 6 年左右相对稳定的久期，这与他们衡量收敛性所采用的时间窗口基本一致。因此，从历史上看，最有说服力的似乎就是最简单的经验法则：在与久期匹配的时间窗口内，收益率最终收敛为初始到期收益率。而且这个结果适用于利率的各种演变路径。

这就引出一个问题：债券投资者和媒体财经评论员为什么要担心利率上调呢？只要检验的时间跨度足够长，无论利率上调、下调还是维持稳定，都不影响最终结果。唯一重要的指标就是初始收益率。作为债券收益率的预测指标，这是一个我们可通过公开渠道获取的数值，而这个单一数字的准确性却远远高于我们以任何模型预测的股市收益率。

2018 年 4 月，巴克莱全球综合指数（barclays global aggregate）的到期收益率为 1.9%，这也是截至 2018 年 4 月 3 日的史上最低收益率[11]，久期约为 7 年。因此，1.9% 就是对债券市场投资组合预期收益率的长期估算值。我在之前曾经提到过，美国在经历 9 年牛市之后，股市似乎已经明显被高估。回顾债券的 30 年牛市，债券价格似乎更加被高估。有些从事多元化资产投资的公司（当然不包括我所在的公司）以“类似债券的波动率赚到类似股票的收益率”为诱饵吸引投资者，这种尤其在欧洲更为常见。在他们当中，确实有几家公司兑现了这一承诺。但是在 2000—2016 年，到底有谁能以债券的波动率带来股票的收益率呢[12]？

“水涨船高”这句老话同样适用这种情况。展望未来，以债券的波动率提供股票的收益率或将变得更加困难。2017 年当然最有代表性：由于股市的表现明显优于债券，因此，任何未全部投资股票的无杠杆资产配置，都不会带来“类似股票的收益率”。

由于欧洲、日本、中国采取了前所未有的货币宽松政策，因此，美国以外市场的收益率均逼近甚至达到史上最低位。在全球范围，很多国家央行不仅采取事实上的零利率政策，还通过货币宽松政策将超过 20

万亿美元的流动性注入金融市场[13]。与此同时，美联储也开始把零利率和量化宽松作为常态化策略。因此，目前两年期美国国债收益率超过同期希腊政府债券，截至 2018 年 4 月 3 日，美国和希腊的两年期国债利率分别为 2.3% 和 1.3%，这无疑是验证量化宽松带来的影响以及政策分歧的最佳例证。但显而易见的是，希腊政府债券的风险要大得多。

投资组合应包括的资产类别以及权重

我们已经通过计算，取得对股票（6.2%）和债券（1.9%）的收益率预测，因此，下一步就是评估它们在市场投资组合中的相对权重。为简单起见，我们在这里不考虑非公开市场。但正如之前所提到的那样，从理论上说，CAPM 适用于所有投资组合，因而也应该涵盖非公开市场。实际上，CAPM 适用全球所有资产的加权总和。对此，《福布斯》撰稿人菲尔·德姆斯（Phil deMuth）给出的解释是，市场投资组合应包括“你的人力资本、家族企业、妻子的珠宝、房子，当然还有壁炉上的雷诺阿画作”[14]，这无疑是理论不适用于实践的另一个典型例子。

重要的是，由于剔除了非公开市场，因此，它们与市场投资组合的相关性，也就是它们在 CAPM 中的贝塔系数必然偏低。由于这个原因以及平滑偏差等其他因素，我们需要对它们的贝塔系数进行单独调整。在第 9 章中，我们将讨论针对私人资产构建风险模型的方法。

市场投资组合中的资产权重应以相对市值为基础。理论上认为，这些权重应代表全部投资者的总配置，也就是说，它是整个市场取得共识的标准。但有趣的是，大多数针对 CAPM 的研究和运用只关注纯股票投资。股市几乎已成为市场投资组合的代名词，就像其他资产类别完全不存在。尤其让我感到困惑的是，如此多的学术论文居然都忽略了模型的一个重要理论基础——研究对象的多元化资产属性。之前提到的法玛和弗伦奇在 2004 年发表的论文也存在这个问题，而他们引用的大多数研究数据同样也不例外。这样的忽略对我而言似乎很有启发性。因为它引发了另一个问题：在对股票定价时，到底是采用它们对股票市场的贝塔系数，还是对整个市场投资组合的贝塔系数？

在实践中，不同的选择会带来明显差异。在 2018 年，阿夫拉罕·卡马拉（Avraham Kamara）和兰斯·杨（Lance Young）发表的论文《市场投资组合的结构当然很重要》中，他们以 30 个行业的股票投资组合为对象，对跨越 75 年的月度收益率数据进行了分析。他们发现，把债券添加到股票组合中，“会导致收益率估算值在财务上出现巨大差异”。通过低贝塔系数和低市场风险溢价率带来的综合效应，债券改变了整体行业投资组合的平均收益率估算水平。

此外，引入债券还改变了相对的预期收益率水平，因为某些支付高股息行业的股票更接近债券，因而对利率更敏感（如公用事业和电信），而其他行业则出现负的久期（如金融）。从资产配置角度看，我们显然应采取多元化资产的市场投资组合，而不是只投资股票。

遗憾的是，由于缺乏可靠数据，我们很难评估各种资产类别在多元资产市场组合中的相对权重。此外，不同指数间的重叠也带来问题。例如，尽管大多数股票指数均包含房地产投资信托基金（REITs），但它们投资的对象是房地产，而不是股票。

2014 年，罗纳尔多·多斯维克（Ronald Doeswijk）、特莱文·兰姆（Trevin Lam）和劳伦斯·斯温凯斯（Laurens Swinkels）联合发表《全球多元资产市场投资组合：1959—2012》一文。他们对现有数据进行了深度梳理和筛选，不仅解开了不同资产类别的风险谜团，还确定了不同资产类别在市场投资组合中的历史权重记录。他们的分析表明，随着时间推移，不同资产的相对权重也在变化。2000 年，市场投资组合中的股票权重接近 60%，债券权重约为 40%。也就是说，市场组合继续维持 60%/40% 的传统比例。而 2012 年，市场投资组合已转变为 40% 左右的股票与 60% 的债券[15]。但这个转变的过程是非常缓慢的。

自 2000 年以来，尽管各国央行持续回购，但债券依旧表现良好，净供给量持续增加。与此同时，由于公司回购、首次公开募股（IPO）减少以及越来越多的公司开始寻求私有化退市，公开交易股票的供给量反而有所减少。

对坚信资本加权投资组合永远最优的 CAPM 支持者而言，风险水平的这种显著变化确实有点让人头疼。要预测收益率，就要确定当前的权重。毕竟，我们希望预测精准。

或者说，我们应尝试预测整个时间窗口期内的平均权重，但这同样很困难，因为影响供需的很多要素是不可预测的。

如果我们假设市场投资组合由 40% 的股票和 60% 的债券构成，预期的总市场收益率应为 3.6%，计算过程如下：

$$\text{预期总市场收益率} = \text{预期股市收益率} \times 40\% + \text{预期债券市场收益率} \times 60\%$$

$$\text{预期总市场收益率} = 40\% \times 6.2\% + 60\% \times 1.9\% = 3.6\%$$

如果以上述市场收益率减去目前的三月期美国国债利率 1.7%（截至 2018 年 3 月 23 日），即可得到市场风险溢价率为 1.9%（3.6%~1.7%）。不能肯定的是，现金收益率是否为适合长期投资者的无风险利率。在较长投资期内，由于再投资效应（即三月期收益率在到期前会反复重置），现金收益率依赖于市场利率的变化。

从这个角度看，现金的风险甚至超过与投资期限匹配的零息债券风险。投资者采用的基础货币是另一个需要考虑的因素，不同国家的现金收益率有所不同。如果本地的现金收益率相对较高，投资者可以预期，持有本地资产会得到较高的名义收益率。但较高的现金收益率往往与较高的预期通货膨胀率相对应。

如果在名义收益率和真实收益率、本地收益率和国外收益率这些指标之间进行切换，我的一些同事可以做到随心所欲。在他们的心里，即期利率和远期利率、利率差异和通货膨胀率这些指标可以做到信手拈来。尽管我已在全球宏观投资分析领域浸淫多年，而且负责过货币覆盖业务（currency overlay，为基金经理提供汇率方面的专业性技术支持服务），但我依旧不得不承认，这些数字间的关系至今让我感到头疼。我经常要停下来，绞尽脑汁地琢磨一番。为简单起见，后文里我们不妨假设一位想预测名义收益率的美国投资者。

计算不同市场里不同资产的平均收益率

到此为止，我们已经得到无风险利率（1.7%）和市场风险溢价率（1.9%）的估算值，我们还需要算出与资产类别相对应的贝塔系数。在表 1.1 中，我们以 2002 年 2 月至 2017 年 1 月的月度数据为基准，计算出 21 个资产类别的贝塔系数[16]。此外，我们还在表中列出了按 CAPM 得到的各资产类别预期收益率。如前所述，预期收益率 = 无风险利率 + 贝塔系数 × 市场风险溢价率。

在市场投资组合中，我们采用的权重比例为 40% 的全球股票（摩根士丹利全球股权指数）和 60% 的全球债券（巴克莱全球债券指数）。

表 1.1　根据 CAPM 估算预期收益率

金融类型	数据来源	贝塔系数	CAPM 结果(%)
美国股票			
大盘股	罗素 1000 指数	1.4	4.3
小盘股	罗素 2000 指数	1.2	3.9
价值股	罗素 1000 价值指数	1.3	4.1
成长股	罗素 1000 成长指数	1.5	4.5
非美国股票			
大盘股	摩根士丹利全球指数（美国除外）	1.9	5.2
小盘股	摩根士丹利欧澳远东（MSCI EAFE）小盘股指数	1.7	4.9
成长股	MSCI EAFE 成长股指数	1.9	5.3
价值股	MSCI EAFE 价值股指数	1.8	5.2
新兴市场股票	摩根士丹利新兴市场指数	2.4	6.4
美国债券			
综合债券	巴克莱美国综合债券指数	0.2	2.0
中期国债	巴克莱中期国债指数	0.0	1.8
长期国债	巴克莱长期国债指数	0.3	2.2
中期债券	巴克莱中期公司债券指数	0.2	2.1
长期债券	巴克莱长期公司债券指数	0.8	3.2
高收益类资产	美林银行高收益基本主指数	0.8	3.3
杠杆贷款	标普 / 银团及贷款交易协会的美国杠杆贷款指数	0.3	2.3
非美国债券			
全球综合债券（美国除外）	巴克莱全球债券综合指数（美国除外）	0.9	3.4

（续表）

金融类型	数据来源	贝塔系数	CAPM 结果(%)
非美国债券			
全球政府债券（美国除外）	巴克莱全球政府债券指数（美国除外）	0.9	3.3
新兴市场债券	摩根大通新兴市场全球债券综合指数	0.8	3.3
新兴市场债券（本地）	摩根大通国债新兴市场指数	0.4	2.4
房地产			
威尔希尔房地产股票		1.3	4.2
全球股票组合		1.66	4.86
全球债券组合		0.56	2.77

表 1.1 中所示的预期收益率低得似乎令人沮丧。但考虑高估值导致利率和预期市场风险溢价率处于低位，这样的结果应该不足为奇。在 2020 年新冠疫情全球暴发后，随着恐慌情绪持续蔓延，市场估值变得更具吸引力（低估），导致股票风险溢价率相应提高。美国市场的利率已基本达到零区间。就当本书即将出版时，我们仍难以评估经济大幅衰退带来的影响。但可以预期的是，随着经济趋于复苏，风险资产或将可以带来相对较高的收益率。

但也有可能出现更令人意外的结果：针对全球股票市场（6.2%）和全球债券市场（1.9%）的收益率与 CAPM 测算的预期收益率相比，数字并不完全一致。根据 CAPM 测算，全球发达国家股市的预期收益率在 4% ~ 5%。即使加上新兴市场，收益率也无法达到 6.2% 的全球股市估算值。此外，基于目前的到期收益率，美国债券的收益率远低于市场预期。非美国债券的预期收益率高于当前到期收益率。

如何解释这些差异呢？主要原因在于，我使用估值方法确定市场风险溢价率，而 CAPM 则采用统计性方法进行风险定价。从某种意义上说，由于 CAPM 把贝塔系数作为衡量不同资产类别相对预期收益率的主要因素，因此，CAPM 与估值无关。正如普信集团研究主管斯蒂芬·胡布里奇（Stefan Hubrich）所言："它们都是'无条件'的预期收益率。如果你穿越时空被空投到美国，而且不告诉你身在何时，你会怎么投资呢？"

再看看非美国债券的情况。相比美国债券，其他国家债券拥有更高的波动率，而且与全球投资组合的相关性也更高。因此，在不考虑人为低收益环境的情况下（中央银行颁布干预措施，人为打造的低收益率），它们理应拥有更高的预期收益率。同样的逻辑似乎也应该适用于股票。但是对纯正的 CAPM 拥护者来说，股票资产类别市盈率的高低并不重要。在他们的世界里，一切都取决于贝塔系数[17]。

从这个角度看，CAPM 的预测与投资期限的长短相关性最强，譬如投资期限超过 10 年。我们可以把 CAPM 预测结果作为覆盖全周期投资的输入参数。此外，CAPM 的结果还可以说明，资产类别与长期平均值之间或不同资产类别之间的估值差是暂时的还是永久的。在其他条件完全相同情况下，估值偏离风险收益率"CAPM 均衡值"越远，均值回归的引力就越大。

但还有个问题需要强调：贝塔系数是根据风险模型得到的估算值。它当然不具有前瞻性。在表 1.1 中，我们可以看到，非美国小盘股的贝塔系数低于非美国大盘股的贝塔系数，我没有预料到会出现这个结果。原因可能在于 2002 年 2 月至 2017 年 1 月的特殊因素占据上风。在同一时期，成长型股票主导了市场收益率，这就可以解释，成长股的贝塔系数为什么会高于价值股。但是在当前环境下，价值股开始更多地受经济增长和周期性因素影响。

在这种情况下，贝塔系数自然会更多地体现出对总体经济及全球投资组合的前瞻性，甚至有可能超过成长股的贝塔系数。

CAPM 模型还存在很多扩展形式。但影响力最大的扩展理论，或许就是法玛和弗伦奇在 2012 年提出的三因素模型（市场贝塔系数、价值和规模）以及马克·卡哈特（Mark M. Carhart）在 1997 年提出的四因素模型（市场贝塔系数、价值、规模及动量）。我将在第 9 章、第 11 章和第 12 章讨论它们及其他相关模型。这些模型大多强调股票的横截面收益率，因此，它们更适合股票风险模型和选股策略，而不适合预测多元化资产组合的预期收益率。

CAPM 是预测收益率的最好参照基准

我认识的一位金融学教授常说，“没什么比一个好的理论更实用”，然后还会自言自语。能在理论中找到乐趣的，或许也只有这样的超级书呆子，而且还是 3 小时的资产定价讲座后说出这番话，足见其对理论知识的痴迷。但从来没听到任何学生嘲笑过这位教授。毕竟，这句话的背后隐含着一些深刻的哲理。尽管彼得·伯恩斯坦早在 2007 年就已经发现 CAPM 的问题，但他同样指出，这个模型的意义是深远的，它为我们如何理解指数化、如何评价基金经理以及如何区分阿尔法系数[18]和贝塔系数提供了理论基础。

用伯恩斯坦的话说：“它勾勒出整个投资过程的演进秩序及其所包含的责任。”伯恩斯坦对模型给出了自己的总结，“CAPM 不再是缺乏实证依据的玩具，更不是出于对理论的好奇心。它已成为高度复杂的机构投资管理的核心要素”。此外，它也为当下一种流行的投资组合优化技术提供了理论基础。这个以规避非正常最优权重为目的的技术被称为“布莱克－林特曼”模型（black-litterman model）。我们将在本书第 14 章讨论这个模型。

对多元化资产的投资者而言，CAPM 就是一套预测收益率的工具箱。在风险模型的基础上，它为我们提供了与风险匹配的预期收益率评估值，其中唯一需要考虑的风险就是该资产类别对高度分散投资组合波动率的影响度。在均衡状态下，这些“不可知”的评估是合理的，但前提是要使用相对完善的风险模型，并对模型中的无风险利率和市场风险溢价率实施精确校对。

尽管如此，和物理学中的所有运动定律一样，CAPM 同样也仅适用于“无空气阻力”的世界。在现实世界中，市场有时会长期偏离均衡状态。各国央行政策对全球债券收益率的影响，就是这种长期失衡的一个典型示例。正如我们之前看到的那样，在当前环境下，很多中央银行已把利率下调至零，因此，对非美国债券而言，较大的贝塔系数造成它们的真实收益率远低于预期。归根到底，投资者应该把 CAPM 作为一种基准参照，这也是我们为检验基本面及估值假设而进行收益率预测的第一步。

注　释

1. 详情参见：1961 年杰克·特里诺、1964 年比尔·夏普、1965 年约翰·林特尔和 1966 年简·莫辛的论文。

2. 威廉·夏普分享获奖感受，详情请参考：gsb.stanford.edu。

3. 就在 2020 年 3 月下旬完成本书的创作时，由于新型冠状病毒的全球蔓延以及石油价格的剧烈冲击，全球股市遭受了历史上最严重、最迅猛的一场下跌潮。美联储大举降息，美国的三个月期国库券利率下降为零。这显然是不寻常的状态。在此背景下，与 2018 年相比，由于利率相对较低，各资产类别的预期收益率应降低 1%~2%。但另一方面，其估值应该比 2018 年更有吸引力，这或许会在一定程度上抵消利率下降带来的副作用。

4. 数据来源为截至 2018 年 3 月 23 日的 9 年期间。

5. 2018 年 2 月 5 日《顾问视角》(*Advisor Perspectives*) 记者罗伯特·休布舍尔对杰里米·西格尔的采访。

6. 2017 年 2 月 23 日《顾问视角》记者罗伯特·休布舍尔发表关于希勒市盈率的文章。截至 2018 年第一季度，CAPE 接近本文发表时的 30 倍。采用简单的收益率计算公式，按 30 倍的 CAPE 计算，可以得到 3.3% 的真实收益率。尽管尚不清楚希勒是如何得到 1% 的结果，但我猜想，他是按 CAPE 及相应收益率之间的回归运算来解释这个非同步关系。

7. http://shiller.barclays.com/SM/12/en/indices/welcome.app。截至 2018 年 2 月 28 日，除美国外的 24 个主要国家平均值为 20.01。

8. https://www.pimco.com/en-us/insights/economic-and-market-commentary/global-markets/asset-allocation-outlook/singles-and-doubles。

9. https://www.blackrockblog.com/blackrock-capital-markets-assumptions/。

10. https://www.aqr.com/Insights/Research/Alternative-Thinking/2018-Capital-Market-Assumptions-for-Major-Asset-Classes; https://www.northerntrust.com/documents/white-papers/asset-management/cma-five-year-outlook-2017.pdf; http://www.aon.com/attachments/human-capital-consulting/capital-market-assumptions-2017-q1.pdf; https://www.bnymellonwealth.com/assets/pdfs-strategy/thought_capital-market-return-assumptions.pdf。所有预测均针对美国股市，但北方信托的预测对象则是发达国家市场的股票。总体而言，非美国股票的预测结果与

美国股票预测结果相似，或在某些情况下略高一点。

11. 由于货币当局为应对新冠疫情危机而采取了进一步降低利率的策略，因此，截至2020年5月12日，该收益率为1.06%。数据来自彭博财经。

12. 数据来自彭博财经、巴克莱全球综合指数以及摩根士丹利全球标准指数（总收益率指数）。

13. https://www.telegraph.co.uk/business/2018/01/30/qe-set-27-trillion-last-hurrah/。

14. https://www.forbes.com/sites/phildemuth/2014/07/30/meet-the-global-market-portfolio-the-optimal-portfolio-for-the-average-investor/#5956a39970d1。该评论是参考1977年理查德·罗尔（Richard Roll）对CAPM提出的疑问。

15. 数据截至2012年，这是他们研究区间对应的最后一年。

16. 数据来源为温德姆资产管理公司。

17. 正如在本案例所述，可用估值模型校准的市场风险溢价是个例外。

18. 阿尔法系数（α、Alpha）：资产（或投资组合）的绝对收益率和按照贝塔系数计算的预期风险收益率之间的差额，体现为投资超出基准业绩的超额收益。如大于0，表示投资对象的价格可能被低估，可考虑买入；如小于0，表示投资对象的价格可能被市场高估，可考虑卖出；如等于0，表示投资对象的市场价格准确反映其内在价值，未被高估也未被低估，投资只能取得相当于预期收益率的回报。

第2章

给市场估值，哪些指标更实用？

市盈率适用于计算哪些收益？估值应基于未来收益率，
而非当前收益率。—— JPP

对股票而言，现在的步骤就是如何进行赢利预测。这样，我们即可把预期收益率分解为若干具体要素。在 CAPM 中估算股权风险溢价率这个输入变量时，我们曾指出，按估值预测股权收益率的最简单方法，就是直接使用市盈率的倒数。也就是说，用 1 除以现有的市盈率，即可获得长期收益率的合理预测值。但是在金融领域，尤其是在预测收益率时，一切就没这么简单了。在这里，我们有必要回想杰里米·西格尔和罗伯特·希勒这两位金融学顶级教授之间关于市盈率的论战。而到底应选择哪个比率，似乎就是这场辩论的核心话题。

如前所述，希勒采用了按股市周期和通货膨胀率调整后的市盈率（CAPE），而西格尔则直接使用当前市盈率。此外，在估算股权风险溢价率时，希勒并不是直接使用收益率的倒数。相反，根据回归模型，他对初始 CAPE 与相应收益率之间的关系进行了建模。

CAPE 方法在面世后便立即受到广泛关注。约翰·坎贝尔（John Campbell）和罗伯特·希勒在 1998 年首次发表关于 CAPE 的论文，先后被204篇研究论文所引用[1]。西格尔也发文谈及这个话题，在2016年5/6月份出版的《金融分析师杂志》中，西格尔在一篇题为《希勒的CAPE比率：新视角》的论文中也承认："就股票的长期收益率而言，CAPE比率显然是个非常强大的预测指标。"他指出，根据1881—2014年期间的数据，按CAPE计算出的预测值与随后10年期收益率的相关性达到60%（以预测区间35%的 R^2 可决系数表示），这说明西格尔对希勒的认同。面对外界质疑时，另外两位业界大佬和顶级投资大师均极力维护CAPE的地位，他们是资本管理公司AQR创始人兼首席信息官克里夫·阿斯内斯（Cliff Asness）和锐联资产管理有限公司（Research Affiliates）创始人兼董事长罗伯·阿诺特（Rob Arnott）[2]。

2016年，西格尔对外宣称，会计准则始终在不断调整，人为低估了目前的10年期平均收益率，导致CAPE预测值过于悲观。锐联资产管理公司的罗伯·阿诺特、维塔利·卡莱斯尼克（Vitali Kalesnik）和吉姆·马斯图尔佐（Jim Masturzo）曾在2018年联合著文指出：

> 自1996年以来，美国的CAPE比率在96%的时间段内超过长期平均收益率（16.6%），而且在超过2/3的时段内超过24%，也就是说，整整高于历史正常水平一个标准差。这样的差距足以让最狂热CAPE的追随者冷眼相看。

西格尔认为，如果采用更一致的收益率指标，我们就可以进一步改善模型的预测能力，并减少负面偏差。不过，即使采用更一致的收益率衡量方法，2008—2009年的数据仍会导致10年期平均收益率偏低。一旦这些数据出现在10年期历史样本中，即便投资者预期未发生任何变化，但随着平均收益率的增长，CAPE也会自然而然地下降。比如说，尽管

2008—2009 年的市盈率不变，但 CAPE 也可能会降低。这种悬崖效应取决于我们的收益率数据到底来自哪个 10 年期。在计算平均收益率时，10 年期确实是个不错的周期，但为什么不采用不同的时间窗口呢？正如 2012 年阿斯内斯所言："选择 10 年期作为时间窗口完全是随意的。比如说，也可以选择 9 年或者 12 年。无论怎样选择，我们都很难找到一个坚实有效的理论依据。"时间窗口的选择之所以非常重要，是因为它会导致收益率预测出现显著差异。

全球投资管理公司 GMO 创始人兼首席投资官杰里米·格兰瑟姆（Jeremy Grantham）也认为，由于"垄断、政治和品牌实力的增强，使得 2018 年以来收益增长往往更具可持续性，这似乎已成为一种范例"[3]。"但这次不一样。"他解释说，"如果我们认为近期盈利增长会延伸到未来 10 年，我们同样就应该认为，CAPE 不会像现在看起来这么悲观。"实际上，这种心理调整相当于以近期收益率为基础的市盈率。尽管 2018 年过去的 12 个月市盈率始终维持高位，但绝非如 CAPE 那么极端。归根结底，我们必须牢记，CAPE 绝非完美无瑕，在美国股市的历史中，很多 10 年期 CAPE 均与未来收益率相去甚远。

但我认为格兰瑟姆的这个论点并非特别有说服力。我的同事大卫·吉鲁（David Giroux）是普信集团的基金经理兼首席信息官，也是我身边最有才华的投资者之一。在普信集团 2018 年第一季度发布的一份内部备忘录中，吉鲁指出，能源板块的复苏和美元的疲软，使得标普 500 指数的近期收益率被夸大，但这两者在未来的影响力或许不会很大。

我曾在太平洋投资管理公司工作 5 年。在那里，我亲身体验到所谓的新常态和新中性趋势，这种悲观的未来观已成为债券基金经理的典型特征。基于全球债务水平持续走高，2018 年已接近全球国内生产总值（GDP）3 倍的历史新高[4]；人口老龄化，65 岁以上人口的比例到

2050 年将增加一倍[5]；技术颠覆，到 2030 年，自动化或将取代 8 亿个工作岗位[6]等一系列长期趋势，如果全球经济继续按 2%~3% 的速度缓慢增长，再考虑到利润率原本已经处于高位的情况，收益率怎么能维持 10%~15% 的增长率呢？在理论上，这或许是可能的，但可能性不大。我只能说，新常态还远未体现在我的系统中。

然后，我们再看看股票和债券之间的相对估值。与全球债券收益率相比，股票远比完全按 CAPE 衡量的价格便宜得多。我们是否就预期利率在未来 10 年继续维持历史低位呢？在理论上可以认为，更长期的低增长（新常态）以及 GDP 增长率和通货膨胀率等宏观经济变量的低波动率，应会带来更长期的低利率。这样的话，CAPE 就有可能维持高位。这背后的逻辑很简单：低贴现率对应高估值。但毋庸置疑的是，弱化全球货币刺激措施注定会带来风险，尤其是在后疫情时代甚至会面对更多风险。但投资者始终以经济完美着陆为前提而对市场定价。

在 2018 年资产配置委员会（asset allocation committee）的年度会议上，我们在投资策略背景下对通货膨胀冲击风险进行了讨论。我问："从什么时候开始，2% 甚至 3% 的通货膨胀率会'带来麻烦'？"一位超级明星级别的投资者的回应极富想象力："当市场没有预料到的时候，它就会带来麻烦。"

综上所述，CAPE 为我们提供了一个不应忽视的直观信号，而且这个信号更倾向于揭示悲观的一面。尽管在预测未来收益率方面表现不俗，但 CAPE 显然还不够全面。其他基于比率的简单预测指标，比如西格尔采用的指标则给出相对乐观的数字。因此，为增加预测的准确性，我们就必须进一步深入解析这些预测指标的构成要素。我们期望每年取得的股息是多少？我们对赢利增长率的预测是多少？我们是否预计估值会发生重大变化？我们必须扔掉固有观点，转而关注更严谨的数字。

最简单的基础估值模型：累积法

累积法模型把股权收益率分解为三个部分：收益率、增长率以及估值变化率。我之所以更偏爱这个模型，是因为我在进入金融行业后的第一个研究项目，就是对 20 多个国家和地区的数据进行回测。在这项研究中，我得到了温德姆资产管理公司总裁兼首席执行官及道富投资公司高级合伙人马克·克里兹曼的帮助。

在项目开始时，他递给我一篇由加洛德·威尔考克斯（Jarrod Wilcox）在 1984 年发表的论文，题为《市净率 / 净资产收益率估值模型》。这篇文章阐述了累积法模型所依据的基本原理。威尔考克斯首先指出：

投资收益率 = 股息收益率 + 价格变化率

然后，他又把“价格变化率”这一项继续拆分为“增长率”和“估值变化率”这两个部分，这样就得出：

投资收益率 = 股息收益率 + 增长率 + 估值变化率

对于公式中的“增长率”，威尔考克斯采用账面价值增长率，而“估值变化率”则采用市净率（price-to-book ratio，简称 P/B）的变化。

如今，投资者使用了威尔考克斯模型的几种变体。比如说，有的版本采用的是市盈率和不同定义的增长率，譬如收益增长率或 GDP 增长率等。我们可以采用很多方法预测公式中的各个参数。在实际中，累积法模型已成为整个行业的规范。

因此，我们不妨把它视为以估值为核心的等价 CAPM：简单易用，而且广泛适用。但是和 CAPM 模型一样，关键问题还在于细节。

威尔考克斯指出，如果在这个模型中添加一个小的、几乎可以忽略不计的交叉项，就可以对已实现的投资收益率作出完美解释。正如他所言："这不是因果关系，而是通过数学公式得出的必然结果。"换句话说，这是数学上的恒等式，就像"1+1=2"一样，毫无疑问，天经地义。相比之下，如果使用 CAPM，我们甚至根本就无法解释已实现的投资收益率。

2004 年，法玛和弗伦奇曾说过，即使是在计算样本内的贝塔系数时，高贝塔系数股票（或其他资产类别）的市场表现也会在相当长时间内落后于低贝塔系数股票（或其他资产类别）。而采用累积法模型，我们可以对历史收益率作出 100% 的合理解释。此外，我们还可以为分解已实现收益率或预期收益率指定时间窗口，这也是累积法模型相对 CAPM 的另一个优势。

在把历史收益率分解为收益率、增长率和估值变化率等要素之后，我们即可对它们进行逐一预测。预测收益率当然已不是问题。在影响股息收益率的要素中，价格要素有着非常高的不可预测性，但就长期而言，上市公司往往会通过调整派息率而实现股息收益率的相对稳定。即股息收益率 = 股息 / 股票价格，而派息率则是指支付的股息占每股收益的百分比。按 20 世纪 70 年代以来的标普 500 指数进行估算，任何年度的股息收益率与以后各年度收益率的相关系数为 92%[7]。在市场仅为合理有效的现实环境中，这显然已实现了非常高的可预测性。

可持续增长率（sustainable growth rate）的确依赖于公司的基本财务面，在这里，我们把可持续增长率定义为净资产收益率（ROE）乘以公司的留存收益率。即留存收益率是收益中未作为股息支付部分占收益总额的百分比[8]。根据 20 世纪 90 年代的数据估算，对标普 500 指数可持续增长率的同比可预测性 / 自相关系数评估值为 48%[9]。尽管该指标的稳定性不及股息收益率，但是和价格变化率等指标相比，它的可预测性已达很高水平。归根到底，我们的目标是评估相对稳定的长期增长率，而不是强调各年度之间的同比变化率。

可持续增长率的定义也是预测未来收益率的基础。作为CFA会员，需要牢记，可持续增长率是特许金融分析师课程中最重要的概念之一，毕竟，它是预测未来收益率的出发点。从理论上说，企业提高股息支付水平的能力最终依赖于两个方面：第一，公司使用既定资源（账面价值）创造收益的能力；第二，为了给成长性项目提高资金，公司需要将多少收益再投资于公司。这也是公司财务的核心出发点，而且在我看来，这也是最实用、最有效的财务理论。根据我当初进行的这些回测，在以每个国家的可持续增长率取代按经济增长模型评估的增长率时，投资策略的业绩均出现了大幅跃升。

在步入投资圈的时候，我还很年轻。因此，看到可持续增长率让摩根士丹利全球指数望尘莫及，而且前瞻性偏差（look-ahead bias，或称预测偏差）又非常有限，自然让我兴奋不已。但事后看来，后见之明永远算不上真正的英明，世上永不缺事后诸葛亮，缺少的是先见之明。一位客户曾对我说，他从未见过无效的回顾性检验。对此，他进一步指出，除了使用算法进行回测分析的量化分析师之外，唯一能始终保持夏普比率（sharpe ratio，基金绩效评价标准化指标）不低于3.0的人，就是伯尼·麦道夫（Bernie Madoff，华尔街历史上最大庞氏骗局的制造者）。

多年来，针对哪些预测方法有效或无效的研究不计其数，尽管这些研究不存在显性的前瞻性偏差，但它们本身就是一种隐性的前瞻性偏差。但无论如何，后来的研究者还是能从中受益。

在预测中，最后、同时也是最困难的一个构成要素为估值变化率。由于各年度之间的价格变动会导致市盈率、股价与现金流比率或市净率等比率发生变化，因此，各年度之间的估值变化率缺乏相关性自然不足为奇。根据自 1990 年以来的季度数据，标普 500 指数市盈率的同比可预测性 / 自相关系数比为 −3%，这在统计上与零无异[10]。也就是说，上年度的市盈率变化与下年度的市盈率变化毫无关系。

在任何既定年度，估值变化率是决定已实现投资收益率的主导因素。根据 1990—2016 年期间的年度数据，我们可以算出标普 500 指数的累计收益率与市盈率同期变化率之间的相关系数 75%[11]。但是在长期内，估值水平存在强大的均值回归效应。因此，合理的假设就是估值变化率的长期平均值为零。在这里，最大的问题就是难以对均值回归的速度进行建模，而且回归路径永远不会服从于平滑曲线。大多数投资者假设，当前水平将在 5~10 年内回归长期平均值。这在数学上不难实现：我们可以计算出当前估值（如当期市盈率）与长期平均值之间的差异，然后，把这个估值差除以假设回归平均水平所需要的年数，这样，我们就可以得到估值变化率的预测值。但遗憾的是，这种预测在短期内不够准确。好在我们还有方法改善预测结果。

我们在项目中对两种估值变化率模型的有效性进行了比较：一个模型假设存在变化率回归均值，另一个模型使用机构投资者的自有数据。在这里，我们按横截面回归方法进行建模。毕竟，我们的目标是解释一国股市相对其他市场的表现，而不是预测各国股市的估值在长期内的变化（即时间序列回归）。这在技术上似乎不存在明显差别，但横截面预测与时间序列预测之间的区别非常重要。

对这种横截面分析而言，我们的直觉可能是，如果一国股市存在大量来自机构投资者的资金流入，其估值水平就应高于其他国家，尤其是相当于那些资金大量流出的国家。实际上，我们在这里采取了一个隐含假设，即机构投资者的资金流动是持续的，它们会渐进式流动，这背后的部分原因就在于规模，这些资金流动更像是超级油轮而非快艇，一旦启动就难以停下来。多年来，哈佛大学教授肯·弗鲁特（Ken Froot）等人针对这些数据进行了大量的学术研究。在发表于2001年的《机构投资者的投资组合变动性》文章中，肯·弗鲁特、保罗·奥康奈尔（Paul O' Connell）和马克·西肖尔斯（Mark Seasholes）得出的结论是："流动性是高度持续的。"

与这项学术研究相比，累积法模型在统计上还不够有说服力。但这个模型最大的优点就是简单。简单就是最大的优势。毕竟，我关注的是估值变化率，而不是总收益率。我的假设是现金流和估值同比变化率主要取决于情绪，这样，我们就可以从总收益率中剔除长期基本面因素（利润率和增长率），从而把关注点集中到我们所说的"暂时性估值差"（transitory valuation spreads）。

为此，我们测算出现金流与相应估值变化率之间的贝塔系数，然后，再把这个贝塔系数用于近期现金流。这种方法的效果非常好：在我们第一次预测收益率、增长率和基于现金流的估值变化率时，结果显著改善。针对与增长率相关的ROE而言，效果甚至更好。在第一次面对这些结果时，我诧异地站在办公桌前，竟然像个刚刚看到石油汩汩流出的勘探者一样，手舞足蹈地跳起来。

西肖尔斯把这个项目变成一场两个模型之间的跑马赛。他要求我在没有任何收益率预测的情况下进行追溯性检验。为了在这种情况下进行数据检验，我建立优化程序，以确定每个月的最低风险权重。令人惊讶的是，按这种方法得到的收益率大大改善。投资组合的优化似乎可以在没有任何未来收益率信息的情况下增加价值。但批评的声音同样不绝于耳。在这种风险最小化方法中，我们使用五年期历史收益率波动及相关性预测未来风险，这些变量似乎过于"幼稚"。但结果显示，在20世纪

80 年代和 90 年代，摩根士丹利全球指数是一个高度无效的基准（从指数构成国权重的角度看）。毫无疑问，这是一个容易被打败的对手，或者说，它成为这场比赛中的那匹慢马。

随后，我们增加收益率和增长率预测，预测结果得到了进一步改善。最后，如前所述，估值变化率预测再次大幅改善了预测效果。针对这个部分，我们采用了基于现金流的方法对假设估值差均值回归的模型进行了检验。尽管两种方法都表现出良好的预测性，但基于现金流的预测显然更胜一筹。因此，我们的最终建议，就是采用一种结合如下各要素的综合性方法：风险要素（收益率波动率和相关性）以及对收益率、增长率和估值变化率的预测。我们可以认为，每个模块都会循序渐进地增加投资价值。这个示例完全契合于贯穿全书的分析框架：在一个完整的资产配置方法中，从理念、流程、投资观点、输入变量到模型，所有模块相互依赖，每个模块都必须建立在其他模块基础之上。越简单越好，人为增加过程的复杂化没有任何必要。

在随后几年里，这种方法已逐渐在实际中得到验证。一家欧洲机构客户已按这种策略投资超过 20 亿美元，并连续几年的收益率跑赢大盘。后来，该客户因人员流动转而采用被动型投资策略。

我的投资策略趋于主动性，每月对组合进行再平衡。但累积法适用于更大领域，它为 CAPM 计算出的预期收益率提供了良好的实证检验。在表 2.1 中，我们根据第 1 章 CAPM 列出的股权资产类别，按累积法模型预测收益率[12]。在表中，我们添加了在上一章里根据 CAPM 得到的结果，以便于进行比较。

与预测其他收益率一样，我们都需要解决数据来源、注意事项和观点分歧等问题。与 CAPM 的评估值相比，当然还有希勒对美国股市的悲观预测相比，表中这些数字似乎高得离奇。美国大盘股的预期收益率为

表 2.1　按累积法模型计算预期收益率 *

	股息收益率（%）	增长率（%）	估值变化率（%）	预期收益率（%）	CAPM 结果（%）
美国股票					
大盘股	1.90	6.60	－1.5	7.10	4.30
小盘股	1.30	9.10	－2.3	8.20	3.90
成长股	1.30	14.20	－6.5	9.10	4.50
价值股	2.50	4.30	0.50	7.40	4.10
非美国股票					
大盘股	3.10	5.50	2.80	11.50	5.20
小盘股	2.40	5.20	－0.3	7.20	4.90
成长股	2.20	9.30	1.40	12.90	5.30
价值股	4.10	3.70	3.70	11.70	5.20
新兴市场股票	2.40	7.00	－2.1	7.30	6.40

* 股息收益率为过去 12 个月的平均值。

注：增长率为股票指数收益率乘以 1 减去派息率之差（这里之所以不考虑美国小盘股，是因为绝对亏损股票及其他结构性问题导致 ROE 存在低估偏差，因此，我们在这里采用的是彭博社评估的长期增长率数据）。

估值变化率为当期市净率与长期平均市净率（1995 年 1 月至 2018 年 4 月）之差的 −1/5。

7.1%，这似乎符合西格尔的预测。相对利率而言，股息收益率更接近于历史最高位，这在一定程度上解释了这些数字为什么高于 CAPM 评估值。如前所述，CAPM 评估是围绕利率水平进行的。此外，美国能源部门的持续复苏、市场的近期收益率畸高（达到“收益峰值”）、美国经济的持续协调增长以及财政货币的刺激等因素，导致可持续增长率会得到相对乐观的预测。

2020 年疫情暴发形成的经济危机，也要求我们重计股息收益率、可持续增长率及估值变化率。在我完成本书创作时，美国股市刚刚开始暴跌，这意味着，尽管尚无法确定对公司长期基本面的潜在影响，但可以预料的是所有指标都会升高。

至于股息收益率，操作惯例就是通过增加股票回购后作为最终的“总股息率”评估值。也就是说，回购是预测收益率时需要考虑的重要因素。当公司买回自己发行的股票时，现有股东会要求更高的收益率，从而推高股价。因此，回购的本质就是把现金返还给现有股东，这与股息几乎没有任何区别。

但如何评估股票回购对预期收益率的影响，至今尚存在争议。我的观点是，股票回购固然重要，但它们对收益率的贡献显然被高估。比如说，我们应如何考虑 IPO 和再次发行新股的影响。如果我们确实对这些要素进行了调整，最终的回购净效应几乎可以忽略不计。但回购净效应的计算到底应在总体市场层面还是指数层面，不同学者的看法各不相同。如果在指数层面计算回购净效应，稀释效应对现有股东的影响会小得多。追踪这场智力比赛一直让人觉得其乐无穷。最近，这场辩论在《金融分析师杂志》的《致编辑信》栏目（我认为是这本杂志最有趣的部分）中愈演愈烈。

威廉·伯恩斯坦（William Bernstein）和罗伯·阿诺特主张回购具有负面效应，认为股票发行和 IPO 的速度始终超过回购。在 2003 年一篇题为《收益增长：2% 的稀释率》的论文中，伯恩斯坦和阿诺特估计，按回购净效应调整后的预期收益率应为 –2%。因此，他们明确反对回购对收益率具有正效应的观点：

> 绝大多数机构投资者相信这些不实之词，即回购对收益率的净

效应为正，并据此采取相应行动。但无论传闻基于谎言，抑或只是单纯的错误，我们都认为，这些错误观点带来的影响是严重的。唯有严谨数据才能说明问题。

在 2017 年，菲利普·斯特里尔（Philip Straehl）和罗杰·伊博森（Roger Ibbotson）发表《股票收益率的长期驱动要素：支付总额与实体经济》一文，他们估计，从 1970 年至 2014 年，净回购收益率始终为 1.48%。这与伯恩斯坦和阿诺特的 −2% 评估值存在明显差异。

看过斯特里尔和伊博森的论文后，2018 年，伯恩斯坦和阿诺特引用了克里斯·布莱特曼（Chris Brightman）、维塔利·卡莱斯尼克和马克·克莱门斯（Mark Clements）于 2015 年发表的文章，并重申观点：

> 2014 年，美国股票回购的总额为 6 960 亿美元，占当年年初市值的 2.9%。这会带来相当惊人的回购收益率。但股票价格研究中心显示总体股市指数的涨幅仍低于市值 1.8%。难道 4.7% 的股市收益率就这么凭空消失了吗？当然不会。事实证明，当年合计出现了 1.2 万亿美元的新股发行。那些计算回购的人基本没有注意到这些新股发行的影响。毕竟，在这一年，据说回购大潮一鸣惊人，达到创纪录水平。

这些分歧可以归结为方法上的差异，至于如何解决这个问题，业界尚未达成共识。如前所述，我的观点是，由于无法衡量回购对收益率的稀释效应，因此，回购收益净额的评估值往往会偏高。我们在第 1 章曾提到过，安蒂·伊尔曼恩认为：“至于是否应该考虑回购以及如何把回购纳入预测的分歧，暂时还无法解决。”伊尔曼恩建议，在未对预期增长期限做相应调整的情况下，应以 0.5%~1.0% 作为回购收益率扣除稀释效应后的净值[13]。对这个数字，贝莱德投资公司针对美国股票计算的数值为 0.5%，对非美国股票的取值为 −1.0%[14]。摩根大通对美国股票的计算值为 0.3%[15]。AQR 对不同地区的取值范围在 −1.4%~0.1%。为简单起见，我们假设回购约等于股票发行加上或减去某些市场噪声。

除收入部分外，这场辩论还会影响到另一个构成要素：评估增长率。如表 2.1 所示，在当前环境下，收益率上升会导致以股权收益率为基础的评估值过于乐观。在评估增长率，至少是针对整个市场而言的增长率时，更常见的方法就是假设收益增长率与经济增长率保持同步。但企业利润率不可能永恒增长。因此，从长远看，作为总增长的一部分，假设企业增长速度超过总体增长速度，这显然不合情理。但在每股收益基础上，如果我们预计会出现稀释效应，就需要调低赢利或股息增长率的预期（毕竟，需要支付股息的股东增加）；如果我们预计回购会带来收益率的增加，就应上调收益率（需要支付股息的股东减少）。

这里的一个关键问题就是人均 GDP 的计算还要考虑人口增长。当然还有其他问题：生产率增长带来的影响是什么？是否应考虑债务和杠杆？在把新增股权融资用于购置可增加现有股东价值的新资产时，是否存在稀释性效应？不妨走出这些技术上的困扰，把问题简单化。从实际角度看，如果对增长率进行了调整，我们就不应在收益率中重复计算回购净效应，或者说，应对其中之一进行调整。

在对利润率缺乏明确看法的前提下，常见的做法是假设市场总收益率与 GDP 同步增长[16]。按照国际货币基金组织（IMF）的预测，未来 5 年的全球 GDP 年均增长率在 3.5% ~ 4%（按真实增长率计算）[17]。这种“新常态”下的增长率与收益率和估值变化率等因素相互叠加，接近于我们之前按 CAPM 计算的预测值。

虽然我们可以取得国家层面的预期 GDP 增长率，但显然不能把它直接用于市场板块或按风格、规模划分的资产类别（如大盘股、小盘股、价值股和成长股）。不过，GDP 增长率确实为基于股权收益率的指标提供了实证检验标准。如果我们采取足够长的时间窗口，我们就可以把 GDP 增长率设定为预期收益率的上限。此外，我们还可以利用 GDP 增长率和板块层面收益率之间的回归分析，在板块层面进行更精细的预测。在实际中，虽然基本面分析师未必进行回归分析，但他们在预测公司层面收益率时，还是会不自觉地考虑到宏观经济环境。然后，他们将这些预测汇总到行业及资产类别层面，为多元化资产投资者提供预测依据。

基本面分析与量化分析并非格格不入

在这场关于如何对“成长”要素进行最优评估的辩论中，存在一个显而易见的事实。归根到底，要预测收益增长率，就必须进行基本面分析。然而，我接触的大部分客户与刚刚入道的宽客都希望找到可以一招制胜的公式化方法，毕竟，可复制性方法更容易使用。

比如，主权财富基金经常要求资产管理公司提供公式化观点和策略。为了获得更大的权限，他们希望直接使用资产管理公司的内部程序。他们甚至派学员进入资产管理公司，花数周时间学习这些程序的操作方法。他们的目标，是将这些方法用于自己公司内部资产的管理。但是，如果投资管理程序需要依赖分析师和基金经理的主观判断，主权财富基金还要聘请外部基金经理对程序操作提供指导，否则，直接学习这些专用程序的操作方法并实际运用的想法很难实现。

我对此的观点是，根据预先确定的公开指数数据，直接计算以 ROE 为基础的持续增长率，可能是目前最可取的方法之一。不过，有一点是毋庸置疑的：没有任何魔法公式可以持续生成比市场共识更准确的预测。

我所在的普信集团研究团队最近启动了一个调查项目，为不同资产类别建立相应的资产市场假设。这是一种前瞻性投资判断与量化分析相结合的混合性方法。我们要求基金经理根据累积法模型预测构成收益率的各个要素。为简单起见，我们将目标限定为预测未来 5 年的年化收益增长率。尽管这些基金经理大多采取自下而上的投资策略，但他们对所在行业的前景同样不乏深刻认识。

基金经理经常与公司的首席执行官（CEO）开展沟通，研读公司的资产负债表和损益表，了解公司采取的技术、劳动力成本、消费者需求等方面的基本趋势。有些基金经理可能采用正式的收益增长率分解法，比如说，从销售额预测开始（可以按与 GDP 增长率挂钩的方法进行预测），对利润率进行调整（在长期内按均值回归规律），等等。还有的基金经理可能从投资经验和专业知识出发，进行相对直观的判断，而且预测往往优于我们所能想到的量化模型。

在这项调查中，我们还请这些基金经理预测未来 5 年公司的市盈率水平。大多量化分析师可能会觉得这就如同科学家看待占星术。但不言而喻的是，基本面投资者会考虑均值回归等历史模式。这种历史模式同样适用于构建采用模型的量化预测。因此，基本面分析法和量化分析法并不像大多数人想象的那样格格不入。

顺便需要提醒那些高度强调公式的人，我最近对如下 3 个比率进行了比较：市盈率、市净率和市现率（price to cash flow，简称 P/CF，市价/现金流）。在这些估值指标中，我希望知道哪个会与后期估值变动的相关性最高。在这里，我们对估值变动按如下公式进行计算：

$$估值变动 = 已实现收益 - （净利润 + 增长）$$

这个计算相当于前述累积法模型中使用的“暂时性估值价差”。回想一下，我们首先要在初期预测净利润和增长部分。那么，根据当前的市盈率、市净率和市现率水平，我们能否判断，哪个指标最有可能预测已实现收益与初始净利润和增长预测之和的差?

我关注的是一年期预测。因此，我们需要剔除异常数据，尤其是2000 年和 2008 年市场下跌大潮前后的市盈率和派息，而后再调整收益率为负数的小盘股数据，结果显而易见：市现率赢了。市现率平均值与后续估值变动的相关性足足比排在第二位的市净率高出 10% 以上，而且该指标还赢了 9 个资产类别中的 7 个（小盘股和非美国成长股除外）[18]。与收益和账面价值相比，现金流显然更难以被视为“游戏”那样去操纵把玩，而且它们在不同资产类别之间的可比性也更强。

在这次调查过程中，我们把基金经理的回答汇集到累积法模型中，并对预期通货膨胀率进行了必要调整。为确定最终预测结果，我们还成立了一个由多元化资产投资者组成的委员会，协同普信集团的首席信息官，对结果进行审查和调整。我们查看了预测结果的分布图，评估资产类别之间的相容性，并根据需要进行了自上而下的调整。

这个过程对我们如何构建投资观点提供了依据。最后一点需要说明的是，尽管基本面分析有时似乎比历史分析更有偶然性，但它毕竟是构成收益率预测的关键要素。一个有趣的现象是，虽然预测股票收益率需要进行大量的主观判断，但是在预测债券收益率时，我们不得不接受相当严格的公式约束。

延长时间窗口，利率走向并不如想象中重要

正如第 1 章所述，预测债券的收益率远比预测股票收益率容易得多。

对大多数固定收益资产类别而言，只要时间窗口足够长（3~10 年），就可以把当前的到期收益率作为代替未来收益率的合理预测指标。这个结论最近被我的同事贾斯丁·哈维（Justin Harvey）和阿伦·斯托纳塞克（Aaron Stonacek）所验证。在 2018 年的这项研究中，他们选取不同时间窗口对若干固定收益资产类别进行分析，并检验了初始收益率与后续收益率之间的相关性，并将其作为经历时间 / 初始设定持续期的函数。

若干经历时间 / 初始设定持续期之比为 1.0，则表明所经历的时间恰好等于初始设定的持续期。目前，彭博巴克莱美国综合债券指数的久期为 6.34，[19] 因此，1.0 意味着持有期为 6.34 年。在追溯到 1976 年的分析中，哈维和斯托纳塞克发现，当该比率在 0.5 ~ 2.0（2.0 是他们在检验中采用的比率上限），初始收益率和后续收益率之间的相关性系数超过 80%。在经历时间 / 初始设定持续期比率为 1.08 时，初始收益率达到检验中的最大可预测性（对应的相关系数为 97%），并在较长时间段内维持高位（超过 95%）。重要的是，他们还发现，无论利率上升还是下降，初始收益率对后续收益率都具有较强的预测性。

此外，哈维和斯托纳塞克还发现，上述研究同样适用于国际保值债券（预测性稍弱）。但对其他资产类别，初始收益率显然不是后续收益率的合理预测指标。高收益债券的相关性在 0.98 倍久期时达到 78% 的峰值，并在 1.0 ~ 2.0 范围内维持在 70% ~ 75%。对新兴市场债券，相关性在 1.9 倍久期时达到 89% 的峰值。对于非保值国际债券，相关性在 0.5 倍久期时达到 57% 的峰值（相关性会受到货币风险的严重干扰）。

总而言之，哈维和斯托纳塞克得出的结论是："对高质量和保值型对冲债券指数，当期收益率与未来收益率的相关性最高。由于这些指数有更严格的期限、久期和质量限制，因此，与非保值和质量较低的债券指数相比，它们会呈现出相对稳定的风险 / 收益特征。"

对股票资产类别而言，即使一个简单的、可公开获取指标与后续收益率的相关性甚至很难达到57%。但我还是亲身经历过这样的场面：量化分析师在债券预期收益率问题上争论不休，而分歧点居然是如何解释那些可能对改善预测无关紧要的细节。我甚至见过一向羞涩内敛的同事，只要谈及如何预测利差、骑乘收益率（roll down yield，债券价格随着到期日的临近而逐渐收敛于面值过程带来的收益）、违约或总收益率的其他部分，他们就会陷入近乎疯狂的辩论，直白露骨，毫不隐讳。

但重要的是：作为债券收益率的合理预测指标，我们能否主动改善初始的到期收益率呢？比如说，如果我们对到期收益率的变动方向有自己的观点，能否据此调整预测结果呢？为简单起见，我们不妨设定一年的固定期间，如下公式是我们预测到期收益率的合理起点：

$$\text{收益率} = \text{初始收益率} - \text{初始设定的久期} \times \text{收益率变化}$$

也就是说，在利差（收益率）基础上对估值变化进行调整（久期 × 收益率变化）。安蒂·伊尔曼恩在2012年使用类似指标为基础建立模型，介绍了几种估算债券风险溢价率的方法。

这个简单模型内样本拟合度非常理想。根据1990年3月至2018年6月的年度滚动数据，我发现，彭博巴克莱美国综合指数已实现收益率与该预测指标间的相关系数为97%[20]。这个结果并不能表明，该模型具有良好的预测能力，因为我使用的是已实现到期收益率的变动。相反，它只能说明，已实现收益率的“近似”误差非常低。但如果把时间窗口延长到5年，那么，上述已实现收益率与预测指标的相关系数下降到94%。因此，这种方法的一个问题就是，在延长时间窗口的情况下，初始到期收益率的预测精确度会下降。

在普信集团为构建资本市场假设开展的调查中，我们把这个分解过程扩展为模型：将样本内拟合度从 94% 提高到 96%，而且在市场波动率较大的情况下，避免在评估收益率和实际收益率之间出现偏差：

到期收益率 = 平均到期收益率 + 骑乘收益率 + 利率久期 × 收益率变化 + 利差久期 × 利差变动率

其中：

平均到期收益率 =（调查得到的 5 年期到期收益率 – 当期到期收益率）/2

骑乘收益率 = 久期 × 当前斜率（9~10 年期的到期收益率）

收益率变化 =（调查得到的 5 年期到期收益率 – 当期到期收益率）/5

利差变动率 =（调查得到的 5 年期利差 – 当期到期利差）/5

在这里，我们对久期采用了两种定义：利率久期是指债券投资组合收益率对无风险利率变动的敏感性，而利差久期衡量的是利差变动的敏感性。在进行 5 年期的预测时，我们在确定平均到期收益率、到期收益率变动和利差变动时结合了调查中受访者的观点，这些指标对应的时间窗口均为未来 5 年。

很多方法可以进一步扩展这些要素，但是在我们的模型中，平均收益率和骑乘收益率均对应于总的到期收益率，也就是说，相当于无风险利率和利差的总和。假设我们可以在此期间内取得平均到期收益率。随着利率上升，投资者将以更高收益率对利息和本金进行再投资，在利率下降时进行反向操作。本金在到期日直接进行再投资，并一直延续到整个投资期限结束，在维持固定久期的情况下，持续赚取骑乘收益率。

骑乘收益率部分的衡量以收益曲线的倾斜度为基础，并假设持有期为一年。如收益率曲线向上倾斜（这也是大多数情况下的状态），并假设其他条件不变（收益率保持恒定且违约率不变等），债券价格会随着时间的推移而上升。可以推断：从今天开始债券距离到期日还有一年时间，由于短期债券会以较低利率贴现，因此，债券价格会相应上涨。

将到期收益率和价差变动除以 5，得到年化收益率。随后，我们再把年度变化率乘以各自的久期，从而得到年化价格变动量的测算值。总而言之，在这项调查研究中，通过分解固定收益债券的收益率，我们得到一个显而易见的结论：价格变动与收益变动（到期收益率 / 利差）在方向上是相反的。利用这种“均衡抵消”效应，我们可以解释，在更长时间窗口内，利率走向的重要性为什么远低于大多数投资者的想象。在长时期内，随着利率上调，投资者可以得到更多的利差收益（取决于平均到期收益率），但这种收益会被价格的反向变动（久期 × 到期收益率变动）所抵消。同样，如果利率下调，利差收益会减少，但我们会通过价格上涨取得收益。这种抵消效应同样适用于构成收益率的价差部分。

注　释

1. 我提到希勒也参与了这场辩论，但模型本身最早出自 1998 年他与约翰·坎贝尔合作发表的一篇论文。但不知出于何种原因，在讨论 CAPE 这个概念时，人们更多地提到的只有希勒，而对坎贝尔这个名字却鲜有提及。按照科技文献平台 Scopus 的统计，该论文被引用的次数为 204 次，见：http://www.elsevier.com/solutions/scopus。

2. https://www.researchafliates.com/en_us/publications/articles/645-cape-fear-why-cape-naysayers-are-wrong.html；https://www.aqr.com/Insights/Research/White-Papers/An-Old-Friend-Te-Stock-Markets-Shiller-PE。

3. http://fortune.com/2018/01/16/why-wall-street-is-ignoring-cape-fear/。

4. https://www.bloomberg.com/news/articles/2018-04-10/global-debt-jumped-to-record-237-trillion-last-year。

5. https://www.nih.gov/news-events/news-releases/worlds-older-population-grows-dramatically。

6. https://www.mckinsey.com/global-themes/future-of-organizations-and-work/what-the-future-of-work-will-mean-for-jobs-skills-and-wages。

7. 根据彭博财经针对 1970 年 12 月 31 日至 2018 年 3 月 31 日期间提供的季度数据。数据查询字段为“Dvd 12M Yld”。我将当前的股息收益率（下一年的股息除以当前股票价格）与一年后指标进行比较。由于按未调整数据只能得到由上年股息除以当前价格的股息收益率，因此，我首先对价格成分进行了调整（扣除过去 12 个月的价格上涨）。这个调整很微小，它不会明显改变结果。我采用的数据样本中包括 182 个连续滚动的季度数据。

8. 参见：华盛顿大学教授罗伯特·希金斯（Robert C. Higgins）2016 年发表的文章。

9. 基于彭博财经针对 1990 年 3 月 30 日至 2018 年 3 月 31 日期间的季度数据。时间段是根据可获得相关数据的区间确定的。数据查询字段为“DVD_PAYOUT_RATIO”和“RETURN_COM_EQY”。

10. 基于彭博财经针对 1990 年 3 月 30 日至 2018 年 3 月 31 日期间的季度数据。时间段是根据可获得相关数据的区间确定。数据查询字段为“Best_PE”。

11. 数据来源为彭博财经，使用回归分析工具中的 SPXT 和 Best_PE。

12. 累积法采用的数据截至 2018 年 4 月 30 日，基础指数的数据来源见表 1.1。表中数据来自彭博财经和我的计算。彭博财经，数据查询字段为“EQY_DVD_YLD_12M”“RETURN_COM_EQY”“DVD_PAYOUT_RATIO”“PX_TO_BOOK_RATIO”，以及针对美国小盘成长股评估值的“BEST_LTG_EPS”。

13. 针对主要资产类别的预期收益率。

14. https://www.blackrock.com/institutions/en-us/insights/portfolio-design/capital-market-assumptions。

15. https://am.jpmorgan.com/gi/getdoc/1383498247596。

16. 相关示例见：贝莱德集团（https://www.blackrock.com/institutions/en-us/insights/portfolio-design/capital-market-assumptions）；纽约梅隆银行（https://www.bnymellonwealth.com/assets/pdfs-strategy/thought_capital-market-return-assumptions.pdf）。

17. http://www.imf.org。

18. 针对 1996 年 1 月 31 日至 2018 年 4 月 30 日的月度数据计算。数据来源：彭博财经。使用的数据查询字段为：“EQY_DVD_YLD_12M”“RETURN_COM_EQY”“DVD_PAYOUT_RATIO”“PX_TO_BOOK_RATIO”“INDX_ADJ_POSITFTOPE”。采用的资产类别为前述表格列示的股票资产类别。

19. 数据来源为彭博财经，日期截至 2018 年 3 月 31 日。

20. 来自彭博财经的季度数据，使用的是总收益率、最低到期收益率以及按期权调整的久期。

第3章

估值指标在短期内存在的不确定性

> 财务分析主要依赖于历史数据，但我们分析的目标是制定对未来有影响力的决策。—— JPP

到此为止，我们关注的始终是预测相对较长时期的收益率，或者说“资本市场假设”。这类预测适用于战略性资产配置。此外，我们还发现，大家可以在较短时间窗口内使用针对股权的累积法收益预测模型，这与股票的国家配置模型完全相同。

现在，我们开始关注短期收益率的预测。对战术性资产配置（tactical asset allocation）而言，与收益率相关性最强的预测指标是什么呢？对此，我们可以使用很多宏观经济、基本面和估值信号。但关键是创建一个预测过程，把客观的量化分析技术与相对主观的判断及投资经验结合起来。因此，我们需要判断，哪些变量在历史上拥有最佳预测能力，并在当前环境下检验这些预测结果。

实战案例 1：普信集团如何进行短期的动态配置？

为说明这个问题，大家可以参考普信集团全球多元化资产部门采取的战术性资产配置流程。当然，我的目标可不是做广告，但我确实认同这种方法。我认为普信集团的投资流程几近完美（但我们始终致力于改进和完善），很多讲求战术性资产配置的投资者以不同方法取得了成功，有些投资者取得的成就甚至让我们羡慕。

但我还是更希望强调普信集团的投资过程，因为无数学者和从业者习惯采用复杂的统计研究和回测，解释如何预测收益率或是构建战术性资产配置方案，他们几乎不考虑现实因素的影响。比如说，《金融分析师杂志》的编辑不接受任何不考虑交易成本的实证研究。在他们看来，此类论文根本不值得占用审稿人的时间。因此，他们会直接向作者退稿，并要求其补充交易成本。

在普信集团的实际操作中，我们对超 2 500 亿美元资产类别的风险敞口进行战术性管理。作为从业者，我们有时也会为了追求简单透明而牺牲“严谨性”。我们并不想过度拟合历史数据，相反，我们关注的是因素模型、回测及其他统计分析是否适用于解释当下、预测未来。

从本质上讲，我们采取的战术性资产配置方法具有自由裁量的属性。也就是说，它并不是基于特定规则或“量化分析”的非系统性方案[1]。投资前的判断是投资成功的关键。但我们在讨论中会引入大量的量化参数，而且我们的决策过程始终具有高度的一致性。当然，任何人都难免偏见，我也不例外。但我始终相信，普信集团的资产配置委员会以“两全其美”的方式嫁接基本面分析和量化投资管理技术。

普信集团战术性资产配置委员会的 13 名成员来自 3 个投资部门，包括股票、固定收益和全球多元化资产部门。其中，普信集团投资主管兼集团首席信息官（也是我的上司）罗伯·夏普和我是目前仅有的两位非全职基金经理，尽管夏普在此之前曾经是一位非常成功的成长型股票基金经理。夏普与负责目标配置策略业务的基金经理查尔斯·施莱弗

（Charles Shriver）共同担任委员会联合主席。施莱弗有超过 20 年多元化资产基金经理的经验，而且拥有非常出色的业绩记录。

资产配置委员会的唯一职责就是进行战术性资产配置决策。我们业务的所有其他方面都由指导委员会管理，而我是指导委员会主席。指导委员会负责任命资产配置委员会成员。我始终强调两个委员会的独立治理原则，因为在我看来，投资决策必须独立于产品设计、人员管理、营销和业务战略等问题。

按照这种结构，对于其他部门的同事来说，我们在讨论战术性资产配置时，不会陷入可能浪费时间的事情中。此外，这样的安排还说明，虽然我是部门的负责人，但不是决策者。我只是战术性资产配置委员会的成员，联合主席才是战术性资产配置的最终决策者。因此，我们的工作方式不是投票表决，而是协同合作。

战术性资产配置委员会每月召开一次会议，对未来 6~18 个月时间跨度进行投资决策。我们几乎每月都会实施策略调整，但很少涉及全部资产类别。由于时间推移会导致部分头寸权重过高或不足，因此，我们需循序渐进地调整投资组合结构。这种方法的关键就是要利用相对估值变化带来的机会。也就是说，我们寻找极端的估值错位，而且我们喜欢逆向操作——增持价格偏低的资产类别，减持价格偏高的资产类别。

重要的是，我们的全部交易均以相对价格为基础，而且我们的讨论也几乎全部针对可比的不同资产类别。比如说，我们的讨论通常从股票和债券开始，或者从更泛泛的角度说，我们是否希望提高投资组合的“冒险性”位置［在这种情况下，我们会讨论是增加风险资产（如股票和高收益类资产等），还是降低组合的“风险等级”］。

这样，我们就可以增加更多稳健性资产类别（如债券和现金等）。然后，我们会在更微观的层面上寻求相对价值的机会。比如说，我们经常要讨论的问题是：价值股是否比成长股更便宜？小盘股的估值是否比大盘股偏低？欧洲股票是否比美国股票有更高的安全边际？或者与新兴市场债券相比，我们是否喜欢高收益债券？

虽然估值是决策的主要依据，但我们的依据要考虑宏观经济（GDP增长率、通货膨胀率、央行政策以及地缘政治等因素），指数层的基本面（销售额、收益率、利润率和杠杆率等）和技术因素（市场情绪、定位、流量和动量等）。

每次会议之前，所有委员都需要认真阅读超过180页的最新议案，其中包含了相关资产类别的相关数据、收益率信号以及风险分析等。我们将在本书第二部分详细讨论风险模型与风险管理。而非估值因素则用于确认我们基于估值的判断。如果资产类别的相对价格较低，而且又有非估值因素的支持，我们的观点自然会得到强化。

举例来说，在2017年年初，我们曾注意到，美国小盘股的相对估值明显比大盘股便宜得多。根据过去15年的数据以及多个估值比率，我们可以判断小盘股与大盘股的相对估值处于这期间最低的20%区段。

此外，我们认为美元币值也处于历史低位，而且很有可能触底反弹，这对小盘股的利好效应超过大盘股；市场动量同样有利于小盘股；资产类别的并购活动或将增加；盈利预期逐渐改善；政治形势也倾向于贸易保护主义。这无疑是估值、宏观形势、基本面和技术趋于一致的明显态势。

于是，我们开始循序渐进地增持小盘股。在这个过程中，我们持续监控这些有利于小盘股的因素，并在随后几个月内适度偏离调整长期战略性资产配置，加大对小盘股的增持力度，我们的策略最终得到了回报。

非估值因素仅在极少数情况下会成为我们的决策依据，此时，我们可能会做多相对估值貌似较高的资产类别，或是做空价格貌似很便宜的资产类别。比如说，从惯例角度看（在彭博财经电视上，“惯例”

这个词就是“长期”的一种怪异但却让人容易接受的表达方式)，我们当然希望持有美国成长股，因为即便在经济不景气的情况下，脸书(Facebook)、苹果和谷歌这样的公司依旧可以赚钱。因此，我们有时也会增持成长型股票，尽管它们相对价值型股票而言并不是特别便宜。

按照普信集团的决策流程，我们可以看到，有很多(或许是大多数)多元化资产投资者在实际中没有对短期收益率进行明确预测。相反，他们会评价非估值的各种因素，并根据风险评价原则确定不同资产类别的权重。收益率预测未必要采用有三位小数的精确数字。

如前所述，在普信集团，我们的基础标准主要是相对估值指标。随着时间的推移，会有足够证据表明，从估值角度看，“低买高卖”是适用于所有资产类别的收益原则。还有证据表明，当其他非估值指标也提供了支持时，估值指标的可靠性尤为突出。因此，除“低买高卖”的基本投资原则之外，我们还要牢记另一句确保投资安全的格言：“趋势是我们的朋友。”我们将在第 12 章中深入讨论价值与动量的组合。

此外，估值指标往往在相对较长时间范围内会有更好的效果。因此，在普信集团，资产配置委员会的决策流程远比其他更具战术性的投资者或“宏观枪手”(macro-gunslingers)的流程更缓慢，而且也更注重渐进性。我们的营销部门最近发布了一个短视频，对我们的战术性资产配置流程进行了一次非常有代表性的演示。在视频中，一名杂技演员在空中跃起约 4.5 米，落在由两名助手抬起的弹性横杆上，随后，再次反弹飞跃到 4.5 米高的空中，并连续重复很多次。

与此同时，视频中传来的画外音问道：“是什么让她的表演如此优雅而美妙？……成功的奥秘就在于一系列的动态调整。”

随后，镜头拉近并聚焦放大了杂技演员，有特写镜头展示了她如何不断地调整跳跃角度、维持平衡和校准姿态的反向动作。这些调整不一定很大，甚至可以说细微到肉眼不可见。

画外音继续说："看，多么微小的倾斜，这是最美轻盈的调整。"

演员完成这些动作的时机恰到好处，娴熟稳定。我们看不到任何突然或剧烈的动作，否则，它们会破坏表演的视觉效果。实际上，该演员的动作表演很好地诠释了我们的决策过程——我们的建仓过程是在较长时间完成的。

为了充分把握相对估值带来的投资机会，我们几乎始终在循序渐进地调整投资组合结构。当然，我们并不需要每个月都调整各种资产类别的仓位。在某些情况下，我们甚至会认为，目前的仓位完全符合要求，因而无须任何调整。

在每次会议结束后，我都会按电子邮件地址清单，把自己撰写的备忘录发送给公司内的一百多位投资者。为了说明我们的决策流程，你不妨看看我在2018年7月下旬发送的一份备忘录，标题为"以不变应万变"。当时，我们决定无须对现有的仓位进行任何更改。

你可以关注一下我们是如何利用各种信息、如何在决策流程中探讨我们的观点，以及如何把握和利用相对估值去做判断。为确保战术性资产配置决策的及时性和适应性（其最终目标是实现优异的投资业绩），我们在流程中采用了大量模块，其中每个模块都需要与其他模块相互匹配、相互叠加。

普信集团投资决策实例　以不变应万变

在资产配置委员会会议即将结束时，我们正讨论战术性决策，我看着联合主席查尔斯·施莱弗，问道："这么说来……没有需要调整的吗？”施莱弗还没来得及回答，另一位委员转身对我说：“你可以把下面这句话当作本次会议备忘录的标题，而且肯定是个不错的标题——‘以不变应万变’。”

这就是说，当月我们无须对投资组合中的任何仓位进行调整。但这个决定（或者说没有决定）丝毫不能掩盖我们对风险资产仓位展开的激烈讨论——是需要增加还是降低风险敞口，这是我们常年讨论的话题。

我们一起回顾了克里斯·福克纳－麦克唐纳（Chris Faulkner-MacDonagh）的宏观因子对股票与债券的影响。虽然委员会的决策主要依赖相对估值，但我们也不会忽略任何宏观因子的变化。我们很清楚，市场对增长率和通货膨胀率的一致预测是有预期的，或者说是有价格的。因此，我们需要经常将自己的观点与价格与之进行比较。

为预估市场共识，我们使用了专门预测工具“专业预测员调查”（survey of professional forecasters）。为衡量实际的 GDP 增长率及通货膨胀率，我们采用由深数宏观（DeepMacro）发布的专用数据。这些数据针对 GDP 增长率与通货膨胀率提供了“实时”预估。DeepMacro 对 3 000 多个序列数进行扫描，并使用这些数据集合得出 127 个预测能力最强的变量，每天跟踪和发布这些预测指标。使用历史数据进行的回测表明，DeepMacro 的数据似乎比官方 GDP 增长率和通货膨胀率数据更具预测性。

近期，DeepMacro 的数据体现的信号为看涨（做多股票）。按照这个结果，促使战术性资产配置委员会对目前是否已充分降低投资组合风险水平展开广泛讨论，与会委员对此各抒己见。自 20 世纪 90 年代后期以来，我们始终对股票给予了超低水平的配置（相对债券而言）。

另外，尽管公司内的大多数固定收益基金经理仍对价差风险给予轻度高估，但是从全公司看，股票基金经理始终对投资组合采取了去风险策略，这就带来各种“倍加”效应：既降低了战术性资产配置中的股票权重，又降低了选股决策中采用的股权贝塔系数。

一位委员说：“这绝对是我们在经济复苏过程中遇到的最理想环境。”在这场普遍看跌的论战中，他扮演反派拥护者。从基本面角度看，这种说法显然合情合理：收益增长率超过 20%，而且可归由税制改革带来的增长幅度只有 6% ~ 7%。通货膨胀率仍维持低位，而且消费者、首席执行官和小企业信心指标仍接近历史峰值。此外，我们预计当年下半年减税对现金流的影响会更加明显。

另一个存在争议的相关问题是：“我们现在面对的环境和 1994 年是一样的吗？在当时的情况下，美联储加息只是暂时现象，整体经济只是出现在长期扩张周期过程中的短暂停顿。”由于 2008—2009 年经济危机的深度及其造成的结构性损害，使得本轮经济复苏中的 GDP 增长相当缓慢。

与 20 世纪 90 年代经济复苏时期的增长率 40% 相比，迄今为止的 GDP 累计增长率只有 20% 左右，还有进一步加速的空间吗？一名委员会成员引用了卡曼·莱恩哈特（Carmen Reinhart）和肯尼斯·罗格夫（Kenneth Rogoff）的研究成果，他们认为，在重大经济崩溃后，所有国家都需要 10~12 年时间才能恢复正常经济增长。而我们目前正接近这个 10 年大关。

但警告的意味显而易见：我们正处于经济增长周期的尾段；美国以外的其他经济体增长速度可能正在放缓；量化宽松政策已开始松绑；市场价格已充分体现市场的高预期；20% 的赢利增长率是不可持续的；等等。此外，金融市场上的很多相对估值指标均处于极端状态（如非美国成长股与价值股、非美国小盘股与大盘股的相对估值率均处于 95%~100% 的高位）。一名委员会成员还补充道："欧洲市场的情况更糟。"

但最重要的是，我们已经处于防守位置，这头公牛或许还会继续狂奔。在周期后段，风险资产展现出如此强劲的收益能力并不稀奇。因此，我们认为，本月尚无必要进一步降低风险而调整仓位。

但对美国成长股与价值股的相对估值，难题依旧存在：尽管价值股似乎非常便宜，但是在进入周期后段的情况下，我们对是否需要买入周期性股票确实犹豫不决，尤其是在我们依旧继续看好成长股长期走势的情况下。因此，我们将继续维持观望立场。

此外，我们对新兴市场股票（相对于发达市场）同样持观望态度。新兴市场的利空因素很多，譬如美联储加息、美元走强以及全球贸易战等不确定性因素持续发酵。但这些风险是否已完全反映在价格上？

2017 年 7 月至 2018 年 7 月，新兴国家股票市场已累计下跌 8%，市盈率仅为 11；非美国发达国家的股票市盈率为 13，而美国股市的市盈率为 16。新兴市场未来 3 年的盈利预期继续维持在 10% 左右。本周出现了相当有趣的趋势，中国的财政紧缩政策似乎已经有所松动。因此，我们将持续关注相关资产类别的价格波动。

固定收益团队在久期问题上同样维持中立，但在利差上略有上调。有些固定收益投资者将通货膨胀率和美国利率上调视为主要风险。在资产配置委员会层面，我们已大幅减持高收益类资产，但目前尚无进一步减仓的计划，这与我们在本月无进一步降低风险的策略保持一致。尽管我们本月未对投资做任何调整，但仍进行了激烈辩论，通过商讨，我们减缓了继续降低风险的意愿。

哪个估值指标预测精确度更高?

2018 年，我对市盈率、市净率和市现率这 3 个估值指标进行检验，以判断它们作为股票收益率预测指标的有效性。这次检验类似于我在第 2 章提到的项目——评估哪个比率对估值变动的预测精确度最高。为简单起见，本次检验只考虑总收益率。此外，我还在检验中将分析延伸到不同长度的时间窗口，并对比了估值比率，预测不同资产类别绝对收益率和相对收益率的有效性。

检验对象为表 3.1 所示的股权资产类别，这也是我们在讨论 CAPM 及其他长期收益率预测时始终采用的资产类别。我们选取 10 种股票资产类别为对象，测算其初始估值水平与随后 6 个月、1 年、2 年和 3 年期收益率之间的关系，并估计出这些股票资产类别之间的 6 组相对贝塔系数。我采用的月度数据起点为 1995 年 1 月，终点为 2018 年 5 月[2]。最终，我针对估值信号与未来收益率合计取得 192 个样本外相关系数。

对这种重复性实证分析，我通常使用矩阵实验室（Matlab，一种技术工程和金融软件程序）软件进行编码，并使用微软 Excel 显示代码的

表 3.1　股票资产类别及相关贝塔系数

绝对收益率		
美国大盘股	欧澳远东指数（EAFE）大盘股	全球（不包括美国）
美国小盘股	EAFE 小盘股	新兴市场
美国成长股	EAFE 成长股	
美国价值股	EAFE 价值股	
相对贝塔系数		
美国大盘股与小盘股	全球市场（美国除外）与美国市场	
美国价值股与成长股	新兴市场与美国市场	
EAFE 大盘股与小盘股		
EAFE 价值股与成长股		

数据及测试部分。不过，考虑到我是个效率低下而且缺乏实战经验的程序员，因此，我觉得最好的办法还是直接引用彭博财经的历史数据，然后利用 Excel 完成全部测算。这些事情总能让我度过一个有趣的下午。

有些结果让我感到出乎意料。不同股票资产类别和时间窗口的估值体现出高度一致性。在 192 个相关系数以及全部绝对收益率和相对收益率预测中，187 个结果出现预期信号，符合“低买（估值），高卖（估值）”的直观判断——预测的准确性达到惊人的 97%。至于剩余极少数的不一致信号，几乎全部可以归咎于科技股泡沫造成的异常市盈率。另一个令人不可思议的结果是，这些信号似乎在较短时间窗口内（6 个月和 1 年）的预测能力更有效。

但我认为需要强调的是，显示相关性预期信号的结果不同于根据该信号实现赢利的能力。预期信号与 6 个月及 1 年期实际收益率的平均相

关系数接近 –20%，而对 2 年及 3 年期的平均相关性则降低到 −30%~−40%。（也就是说，估值所对应的时间窗口越长，预测的效果越好。）但这些数字显然不是很高：−40% 的相关系数所对应的 R 平方（回归平方和与总离差平方和的比值，表示在总离差的平方和中，可以由回归平方和解释的部分，这一比例越大则表明模型越精确）仅为 16%。

我采用的是常规性定义，即相关性的预期符号为负，表示估值变动方向与收益率变动方向相反，因为估值的提高会导致未来收益率下降，反之亦然。在这种情况下，负相关性的绝对值越大，表明信号的预测能力就越强。在很多情况下，估值信号会把你引入歧途。比如说，在过去几年中，非美国股票的估值始终不及美国股票，但美国股市始终跑赢全球股市。

在预测绝对收益率时，市现率的效果要高于市净率和市盈率，这和我们之前讨论的结论完全一致。在 1 年期期限内，市现率与未来收益率的平均相关系数好于 −43%，而市净率仅为 −26%，市盈率更是只有 −22%。

不过，在我对相对收益率进行检验时（如大盘股与小盘股），结果却出乎意料。市盈率在 6 个月、1 年和 2 年期的预测效果均优于市现率，在 3 年期的预测能力与市现率不相上下。为什么市现率在相对收益率指标上表现不佳呢？我不妨以最简单的观点解释这个现象：现金流更难被人为操纵，因而也更可靠。这样的解释能否说得过去？

当我遇到这种棘手的问题时，通常会走出办公室，然后径直向左转，到研究团队的办公室找人，帮助我一同解决这个问题。我当然很清楚，在这个天才云集的团队中，只要能找到还闲着的人，不管我的问题多么天马行空，我总能得到思维缜密的答案和逻辑严密的假设，并最终找到我期待的答案。显然，并非每个投资者都像我这么幸运，有机会接触到这样的投资精英。即便如此，但我依旧认为，在预测收益率时，一定要由某个人哪怕是非专业人士亲自检验我们的假设，这一点非常重要，因为当我们把想法以语言的方式传达给别人时，往往会带来新突破。

这一次，拥有耶鲁大学博士学位和深厚业绩资历的克里斯·福克纳-麦克唐纳成为我的救星，他很愿意倾听我的问题："为什么估值指标能合理预测个别资产在时间序列内绝对收益率，但不能有效地预测这些资产之间的相对收益率呢？"

他随即给出了两种解释。第一个解释似乎显而易见："这可能是自相关带来的问题。如果一个变量具有高度（而且是持续）的自相关性，即使它的预测性并非特别有效，似乎也能给出较好的时间序列预测。因此，如果说现金流比其他变量有更强的自相关性，那么，你得到的市现率结果就有可能是虚假的。"

换句话说，他认为市现率这个指标会"作弊"。实际上，麦克唐纳认为，现金流可能比收益率有更强的自相关性。但快速测试表明，这个结论不适用于我列出的资产类别。

麦克唐纳可能另有所指：针对自相关、单位根检验和协整关系等问题，在计量经济学中专门构成了一个完整的研究领域。

他的第二个解释同样经过了深思熟虑："如果你使用的是按指数调整后的正收益，一定记得从总体样本中剔除负收益，以降低资产类别层面收益率对异常数值的敏感性，并提高不同资产类别之间的可比性。"

这个观点直中要害。调整正收益会提高不同资产类别之间的可比性，尽管从时间序列角度看，他们对给定资产类别的预测性会有所降低。

我还与基金经理兼量化分析师罗伯·帕纳列洛（Rob Panariello）就上述问题进行了交流。他是我们的投资组合优化及风险模型专家。当然，与很多天才不同的是，帕纳列洛有一种奇妙的幽默感，而且为人低调谦和。跳出本书讨论的话题，谈谈帕纳列洛的一些有趣故事肯定会让你们吃惊：他喜欢穿拖鞋上班；他在办公室里种植很多稀奇古怪的植物；他每天要喝 7~10 杯咖啡；他曾经是一名举重运动员；他屡次赢得吃墨西哥卷饼比赛的冠军；他给自己建了一个隔离箱罐，喜欢在里面待几个小时，彻底放松。

我与帕纳列洛合作发表过论文，他是我见过的最有想象力的天才。他能迅速掌握问题的要领。当我向他提出问题时，他只用五个字就给出了答案："系统性噪声。"

确实如此！尽管两个资产类别的时间序列预测收益率可能完全不同，但如果偏差具有系统性，这种偏差就会以相同方式同时影响到两个资产类别，在这种情况下，两者之间仍具有可比性。但市盈率似乎比市现率更容易受到系统性噪声的干扰。因此，它们对相对收益率（横截面）的预测能力会优于针对时间序列收益率的预测。

总之，时间序列预测适用于市场择机决策。而对增持和减持决策而言，横截面预测更有参考价值。有效的横截面预测或许对应于糟糕的时间序列预测，反之亦然。原因何在呢？那就是系统性噪声。我们还可以从另一个角度认识这一重要区别：有些投资者可能试图预测应在何时投资股票（时间序列问题），而另一些投资者或许关注价值股是否会跑赢成长股（横截面问题）。

归根到底，无论决策的对象是市场择机还是相对估值（普信集团投资决策过程中的重点），我认为，投资者都不应依赖于单一信号指标，不管是市盈率、市现率还是其他估值指标。在普信集团的战术性资产配置过程中，我们同时采用若干估值比率。然后，我们寻找对每个资产类别预测能力最强的比率，并重点关注这个相关性最强的指标。此外，我们还构建起覆盖多个指标的复合标准。重要的是，我们始终在当前环境背景下评估数据。

加息对股市而言一定是利空吗？

在第 2 章中，我们曾提到我的同事贾斯丁·哈维与阿伦·斯托纳塞克合作进行的一项研究。他们的研究表明，到期收益率为债券收益率提供了一个简单且非常有效的预测标准，尤其是当投资期限接近投资组合的久期时，到期收益率似乎拥有更明显的预测能力。那么，我们应如何考虑股票和债券以及不同固定收益资产类别之间的相对收益率呢？

对美国股票与债券而言，普信集团研究团队分析后发现，根据 1990 年 1 月至 2018 年 6 月期间的月度数据，股票未来收益率（市盈率的倒数）与债券收益率比率与随后 12 个月相对收益率之间的相关系数为 35% [3]。这个系数背后的道理很直观：当债券到期收益率增加时，债券价格就会下降；当净收益率上升（市盈率下降）时，股票估值则会变得更便宜。因此，我们可以跟踪两个资产类别之间的估值比率，并尽可能地“低买高卖”。尽管这样的系数貌似合理，但远非完美。

就总体而言，这样的操作策略是合理的。比如说，近年的利率持续超低水平，以至于尽管市盈率已高得岌岌可危（股票被高估风险增大），但仍有很多投资者没有放弃股票。我们在资产配置委员会会议中也多次讨论过这个问题。有些委员会说：“股票太贵了。我们很少会看到这么高的市盈率。”

但马上就会有其他委员回答：“是的，但你关注利率了吗？债券更贵。”

这就是战术性资产配置者面对的困境。但需要关注的是，如果债券的 10 年期收益率为 2% 或 4%，那么，16 倍的股票市盈率可能意味着完全不同的处境。有人可能会辩解说，当 10 年期债券到期收益率为 4% 时，股票就显得太“贵”了，因为与债券相比，股票几乎没有任何吸引力。换句话说，股权风险溢价被大大压缩。在 2017 年发表的一篇论文中 [4]，罗伯·阿诺特、丹尼斯·查韦斯（Denis Chaves）和周子泽指出，如果我们根据通货膨胀率和实际利率进行调整，那么，希勒市盈率作为短期时间序列信号的预测能力会大大改善。

不过，我们不应把这个结论直接转化为放之四海而皆准的法则。上述 3 位研究者解释说，这种关系并非线性。这里存在一个通货膨胀率与实际利率“恰到好处”的黄金比例，从而为验证高估值提供合理标准。归根到底，如果预测的时间窗口为 1 年，那么，35% 的相关系数则表明，其他很多要素同样至关重要，包括市场动量、预期收益率、货币政策和市场情绪等。加息对股票不利的传统观点可能会产生误导。当经济加速增长且风险资产具有良好的收益表现时，美联储通常会加息。事实上，基准利率在 1990 年 1 月至 2018 年 2 月期间上调 25 个基点甚至更多时，股票的平均收益率反而上涨[5]。

于是，在 2018 年 4 月召开的资产配置委员会会议上，我把发言的标题命名为“利率上调与咖啡和蛋黄有何共同点？”。我用一个类比结束自己的发言：

> 我们似乎永远都无法说清楚，咖啡和蛋黄对我们的身体到底是好还是坏，但似乎每个人对这个问题的答案都持有非此即彼的观点。考虑到受诸多因素影响，利率的现实效应或许远比这复杂。利率上升一定是股票市场的利空消息吗？我认为，在当前环境下，不宜做出如此决绝的判断。相反，我们倒是应关心经济增长的放缓和高估值的横行。

随后，策略配置委员会联合主席查尔斯·施莱弗发表了自己的看法，同样的不确定性也适用于红酒：它对我们的身体到底是好还是坏？没人说得清。按照同样的逻辑，我在结束讲话时，引用了一项关于跑步的研究。这项研究指出，跑步对膝盖有益。这显然是个有争议的结论。我对这些类比风险有着不同的看法：我喜欢红酒，喜欢疯狂地喝咖啡，我每天的午餐沙拉中都要配上一个煮鸡蛋，而且我每周的跑步距离都在 32 ~ 48 千米。

我们的美国首席经济学家艾伦·莱文森（Alan Levenson）对我的观点给予了逻辑缜密的回应。他从基于收益率的估值信号出发，针对股票相对债券而言缺乏吸引力的现实发表了一些看法：

> 美联储控制通货膨胀或阻止失业率下降的努力最终必然会导致经济衰退。但我认为，在美联储加息的早期阶段，风险资产的收益率会与无风险利率同步上升，因为货币政策仍倾向于刺激性（目前的联邦基金实际利率基本为零）。如果经济增长数据在短期内维持稳定或有所改善（而且不会出现政治或地缘政治动荡），利率和风险资产可能会同时上涨。但是，当财政政策收紧时（比如说，联邦基金的真实利率从现在起上调 100 个基点），而且经济基本面震荡加强时，就会出现问题。

此外，到底是美联储在引领经济，还是经济牵着美联储的鼻子走，显然还不得而知。对此，斯蒂芬·胡布里奇发出了这样的疑问：

> 难道是错误的因果关系？把经济衰退归咎于利率上升，无疑是幼稚的解释。相反，即将到来的经济衰退是否会引发美联储降息呢？到底是“衰退终结紧缩周期”，还是“紧缩周期导致衰退”？

因此，我们应谨慎使用股票与债券的收益率，而且在使用时务必综合考虑其他因素。毕竟，它们只是市场拼图的一部分。

相比之下，固定收益资产类别之间的收益率比率更适合作为独立的预测信号。事实上，其中的某些比率或许也是我们工具库最具预测能力的战术性资产配置信号。例如，新兴市场债券和美国投资级债券收益率比率与未来 12 个月相对收益率的相关系数为 70%；美国高收益类资产与美国投资级债券收益率比率与未来 12 个月相对收益率的相关系数为 61%；而美国高收益类资产与新兴市场债券收益率比率与未来 12 个月相对收益率的相关系数则是 50%[6]。

但这个水平的预测性在股票市场中似乎还无法实现。在之前讨论的针对市盈率、市净率和市现率的序列测试中，股票之间相关估值信号的平均相关系数为 −22%（需要再次提醒的是，鉴于估值与收益率的反向关系，相关系数按惯例以负数表示）。

在 24 个相对估值信号中，只有 2 个信号的相关系数强于 −40%。它们分别为代表美国价值股与成长股相对估值信号的市盈率（−48%），以及作为全球股市（不包括美国）与美国股市估值信号的市盈率（−43%）。因此，我们可以得到如下结论：相对估值信号在固定收益市场上的预测效应优于股市。

我们或许可以改善简单收益率信号的预测性。2016 年，我与太平洋投资管理公司前同事瓦桑特・内克、穆坤丹・德瓦拉坚（Mukundan Devarajan）、安德鲁・诺沃比尔斯基（Andrew Nowobilski）以及尼尔斯・皮得森合著发表了文章《基于商业周期视角的因子投资和资产配置》。在这篇文章中，我们基于即期利率和 12 个月远期掉期利率的差异，对包括滚动下调在内的利差进行了定义。

在这项研究中，我们根据利差进行排序，模拟了一项在 6 个国家

（美国、德国、日本、英国、澳大利亚和加拿大）开展的投资策略。在这项模拟策略中，我们选择做多利差排在前 3 名的国家，以及做空利差排在后 3 名的国家。

结果显示，该策略在 2002—2015 年的夏普比率为 0.73（以季度数据为基础进行测算）。

注　释

1. 尽管我们的战术性资产配置流程几乎覆盖普信集团的全部投资组合，但我丝毫没有贬低管理波动性、备兑卖出看涨期权（covered call writing）和动态风险溢价率等系统性配置策略。而且我们也在几个组合以及我们的定制解决方案中采用了这些策略。这些策略拥有自由裁量方法所不具备的优势，比如，消除行为偏见。我们将在本书第二部分讨论这些策略。此外，普信集团的基金经理里克·德洛斯·雷耶斯（Rick de los Reyes）正在管理一个可自由支配的“最佳创意”投资组合，其中就包含了不同的多元化资产策略方法。
2. 基于彭博财经针对 1995 年 1 月 31 日至 2018 年 5 月 31 日期间的月度数据。采用的数据查询字段为“TOT_RETURN_INDEX_GROSS_DVDS”“INDX_ADJ_POSITIVE_PE”“PX_TO_BOOK_RATIO”“PX_TO_CASH_FLOW”。由于无法获取可追溯至 1995 年的数据，因此，针对 EAFE 小盘股收益率的追溯检验以 1998 年 1 月 31 日为起点。
3. 按罗素 3000 指数针对 1990 年 1 月至 2018 年 6 月期间的月度数据计算。彭博巴克莱综合指数的净收益率与实际到期收益率（到期收益率减去核心居民消费者物价指数）。相关资料来自普信集团、彭博财经和 BLS。由克里斯·福克纳－麦克唐纳和大卫·克莱维尔（David

Clewell）完成分析。与之前不同的是，我们在这里将相关系数表示为正数，是因为该指标依赖于收益率。在其他条件保持不变的情况下，较高的到期收益率表明该资产类别估值较低。而对股票而言，收益率即为市盈率的倒数。

4. 这篇论文发表于 2017 年《投资组合管理期刊》(*Journal of Portfolio Management*)，并获得第 19 届年度“Bernstein Fabozzi/Jacobs Levy”奖。

5. 采用罗素 3000 指数在 1990 年 1 月至 2018 年 2 月期间的月度数据进行测算。

6. 巴克莱美国投资级综合指数（数据来源：彭博财经，最低收益率和总收益率，时间窗口的选择取决于可获得相关数据的区间）；摩根大通，新兴市场债券的 EMBI 全球指数（数据来源：摩根大通，2001 年 12 月至 2018 年 6 月期间的最低收益率和总收益率）；摩根大通，美国高收益债券指数（数据来源：摩根大通，1999 年 1 月至 2018 年 6 月的最低收益率和总收益率；检验与 EMBI 全球指数相关性的开始时间为 2001 年 12 月）。

第4章

宏观因子能否预测短期收益率？

金融投资的很多理论源于宏观经济学。——JPP

我们已经看到，几乎所有估值信号都适用于整个市场，而且预测效果可能优于大多数投资者的想象。股票估值信号与未来收益率的相关性可以预测。尤其在固定收益市场，到期收益率的预测几乎就是事实。

在介绍普信集团战术性资产配置方法时，我提到过非系统过程。普信集团投资着眼于诸多因素，而不只是相对估值，这有助于从构建模块的角度思考问题。相对估值是我们最重要的模块，因此，我们可以在相对估值基础上充分考虑其他要素。

比如说，大量学术文献均表明，宏观因子可能是资产收益率的重要驱动因素。而在实际中，诸如“在市场扩张中从股市赚钱，在市场衰退中则赔钱”之类的说法往往被视为明摆着的道理。但我的观点是，在短期收益预测和战术性资产配置决策中，必须考虑各种宏观因子。但将这些要素作为投资决策的依据，相关资料并不多见。

2017 年，我与大卫·克莱维尔、克里斯·福克纳-麦克唐纳、大卫·吉鲁、查尔斯·施莱弗共同发表了一篇论文，题为《针对策略资产配置的宏观经济仪表板》。在这篇文章中，我们以从业者角度阐述如何构建整合相关宏观因子的仪表板，为创建具有普遍适用性和自主操作性的战术性资产配置流程提供指南。当然，我们的目标不是设计以宏观因子为基础的独立性系统交易策略。相反，我们只是想告诉投资者，如何构建这个宏观因子仪表板，在结合相对估值等其他因子的前提下，为资产配置流程提供基本约束条件。

在第 3 章，我们介绍了估值信号与未来收益率并非始终高度相关。一种可能的原因是，基于估值的投资策略往往在估值处于极端水平时更有效。重要的是，当宏观经济发生重大转变时，一味关注相对估值的策略可能会导致失望的结果。有充分证据表明，宏观因子的作用不可小视。

金融投资界对宏观因子的研究

大多数学术文献关注宏观因子是否会影响市场定价。陈乃富、理查德·罗尔和斯蒂芬·罗斯（Stephen A. Ross）在 1986 年发布的研究成果表明，对于规模筛选的股票投资组合而言，它们对利率、工业产值、通货膨胀率、信贷利差和消费量等宏观因子的敏感性（宏观贝塔系数）是解释其较长时期相对业绩的主要因素。

1989 年，法玛和弗伦奇则采用不同方法对广泛的股票和债券市场进行研究。他们发现，股息收益率、利率和信贷利差等商业环境要素对总体市场收益率有较强预测性。其他研究也说明，宏观因子可以解释各资产类别及不同投资风格的溢价收益特征。这些文献探讨的宏观因子涉及消费量、失业率、通货膨胀率、GDP 增长率以及原油价格等。

宏观因子对资产收益率影响的研究成果的部分文献资料：

◎ 杰拉德·简森（Gerald Jensen）、罗伯特·约翰逊（Robert Johnson）和杰弗里·默瑟尔（Jeffrey Mercer）（1997）：投资规模和价值的影响在很大程度上取决于货币政策；

◎ 詹姆斯·布斯（James R.Booth）和莱娜·布斯（Lena Chua Booth）（1997）：货币政策对解释股票和债券收益率的重要性；

◎ 马丁·莱陶（Martin Lettau）和西德尼·卢德维格森（Sydney Ludvigson）（2001）：如何以消费模式预测股市的超额收益率；

◎ 马格努斯·达尔奎斯特（Magnus Dahlquist）和坎贝尔·哈维（Campbell R. Harvey）（2001）：通过收益率曲线的变动可以预测股票收益率；

◎ 杰西卡·张（Jessica Zhang）、彼得·霍普金斯（Peter Hopkins）、史蒂夫·萨切尔（ Steve Satchell）和罗伯特·施沃布（Robert Schwob）（2009）：宏观经济变量与投资规模及投资风格溢价收益率之间存在关联性；

◎ 约翰·博伊德（John Boyd）、胡健和拉维·贾根纳森（Ravi Jagannathan）（2005）：失业率对股票收益率的影响依赖于处于经济周期的哪个阶段；

◎ 西德尼·卢德维格森和赛琳娜·吴（Serena Ng）（2009）："真实经济"要素与"通货膨胀"要素对债券收益率具有预测性；

◎ 马克·克里兹曼、塞巴斯蒂安·佩奇和大卫·特尔金顿（David Turkington）（2012）：GDP 增长率和通货膨胀率的体制转换模型适用于战术性资产配置决策；

◎ 理查德·弗朗兹（Richard Franz）（2013）：可利用宏观因子对投资者的股票与债券配置实施动态优化；

◎ 塞巴斯蒂安·佩奇（2013）：GDP 增长率和通货膨胀率变化与

债券、股票及大宗商品收益率之间存在显著关联；

◎ 瓦桑特·内克等（2016）：商业周期会影响收益率、风险及各风险因子之间的相关性；

◎ 本·伯南克（Ben Bernanke）（2016）：石油和股票对总需求有共同的风险敞口；

◎ 布莱尔·赫尔（Blair Hull）和乔晓（2017）：创建一个覆盖 20 个要素的股票市场择机模型，包括原油价格、通货膨胀率、利率和信贷利差等。

实际运用宏观因子存在的难点

虽然上述这些研究为宏观因子的重要性提供了可靠证据，但很多从业者仍难以将它们用于 6 ~ 18 个月的战术性投资决策。经济学家与投资团队通常各自为战，互不往来，因此，哪些宏观预期体现于市场定价的问题往往找不到答案。此外，宏观数据无穷无尽，市场信号与噪声难以区分，以至于无法预测哪些变量会影响收益率。

把先前理论诉诸实践的另一个挑战体现为，在初始条件不同的情况下，宏观因子可能会对资产类别收益率带来不同影响。譬如，约翰·博伊德、胡健和拉维·贾根纳森在 2005 年发表的研究成果表明，失业率增加分别出现在经济扩张或衰退期间，两者对股票收益率的影响会有所不同。同样，我们还可以预期，在最初经济形势不同的前提下，工业生产总值下降就有可能产生不同的影响。

我们自己的研究也表明，上述规律适用于任何宏观因子。也就是说任何宏观因子对资产收益率的影响，都会因基本经济环境的不同而有所差异。但除博伊德、胡健和贾根纳森的研究外，其他文献研究在讨论宏观因子对资产收益率的影响时，均未考虑当前经济形势形成的约束。

为了把宏观因子与预期资产收益率联系起来，我们建议采用仪表板方法（dashboard）。这也是普信集团目前在资产配置委员会中使用的方法。它不同于学术研究中差异的计量经济学概念，相比而言，它不仅更简单易用，而且一目了然。事实上，我的一位同事把仪表板方法描述为“用数字绘画”。从宏观数据中提取信号，显然还需要做很多工作，而普信集团的研究团队正致力于在这个领域实现创新。不过，正如本书多次提到的那样，简单最好，而且简单最实用。

不同于以静态数据样本为基础的历史回归分析，我们的仪表板旨在实现动态更新，为投资者提供值得依赖的研究工具，或为投资决策提供最新信息。我们关注不同资产类别之间的相对收益率。

因此，我们强调的重点，是在所有情况下均对相对收益率有重大影响的宏观因子。重要的是，我们需要充分考虑当前经济形势，并以具体宏观因子的相对水平反映当前形势所处的状态。我们的数据集包含了大量的关键宏观因子：工业生产总值、通货膨胀率、原油价格、信贷利差、利率、黄金价格和失业率等。随后，我们会把这些因素映射到本书此前讨论的配对交易（股票与债券、价值股与成长股、小盘股与大盘股、高收益类资产与投资级债券等）中。

针对每一对交易，我们对历史资产收益率进行划分，以便于与既定情景和当前条件进行匹配。总体上看，我们会把 18 对交易与 10 个关键宏观因子逐一匹配，从而得到 180 个“单元格”（每个单元格代表某对交易与某个宏观因子的组合），然后，再考虑每个组合可能存在 4 种情景（即样本情景和宏观因子处于稳定、上升和下降的情景），这样，我们最终得到 720 个细化单元格。在实际中，我们使用颜色编码，以便于扫描这些数据，并从中挖掘投资价值。

完整的仪表板分析工具不只适用于样本。仪表板以宏观因子的当前水平为起点，并回答以下问题：如果投资者预测到某个宏观因子在未来一年的走向，未来一年的对应资产的收益率应该是多少[1]？比如说，近期的通货膨胀率始终处于低位，如果通货膨胀率从目前水平开始上涨，我们是否应预期价值股会跑赢成长股呢？为了回答这些问题，我们需要给出这 720 个“单元格”中以前预测准确的比例、平均收益率以及现有的置信区间。譬如，在我们的研究中，我们分析了美国大盘股与小盘股收益率与美元币值之间的相关性：

> 截至 2017 年 4 月 10 日，美元指数为 100.6，这个水平排在 1990 年 1 月以来前 1/4 的高位。假设战术性资产配置者预计美元币值会继续上涨，从处于前 1/4 高位开始，美元在随后一年再次上涨 5%（或更多），在这一年美国小盘股收益率超过美国大盘股的概率达到 88%，小盘股平均涨幅为 8.2%；在完整的相对收益率分布中，处于第 10 到第 90 个百分位区间的数值在 −2.3% ~15.9%。美国小盘股在美元上涨期间的表现之所以超过美国大盘股，是因为它们对出口的依赖性较低。

尽管上述示例很好理解，但我们仍有必要解释，在总体上，宏观变量与资产收益率之间的统计意义很低，尤其是在并未预测宏观因子发生重大变化的情况下。在第一次向普信集团的资产配置委员会介绍这个分析框架时，我就特别希望澄清一个问题：尽管公开的学术文献都支持宏观因子的预测能力，但大部分数字不值得关注。你甚至可以开着卡车通过这些置信区间，而且两侧还有空间。

因此，使用仪表板必须考虑具体环境，而不能孤立地使用。投资者应充分考虑已经被纳入价格的宏观因子，从中寻找极端情况（比如说在历史上确实有统计意义的情景），并将分析置于当前条件（估值及其他非宏观因子）的背景下。归根到底，仪表板有助于识别有投资价值的资产。以下是我们在研究中提到的其他示例：

> 对新兴市场股票、房地产和债券而言，新兴市场货币维持稳定或上涨显然是利好消息。此外，新兴市场货币已出现大幅贬值——货币指数目前处于历史最低的 5 个百分位内。在目前低水平基础上大幅上升或继续下跌，可以为我们预测各种资产的波动趋势提供依据。对于原油价格，在目前中等水平（位于历史价格水平的第 63 个百分位）基础上维持稳定或上涨，将会给新兴市场股票、房地产和债券带来重大利好消息。
>
> 在比较不同风格的投资（成长股与价值股）时，当前利率走势非常重要。考虑到成长股的久期超过价值股，即使价值股的股息收益率超过成长股，在利率下降时，成长股的表现也会优于价值股；而在利率上升时，价值股的表现则会占据上风。这种效应在美国和欧澳远东市场已得到验证。至于造成这种效应的原因，很大程度上可归结为久期为负数的金融股在价值指数中权重较大。

总体而言，我们根据仪表板得到的结果不仅符合基本经济规律，也验证了以往学术文献的结论。不过，仪表板的价值并不在于学术研究，而在于对从业者的指导作用。置信区间和预测命中率有助于对大量宏观数据进行筛选过滤。关键在于，虽然宏观因子与资产类别之间的相关性基本稳定，但仪表板本身需要经常更新。毕竟，在初始条件发生变化时，有些投资预期可能会发生变化。

宏观因子与短期收益率几乎不可能建立因果关联

对这个反映宏观因子的仪表板而言，我们从未说过它具有预测因果关系的效果；而且考虑到宏观因子与资产收益率相互关系的复杂性与动态性，在它们之间建立因果关联几乎是不可能的。因此，我们只能识别表面意义上的相关性，至于这种关联性是否具有内在性和实质性，还需由投资者独立判断。也就是说，要制定系统化的战术性资产配置方案，投资者绝不能仅依赖这些宏观数据。

实际上，宏观因子的意义往往体现于验证相对估值信号。比如说，如果基于估值指标（市盈率及其他类似指标），非美国股票比美国股票更便宜；如果宏观因子也表明非美国股票的业绩理应略胜一筹（比如，美元疲软，非美国中央银行采取经济刺激政策，商业周期与美国相比处于早期阶段，GDP 增长率可能出现非预期变化等），与估值和宏观因子均不支持的情况相比，战术性资产配置者可能会增持美国以外的股票。

另一点需要提醒的是，我们不是直接使用预期数据建模。在理论上，我们应根据已被市场定价的预期设定具体情景。但问题在于，确定预期本身非常困难，而且在很多情况下根本就无法予以量化。针对投资者的调查数据或许有用，但难以揭示市场定价中到底纳入了哪些要素；而且调查结果的取得难以做到及时准确，更不用说具有代表性。

如果由市场价格推导投资者的预期，考虑到远期收益曲线包含风险溢价，我们就很难从收益中剥离出预期成分。对此，陈乃富、理查德·罗尔和斯蒂芬·罗斯在 1986 年发表的论文中指出，利差和利率的时间序列数据缺乏规律性，以至于它们可以被视为随机性的非预期数据。此外，他们还发现，与未经调整的时间序列数据相比，用于在工业产值中剔除非预期部分的计量经济学方法没有任何优势[2]。

我们选取的样本均为可投资的资产配对组合。这个列表代表了资产配置者在实际中经常采用的资产类别。但理想的方式应该是根据波动率识别具体的市场因素，并据此调整投资权重。比如对于小盘股与大盘股组合，我们可以同时对冲双方共同的股权风险要素，或者至少应确保交易能维持贝塔中性（确保投资组合收益率不受市场风险的影响）。尽管统计意义有可能提高，但这样的交易在实际中很难实现。

归根到底，我们的目标是提高宏观因子分析的规则性和规律性，它强调的是寻找投资价值，因而只是工具中的一部分。

这样，基金经理就可以将宏观因子与其他因素结合起来，并针对市场要素，调整多头和空头以及不同交易的风险等级，以确保投资组合收益率不受市场要素的影响。

注　释

1. 在这里，“未来收益率”是假设宏观因子在次年既定事实时所对应的预期收益率。
2. 由于陈乃富、理查德·罗尔和斯蒂芬·罗斯只是把真实工业生产数据提前一年作为预测值，因此，对战术性资产配置而言，这显然无异于作弊，因为他们的假设就是未来完全可预见。

第5章

价格动量在实际中的预测性

妨碍市场效率的摩擦力不计其数。—— JPP

我们已经知道，估值是预测收益率最关键的部分，但我们还需考虑其他因素。宏观因子为我们解读估值信号提供了丰富的背景信息，或者让我们认识到市场价格反映了哪些市场要素。

市场情绪也很重要。衡量市场情绪的主要方法就是查看价格动量（price momentum）。有关资产价格动量的学术研究不计其数。这些研究者以及我自己的经验都表明，在进行资产配置的大背景下，动量是预测收益率的基本前提之一，尤其在与估值信号和其他信号相叠加时，动量拥有明显的预测作用。

但动量有很多定义。对于迄今为止所讨论的其他信号，我们可以分析哪个动量的定义最有效，以及该定义在哪些市场最有效（前提是不过度拟合数据）。

长期以来，量化投资者的模型始终离不开价格动量。在 2014 年，克里夫·阿斯内斯接受《福布斯》杂志当家人史蒂夫·福布斯（Steve Forbes）的采访时，他们谈到价值和动量信号的话题。当最早提到动量在实际中的作用时，阿斯内斯说："可悲的是，支持有效市场假说的投资者普遍认为，良好的动量往往只在短期内才是好事。"

阿斯内斯只是说"动量有用"，但福布斯的回应却充满质疑："这有点像占星术一样的投资。"

类似的质疑同样存在于很多学者以及追求价值导向的投资者当中。对支持有效市场假说的学者来说，历史收益率包含任何未来信息的观点都是不可思议的。有效市场假说本身就是一个无解死循环，但必须承认的是，假如历史收益率能预测未来收益率，仅凭动量即可轻松赚钱，投资者就会大量使用动量策略，从而导致投资机会迅速消失。

如果每个人都这么做，动量策略就会失效。反过来看，如果每个人都采取相同策略，证明这个策略必定赚钱，不然为什么所有人都会趋之若鹜呢？请原谅我又要用电子表格大比分了，电子表格绝对不会接受这样的循环引用。

按同样的逻辑，为了管理客户预期和法律风险，投资产品的所有推介活动都应包括免责声明，并明确无误地告诉投资者：历史收益率并不代表未来收益率。这些免责声明不仅表明了资产收益率缺乏动量，也谈到了对基金经理能力"动量"持续性（或者说缺乏动量）的预期。

事实上，我也遇到过很多资产所有者认为历史业绩并不是选择基金经理的主要因素。

对于以价值为导向的基本面投资者而言，动量这个概念尤其让他们难以接受。他们往往不相信动量策略。我就认识几位这样的投资者，他们认为，如果仅仅因为目前快速上涨就迫不及待地买入，这很可能是投资管理中最愚蠢的事情。

因此，我经常会听到有人会说这样的话："我为什么要现在买，难道只因为它比以前更贵了？这没有任何道理啊！"这种情况同样存在于负方向的价格动量："为什么要卖出正在降价的东西？这是我认为按更高估值买入都会赚钱的投资，现在我应该继续买入才是正确的！"

但面对动量的关键绝不是对估值视而不见。正如阿斯内斯在采访中作出的解释：必须把动量与估值结合起来。投资者应寻找两个信号趋于一致的机会。比如说，在资产动量上涨而非下跌时，可买入估值相对较低的资产；在动量下跌时，应卖出估值相对较高的资产。

然而，在没有估值的支持下，动量还能独善其身吗？很多学者针对这个话题进行了研究。

2015 年，克里斯托弗·盖奇（Christopher C. Geczy）和米克海尔·萨莫诺夫（Mikhail Samonov）发表一篇题为《2015 年全球多元资产动量预测：1800—2014 年》的论文。他们在文中提到，根据查询社会科学研究网（SSRN）数据库的结果，仅 2013 年就有大约 300 篇论文谈到"动量"一词。通过独立研究，两位学者得出的结论是动量适用于个股及多元化资产类别：

> 我们利用各资产类别的大量历史数据，对各国股票指数、债券、货币、大宗商品以及各板块和股票的价格动量执行追溯到 1800 年的样本外检验。我们发现，动量效应适用于每个资产类别、跨资产类别以及跨动量投资组合本身。

此外，盖奇和萨莫诺夫还进一步指出："阿尔法动量模型非常重要。"但也有例外，大宗商品展现出与动量规律相悖的明显趋势，即均值回归。他们发现，近年来，动量投资策略之间的相关性明显增强。他们认为，造成这个结果的原因在于，动量已成为坊间公认的投资风格或决策要素。因此，他们提出"投资战略过度拥挤的风险已陡然增加"。

动量策略 vs 估值策略

在第 3 章中，我们讨论了 10 个股票市场中 3 个估值比率（市盈率、市净率和市现率）的有效性及它们之间的 6 个相对贝塔系数。我们把这些比较称为“赛马”。如前所述，市现率在市场时机方面领先于其他两个指标，但是从相对收益率角度看，胜利属于市盈率。那么，动量是否优于这 3 个估值比率呢?

盖奇和萨莫诺夫的研究表明，正的动量资产（赢家）几乎在所有方面都优于负的动量资产（输家），优势非常明显，而且这种优势也体现在样本外检验。但他们的研究并未涉及这些资产类别及相对贝塔系数。我在估值分析中侧重于各种投资风格、资产规模及地域的策略，而他们的动量研究则倾向于个股以及不同国家或地区的板块股票。

最近，我按估值分析的模型进行了一项类似的动量研究。在这场比赛中，我选择的 4 匹“赛马”时间分别为 6 个月、1 年、2 年和 3 年期的收益率。我按不同时间窗口计算出这些信号与未来收益率之间的相关系数。在计算相关系数时，我采用了相同的起始日期，即 1995 年 1 月 31 日，并将结束日期延长 2 个月，以便于添加最近获得的数据（2018 年 7 月 31 日）[1]。从根本上说，我只是在复制估值比率分析的过程。动量信号是否优于估值信号呢? 答案是否定的，前者甚至不能与后者相提并论。

对估值信号而言，在全部 192 个相关系数中，97% 属于有预测能力的信号。相比之下，动量分析的结果一团糟。我计算了各历史时间窗口与 1 月、6 月、1 年、2 年及 3 年期未来收益率的相关系数，并根据绝对贝塔系数和相对贝塔系数评估出 320 个相关系数，发现只有 122 个（38%）样本显现出预期迹象（赢家胜过输家）。因此，估值信号显示均值回归（输家胜过赢家）的证据多于动量信号。

这里的主要问题是，动量对 1 个月期限的预测效应优于更长期限。在 1 个月期限内，66% 的相关系数为正数。如果只考虑 6 个月和 1 年的追溯期窗口（对动量信号而言，这也是比 2 年或 3 年期更常用的时间窗口），取得正确信号效应的相关系数比例会提高到 84%（只有针对美国小盘股的信号不适合这种情况）。归根到底，动量发挥信号效应所对应的期限短于估值。

盖奇和萨莫诺夫也发现了类似规律。他们指出，动量在 1 个月期限内的信号效应最强烈，并随着投资期限的延长而逐渐减弱。对股票而言，动量信号在达到一年左右后开始呈现均值回归规律。

即使在 1 个月期限内，动量对业绩的预测信号仍弱于估值，尽管这个期限所对应的贝塔系数相对较高。针对回撤效果最优的时间窗口（6 个月），绝对贝塔系数（市场时机）的平均相关系数仅为 7%，相对贝塔系数更是只有 6%。随着回撤所覆盖区间的验证，结果也在持续恶化。相比之下，如第 3 章所述，估值信号的相关性则处于 20%~40% 范围内[2]。

动量预测股票：短期有效，长期均值回归

金融投资领域存在一个有趣的悖论：当预测结果越来越糟时，这时的收益率反而不断变好。这是怎么回事呢？最糟糕的信号或许就是完全不具有预测性的信号。具有强烈负面可预测性的信号反倒是好事，因为我们可以反其道而行之。如果你能找到世界上最糟糕的投资者——始终在犯错而且一直赔钱，采取与之相反的策略，你肯定会非常成功。需要提醒的是：量化投资的关键问题是，在决策没有理论支撑的情况下，逆势操作就相当于过度拟合及数据挖掘。

通过动量研究，我发现，3 年期回撤市场时机决策的预测性最强，

这种预测性体现出显著的均值回归规律。换句话说，拥有较高 3 年期历史收益率的资产类别往往对应于较低的未来 3 年收益率，反之亦然。这一结果可以解释为投资者反应过度或者估值信号的另一种形式：拥有较高 3 年期历史动量的资产类别，其估值可能较高，反之亦然。

除针对一月期预测进行的 6 个月回撤的效果最好之外，我的研究结果在相对贝塔系数的预测效应上显然缺乏一致性。当然，我还注意到，有一个动量对所有回撤窗口及预测期的相对贝塔系数均具有较好的预测性：它就是新兴市场股票与发达市场股票的配对。估值信号似乎不适合预测这个变量。

事实上，和其他所有贝塔系数相比，新兴市场股票与发达市场股票的相对贝塔系数最适合动量，而估值的预测效应最差——这是一个有趣的多元化信号效应。在我们进行战术性资产配置时，因为我们主要关注估值，所以决定新兴市场与发达市场股票的配置比例，始终是一件让我们头疼的事情。在新兴市场股票的估值看起来比较低的时候，我们也偶尔会根据估值增持该资产类别，但负动量总会让我们伤透脑筋。就总体而言，在过去几年中，尽管美国股票的相对估值较高，但美股的市场表现仍继续让全球其他地区的股票自叹弗如。

但是对绝对收益率而言，我的研究结果揭示出一种非常平滑的模式，如图 5.1 所示。该图显示了 10 种股票资产类别（美国的小盘股、大盘股、价值股和成长股，EAFE 的小盘股、大盘股、价值股和成长股，以及除美国外的全球股票和新兴市场股票）的平均历史收益率和未来收益率之间的平均相关系数[3]。位于 0% 线上方的任何数字均为动量信号，而位于这条线下方的数字则表示均值回归。回撤选取的时间窗口越短，预测的期限范围越短，动量的预测性越有效；回撤窗口越长，预测期越长，均值回归的预测效果越好。

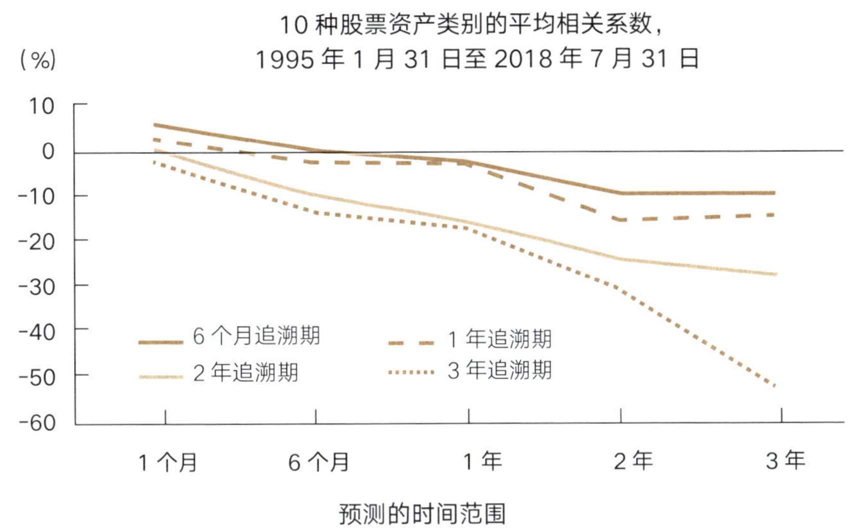

图 5.1　历史收益率与未来收益率之间的相关系数

全部数据均适用于上述经验法则，没有出现任何例外，这个结论很有趣。此外，图 5.1 还清楚地表明，相对均值回归及估值信号而言，动量信号的预测效应较弱。

有些人可能会辩称，从数据中剔除最近一个月的数据，就会改善动量的预测效果。在个股层面，盖奇和萨莫诺夫的研究表明，只有在剔除最近一个月数据的情况下，动量才具有预测效应，而且这样的调整也被之前的研究所支持[4]。

但我认为，这种调整有数据挖掘 / 过度拟合之嫌。他们没有发现其他资产也具有类似的 1 月期逆向效应。因此，在动量分析中，我并未舍弃最近一个月的数据。但考虑到盖奇和萨莫诺夫得到的结果，我怀疑这会对我的结果产生重大影响。

动量预测债券：聊胜于无

在本书第1章和第2章中，我们讨论了为什么到期收益率是预测债券未来收益率的最优指标。当时，我提到两位同事贾斯丁·哈维和阿伦·斯托纳塞克针对债券绝对收益率的研究。他们的研究表明，两者之间的预测相关性最高可达90%，具体则取决于选取的时间窗口。

此外，我还分析了一些债券相对收益率的例子，并从中发现几个最优的预测信号。一般来说，在资产类别层面，债券估值的预测效应优于股票。那么，债券动量的预测性如何呢？盖奇和萨莫诺夫发现："从统计上看，动量对政府债券的收益率具有预测效应，尽管预测的强度不及其他资产类别。"我猜想他们肯定体会过动量带来的甜头。根据我的检验，动量对债券收益率的预测效应最多也只能说聊胜于无。

为了进行比较，我们不妨重复前述针对股票资产类别的"赛马"，只不过比较的对象变成了各种债券，如表5.1所示。我们选取相同的检验窗口，即1995年1月至2018年5月[5]。针对10个固定收益资产类别及其相互之间的6个相对贝塔系数，我们采用6个月、1年、2年和3年检验窗口对时间序列动量的有效性进行了评估。

从时间序列/市场时机的角度看，针对一月期动量预测效应的检验结果与股票相似：预测的相关性对所有市场始终为正，但相关性较弱，仅在2%~8%。与股票不同，一月期动量对较长回撤窗口（2年和3年）有较好的预测效应。针对债券，我发现了与股票完全相悖的模式：动量对较长回撤窗口（2~3年）和较长预测期（2~3年）的效果最好。在3年回撤窗口和所有预测期内的全部50个相关系数中，43个（86%）结果为正数，而股票的这一比例仅为4%。只有高收益类资产和全球高收益类资产这两个债券类别出现均值回归。

表 5.1　债券资产类别及相关贝塔系数

绝对收益率		
全部美国债券	美国长期信贷	全球高收益类资产
美国国债	高收益类资产	新兴市场债券
美国长期国债	抵押支持债券（MBS）	
美国公司债券	全球债券（美国除外）	
相对贝塔系数		
全部美国债券 / 美国国债	全部美国债券 / 全球债券（美国除外）	全部美国债券 / 新兴市场债券
全部美国债券 / 高收益类资产	全部美国债券 / 抵押支持债券	高收益类资产 / 新兴市场债券

我认为利率与货币政策及商业周期有关，而且后两者都倾向于在相对较长时期内逐步变化。此外，利差也会在长周期内出现变动，但幅度较小，而且均值回归效应的持续时间较短，高收益类资产的结果足以证明这一点。

动量对固定收益资产的相对贝塔系数没有任何预测作用。动量的效果始终很糟糕，但我把这些结果评价为“好”结果的原因：它们为相对收益率的均值回归提供了实质性证据。在所有贝塔系数、回撤窗口和预测期限的 120 个相关系数中，只有 21 个显示出动量（17.5%）的预测效应，而且在总体上不存在明确的模式[6]。

我还可以从另一个角度做出解释：假如说 17.5% 的相关系数表明动量预测性，那么，相关系数的剩余 82.5% 显示出均值回归效应。这一结果与我之前的结论完全一致，即相对估值（相对收益率）在固定收益市场上体现出显著的预测性。在这项对动量与均值回归关系的研究中，我发现，与针对不同市场的结论一样，回撤窗口和预测期越长，均值回归效应越强。

在这里，我们不妨针对动量的某些要点进行总结：在与股市的估值相结合时，动量具有较好的预测效果；但是在固定收益市场上，如果目标是进行 6~18 个月的跨市场投资，投资者则应关注均值回归。

实战案例 2：普信集团如何做投资决策？

在普信集团的资产配置委员会，我们对个别投资决策采取的依据是收益率及利差的均值回归效应。为此，我们不妨用一个真实例子说明这种方法。接下来，我将把 2018 年 8 月一次会议上撰写的会议记录作为范例。当时，我们是按估值增持新兴市场债券的。此次会议记录会说明，我们是如何看待总利润率等基本面要素的，以及在面对“买入”估值信号（这个例子的信号体现为美国价值股与成长股的相对估值）时，宏观信号和基本面信号产生背离，也会导致我们审慎考虑是否要增持某个资产类别。

到目前为止，我们基本上是在孤立地讨论估值、宏观因子和动量要素。但是在实践中，正如我们将在下面会议记录所看到的那样，投资者必须将实操经验、主观判断和逻辑思维融合到投资决策中。我经常提醒自己也要克制传统量化思维的诱惑。

普信集团投资决策实例 极端市场情况下的理性决策

普信集团的资产配置委员会会议上，我们将大量的数据、信息及标准汇编为一本决策指南，其中包括 180 页的估值报告、宏观数据、基本面信息和风险分析报告等。

对每个资产类别，我们都要取得重要指标的最新水平及其百分位数。此外，我们还要估算每个指标与未来12个月收益率的相关系数。如果某个指标在历史上有较好的预测性，我们就会对该指标给予特殊关注。

本月，我曾问过大卫·克莱维尔和克里斯·福克纳–麦克唐纳：“在《资产配置委员会决策指南》列示的97个基本面信号中，最重要的3个观点或信号是什么？”

我所说的“观点”并不是指真正的投资建议，因为基本面信号只是整个话题的一部分。在这项练习中，我们明确剔除了估值信号与宏观信号。

为回答这个问题，我们制定了如下标准：

（1）从《资产配置委员会决策指南》的全部基本面信号中找出“极端”信号。

（2）按“R平方”（与未来12个月收益率的预测相关性）对这些信号排序。

（3）选择前3个具有高度预测相关性的极端信号。

银行净紧缩效应对股票和高收益类资产而言属于利好消息（针对10年预测期的前10个百分点）。从历史上看，银行净紧缩效应与股票/高收益类资产未来相对收益率的预测相关性为44%。此外，估值指标还表明，股票相对高收益类资产而言的估值更便宜（位于第39个百分点），而且动量对过去12个月股票收益率的预测相关性始终为正数。

这笔交易会涉及几种风险。但是总体而言，在大多数市场环境中，尽管高收益类资产的头寸有所减少（除非我们将其调整为风险中性），但它依旧属于净风险头寸。

此外：

（1）我们在2月份遭遇国内股市波动的冲击，部分股票仓位向债券溢出，这将给交易带来利空消息。

（2）盈利增长率仍为正（债券违约风险的变动有限），但未达到预期，这会给股票造成利空压力。

（3）在原油价格方面，能源公司往往在收益曲线的多头端定价，而现货/空头价格对现金流和高收益类资产利差的影响更为直接。因此，现货价格上涨而多头维持低位，对交易而言属利空消息。

（4）最后，在风险偏好有限但没有下跌的盘整行情中，高收益类资产仅凭利差即可跑赢大盘。

结论：在周期的这个阶段，委员会不应增持股票，而且我们已对高收益类资产进行了大幅减持。

美元升值对国债与债券的7年期真实收益率差额构成利好消息。两者之间的相对收益率处于极端状态（达到10年预测期中最高端的第 99 个百分位）。该信号与远期美元升值的相关系数为 48%。为了从美元的潜在升值行情中受益，我们可以将资产从非美国股票置换为美国股票（两者相对贝塔系数中的 40% 来自美元币值）。不过，尽管 12 月期的动量为正向，但美国股票的估值相对非美国股票而言依旧处于高位（处于 10 年预测期中最高端的第 92 个百分位）。

导致美元升值以及美国与非美国股票呈现多头头寸的风险因素包括：

（1）9 月美联储发布最新 2021 年联邦基金利率点阵图（dots）时，加息政策发生变化（转为更温和的财政政策）。

（2）随着处于经济周期较早阶段的经济体相对美国增长加速，增长率差异出现意外翻转。

（3）在全球风险偏好情绪高涨的同时，美国企业的赢利未达预期（尤其是在面对市场较高预期的情况下），这或将导致相对估值差距缩小。

（4）美国政府债务和财政赤字导致市场对美元作为储备货币失去信心。

结论：好几位委员会成员看好美元，但我们仍决定不继续增持估值较高的美国股票。

对于欧洲澳洲远东地区的股票，价值股相当于成长股的相对税息折旧及摊销前利润（EBITDA）已接近历史最低点（10 年预测期中的第 12 个百分点）——这也是欧洲澳洲远东价值股的看涨信号。从历史上看，相对利润率最终要回归均值——就像大树一样，它们永远不可能无休止地长到天上。

这个信号与欧洲澳洲远东价值股相对成长股未来收益率的相关系数为 52%。欧洲澳洲远东价值股的估值信号同样呈现出极端利好的水平（已达到 10 年预测期中最高的第 1 个百分位）。但价格动量为负，因此，这笔交易有可能为三者中风险最高的一笔，尤其是考虑到欧洲澳洲远东价值股均背负大量欧洲银行债务：

（1）整个欧洲银行业面对净息差持续走低、贷款风险不断发酵以及美元资金继续紧缩的风险。

（2）欧洲央行可能会继续维持负利率政策，这可能会导致欧洲银行业陷入日本银行的境地——由于收益率曲线趋于平坦，最终，欧洲银行难以维持赢利能力。

（3）全球经济增长放缓的时代似乎即将到来，这将继续有利于成长股，但对非周期性股票绝非好消息。

（4）少数欧洲银行持有大量以美元计价的土耳其债务。

上述促使我们对极端性相对估值进行深入分析。在全球范围内，与成长股相比，价值股看起来似乎很便宜。按历史标准看两者之间的相对收益率差已处于极端。同样，国际股票相对美股而言呈现为相对低估。

不过，我们首先还要从极端估值方面讨论当下最关键的问题：土耳其与新兴市场的债务危机。

新兴市场（美元）债务的估值优势

我们的一位委员认为："固定收益市场存在强烈的均值回归现象（违约除外）。与股票不同，投资者至少可以拿回本金，因此，终值是已知的！"我们在《资产配置委员会决策指南》中的仪表板部分也证明了这一说法：我们最有效的估值信号就是各种固定收益类资产之间的相对到期收益率。我在以前的公司也经常听到这种说法：当债券使用"硬通货币"时，我们就相当于拥有"超额收益储备"。

固定收益团队已根据估值对新兴市场债券赋予高评级。相对于固定收益类资产中的其他风险资产，新兴市场债券似乎更便宜。比如说，它与高收益类之间的相对利差比率接近历史最高水平。

但我们的"内部观点"认为，尽管媒体大惊小怪，但这显然不是土耳其第一次面临这样的危机，而且目前态势也不太可能构成系统性风险。此外，自20世纪90年代以来，新兴市场已发生重大变化，中产阶级不断扩大，外汇储备增加，周期性企业减少，高科技公司如雨后春笋般出现。因此，我们需要对流动性状况进行评估，对新兴市场债券的仓位由减持50点转为增持50点。我们将减持通货膨胀保值债券为这种调整提供资金，我们认为短期内不会面对重大通货膨胀压力。

尽管这种策略会增加投资组合层面的风险，但如前所述，我们已大幅调低投资组合本身的风险。

需要强调的是：我们未改变保守和避险的既定原则。这种方式只是一种估值策略，因为我们把这种“极端”估值视为战术性调整的机会。

成长股与价值股的相对收益率已达极端

另一个极端信号就是价值股相对成长股的过度低估。面对《资产配置委员会决策指南》中的一个仪表板模型，一位委员发出了近乎无解的问题：“我们在什么情况下才能增持价值股呢？”在这个发出警报的仪表板上，21 个指标显示看空成长股，看多价值股。其中 8 个指标已达到 99 个百分位甚至更高的极端状态。

面对低估值、高利率、增长和收益的周期性提高以及能源价格的上涨，大多数委员感到困惑的是：价值股为什么没有在今年打败成长股呢？问题的关键或许是，没有人愿意在周期接近尾部时增持价值股。此外，技术突破也是一个重要原因。对此，一位委员说：“很多价值股已不再是名副其实的价值股。”

另一位委员进一步指出：“在标普 500 指数的成分股中，18% 的公司存在长期性风险。它们中的绝大多数属于价值股范畴。”

此外，金融业已成为美国本土股市最被低估的板块，但是在温和的经济衰退中，它们仍可能遭遇打击。与此同时，很难想象谷歌的收益率会下降 50%。这里还有一个更普遍性的相关问题，也是我们在随后宏观分析中需要讨论的问题：如果经济衰退，哪个板块最安全？过去的历史或许不是我们解答这个问题的最佳指南，我们唯有考虑当下环境。

另一个有利于价值股的现象是，成长股似乎过于密集。在过去很长一段时间内，大型科技平台企业呈现出加速增长态势，但是从数学意义上说，这种加速增长显然不可持续，除非它们能把全部经济纳入自己的范畴，但这同样是不可能的。

如果维持与中国的正常贸易，我们或将看到价值股板块（能源和金融）的强势反弹。

结论：与之前的几次会议一样，我们就价值股与成长股问题进行了建设性辩论，但最终的决策依旧是对两者维持现状。

总而言之，我们在本月研究了基本面和相对估值的极端情况。我们认为，新兴市场债券提供了一个很好的投资机会。我们已充分降低了投资组合本身的风险水平，这就为我们采取适度主动型策略提供了空间。

此外，我们认识到，价值股相对成长股而言已处于被极度低估的状态，但是在美国市场，考虑到市场已接近经济周期尾部以及我们对成长股的长期偏好，因此，我们目前仍维持中立观点。

注　释

1. EAFE 大盘股 / 小盘股的相对检验区间从 1998 年 1 月 31 日开始。对包括 EAFE 大盘股和 EAFE 小盘股等个别资产在内的其他资产类别，检验区间的起点为 1995 年 1 月 31 日。数据来自彭博财经，数据查询字段为：TOT_RETURN_INDEX_GROSS。

2. 这里使用相反数是为了与动量信号进行比较。这也是坊间解释信号相关性时采用的惯例。

3. EAFE 大盘股 / 小盘股的相对检验区间从 1998 年 1 月 31 日开始。对包括 EAFE 大盘股和 EAFE 小盘股等个别资产在内的其他资产类别，检验区间的起点为 1995 年 1 月 31 日。数据来自彭博财经，采用的数据查询字段为：TOT_RETURN_INDEX_GROSS。

4. 相关示例见：1993 年谢里登·蒂特曼 (Sheridan Titman) 等发表的文章。

5. 数据来自彭博巴克莱。采用的数据查询字段分别为：U.S. Aggregate (LBUSTRUU Index),U.S. Corporate (LUACTRUU Index), U.S. High Yield (LF98TRUU Index), Emerging Markets (EMUSTRUU Index), Global ex-U. S. Aggregate (LG38TRUU Index), U.S. MBS (LUMSTRUU Index), U.S. Treasuries (LUATTRUU Index), U.S. Long Credit (LULCTRUU Index), U.S. Long Treasury (LUTLTRUU Index), Global High Yield (LG30TRUU Index)。

6. 只有针对 1 月期预测的 6 个月及 1 年追溯检验显示出较强的一致性，但预测效应非常弱；除此之外，其他结果与股票以及盖奇和萨莫诺夫的论文是一致的。

第6章

不要拒绝经验和判断

有些人会发现，金融投资很难理解，因为我们根本就无法预知结果。我们不仅只能取得有限的信息，而且无法控制变量，但我们必须做出决策，因为没有决策只会更糟。—— JPP

除了数学计算，资产价格由人决定

几年前，在我刚加入普信集团后的一次会议上，面对公司的几位投资老前辈，我着实冒失了一次。当时，我是房间内唯一新人，而我们讨论的话题则是公司的长期收益率预测。与会者希望创建一套适合于破产研究的资本市场假设，通过这些研究，可以为机构投资者制定战略性资产配置决策提供建议。

其间，大家围绕某个特定估值展开了激烈辩论（我已经不记得到底是哪个具体估值指标），随后，一位非常自信的投资前辈说："用 2% 就行了。"这位投资前辈以往曾拥有显赫的业绩，在他看来，完全没有必要浪费这么长时间去达成共识。当时，我随口提出一个几乎是幼稚的问题："您是怎么得出这个结果的？"他笑了一笑，用略带讽刺的口气回答："我编的。"我大吃一惊，情不自禁地脱口而出："但您怎么随意编造这么重要的东西呢？我们需要稳健的估值。"

在本书前面，我曾提到坊间针对“GIGO”的指责。我解释说，量化分析师往往会因为这种批评而感到恼火。但另一种批评或许更让人难以接受，而且也是学术期刊评论家们屡试不爽的诋毁方式：那就是质疑一种方法的“稳健性”。

这位投资前辈当时是这样回答我的：“普信集团几十年来就一直在‘编造’！事实上，我们每天都在‘编造东西’。但现在，普信集团已成为世界上最有名气的资产管理公司之一。”

他的画外音不难理解：“欢迎你，新人，你需要学习我们的做事方式。我们需要利用判断。”他的回答让我大吃一惊，原因很简单，他本人就是业内大名鼎鼎的量化投资者，因此，他的专长应该是把计量经济学、统计学和系统战略学的知识作为其投资决策的核心。难道他已经对数学不抱任何希望了吗？

或许并非如此。他可能想说，在量化模型不可或缺的决策过程中，我们需要清楚应在什么时候作出判断以及如何进行判断。但关键是，他认为我们不应利用任何人的判断。在他看来，有些投资者就是比其他人更善于预测。因此，我认为他真正想表达的意思是：按自己以往的经验和业绩，他“编的”判断应优于依赖数学推导得到的任何评估。

很多人认为，投资组合理论的最大误区之一，就是拒绝使用经验和判断，但其实并非如此。实际上，马科维茨在1952年发表的开创性论文中，第一段就提到：

> 投资组合的选择过程可以分为两个阶段：第一阶段以对当下的观察和以往的经验为起点，最终的目标是得到对所有可选投资标的未来业绩的判断；第二阶段则以这些对未来业绩的判断为起点，并最终完成投资组合的选择。

因此，这位前辈说出“我编的”，或许是想告诉我们，他使用自己的“观察和经验”，对正在讨论的资产类别进行了“对未来业绩的判断”。这没有任何问题。当然，如果他能解释这个判断的逻辑和依据，肯定会让我们茅塞顿开，这样，我们的解决方案团队也可以循着他的思路，向客户解释预测结果的来龙去脉。

在2017年出版的《原则》(*Principles*)一书中，投资专家瑞·达利欧（Ray Dalio）为我们诠释了他把判断与量化分析相结合的心路历程：

> 我不会盲目服从计算机给出的建议，相反，我会在计算机运算的同时，也进行独立的分析，然后把两个结果进行对比。如果计算机的决策与我不同，我会检查出现差异的原因。不过，原因大多是我忽略了某些问题。在这种情况下，是计算机教我学到新东西。但我有时也会学到还未被计算机所载入的新标准，因此，我也在为计算机算法提供改良。毫无疑问，我和计算机是在互相帮助。
>
> 随着时间的推移，计算机的决策会变得更有效，但投资者仍然是评估计算机使用的“决策标准”。

我认为，那些希望收益率预测算法始终有效的人或许会遭到“物理嫉妒”(physics envy)，这个说法是麻省理工学院罗闻全（Andrew Lo）和马克·穆勒（Mark Mueller）首次提出的。在他们发表于2010年的《警惕：物理嫉妒可能有害于你的财富》一文中，他们提出警告：金融学不同于物理学。

> 多年来，经济学家和金融分析师对量化分析的追求始终基于这样一种信念，即应该有可能建立像物理学那样具有严格预测功能

> 的金融系统模型。虽然这种观点确实也给经济学带来了一些重要突破，但是在更多情况下，“物理嫉妒”会造成金融学也可以像数学那般精确的错觉。

在他们文章的开头，两位学者选择了一个画龙点睛般的引语。这句话一针见血地点明了问题核心——资产价格由人设定。这句话来自著名的物理学家及诺贝尔奖获得者理查德·费曼（Richard Feynman），他说：“想象一下，如果电子产品也有意识，物理学会变得多困难啊！”

我在自己办公室的墙上挂了一幅随时提醒自己的漫画。在一块写满复杂方程式的黑板前，站着两位科学家。其中的一位说：“天哪，要是真有这么简单就好了！”这幅漫画对我而言有很强的情感意义。我对量化投资研究的大部分认知，都是源自与导师马克·克里兹曼共事的那10年，他的办公室墙上也挂着这幅漫画。

预测收益率的20条经验法则

在讨论构建投资组合之前，我们首先要了解风险预测，这也是一个数学模型在金融学中更常用的领域。在我看来，风险预测比收益率预测更有意义。

到目前为止，我希望自己还没有表现出“物理嫉妒”的症状。在预测收益率的时候，我们讨论的所有内容都围绕着一个关键原则：越简单，越有效。总而言之，针对如何进行收益率预测，我总结出最重要的20条经验法则。但归根到底，任何人都没有精确预测收益率的水晶球，因为未来永远是不可预测的。

长期性预测

1. 在存疑的情况下，可以假设收益率与风险（贝塔系数）成正比。免费的午餐只是个例。
2. 对于股票，可以检验我们的预测是否接近市盈率与通货膨胀率之和的倒数。
3. 对于净收益，不能依赖卖方，因为卖方的估计往往过于乐观、短期或无效。
4. 为提高预测的灵活性，可以把收益率分解为两个部分：当前收益率与长期成长率。
5. 估值变化越来越难以建模。如有疑问，不妨假设估值比率已恢复到均值。
6. 对于债券，确保我们估算的收益率不要过度偏离资产类别的到期收益率。
7. 当心大额信贷和货币风险敞口。必要时，在预期收益率基础上扣除违约折扣率。
8. 如有可能，不妨向专业投资者征集针对收益增长率、利率、利差等参数的预测。
9. 将这些预测值纳入累计预测模型，并对这些输入变量讨论。

短期性预测

1. 对股票的短期收益率预测，应着重关注估值变化，而不是收益率和增长率。

2. 使用估值比率（市盈率、市净率和市现率）评估资产类别是被高估（贵）还是低估（便宜）。
3. 相对贝塔系数的预测需关注市现率，绝对贝塔系数的预测（市场时机）则需关注市盈率。
4. 将 6 个月和 12 个月的动量作为次要因素，以便于更好把握基于估值的交易时机。
5. 对宏观因子，应考虑它们的当前状况及其影响资产价格的方式。
6. 不要盲目假设加息不利于股票和信用债券等风险资产。
7. 在基本面（如利润率）达到极端水平时，应假设它们最终会回归均值。
8. 对于债券，可以用到期收益率比率来预测资产类别之间的一年期相对收益率。
9. 不要指望用收益动量去预测债券市场，它只在非常短的期限内表现出弱预测性。

两个通用经验法则

1. 以数据和模型评估因子之间的关系，评估信号的质量并消除各种预测偏差。
2. 学会判断货币、财政和地缘政治因素的当前态势。

PART 2

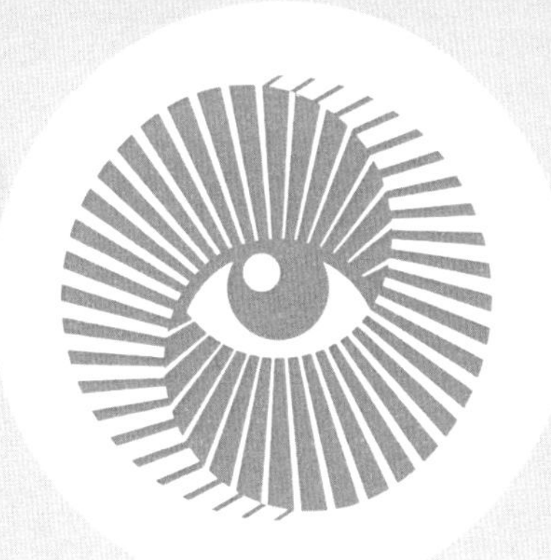

第二部分

投资准备：预测风险

BEYOND DIVERSIFICATION

投资准备：预测风险

风险比收益率更容易预测。比如说，根据 1927—2018 年期间的美股每日收益率数据（这显然是一个体量庞大的样本），各月之间的波动率相关系数为 69%[1]。迄今为止，我们针对未来 1 个月收益率取得的全部预测相关性结果均远远低于这个数字。这其实再简单不过：我们只需使用过去 21 天波动率平均值作为未来 21 天波动率的预测指标即可。但需要注意的是，波动率并非永远是风险的最佳代表，尤其是在以亏损概率定义风险的情况下。归根结底，风险模型的预测确定性远超收益率模型，毕竟，收益率模型通常离不开判断，这也是我们在本书第一部分讨论的一个话题。

因此，很多经济学家和金融分析师更关注风险模型，以满足他们的"物理嫉妒"。通过自回归条件异方差模型（autoregressive conditional heteroscedasticity，ARCH）及其他拓展模型，我们可以看到高级数学是如何提高预测性的。在 1991 年发表于《金融分析师杂志》上的论文《从业者需要知道的波动率预测》的第二部分中，马克·克里兹曼为我们揭开了这种方法的神秘面纱，ARCH 的定义：

（1）一种计算机编程故障，一个变量被赋予多个定义，导致程序陷入死循环；

以收益率标准差来衡量风险的做法瑕疵极多。但只要我们了解它的局限性，这种衡量方法显然有简化问题的优势。

——JPP

（2）一种心理障碍，其特征就是在想到不愉快的童年记忆时，就会回归早期行为模式；

（3）在进化过程中，由于物种内部多样性不足而倾向于回归更原始的生命形态；

（4）一种统计程序，通过建模将回归方程中的因变量设定为扰动项时，拥有变化特性的函数。

对外行来说，上述所有定义似乎都有道理。但即便是正确的定义 4 也无法对 ARCH 作出通俗易懂的描述。

本专栏旨在向初学者介绍 ARCH 的内涵。它不应包含任何方程。我们的目标是摆脱晦涩难懂的 ARCH 术语，这样，至少我们在参加由美国统计学家协会成员组织主办的社交活动中，不会感到过分尴尬。当然，我们也不应该想入非非——只要熟悉 ARCH 的概念，就可以在这些活动中找到乐趣。

我猜想，当时的《金融分析师杂志》读着让人觉得轻松。在第一次采访马克·克里兹曼前，我通读了他发表的全部文章。但上面的最后一句话确实让我忍俊不禁："当然，我们也不应该想入非非——只要熟悉 ARCH

的概念，就可以在这些活动中找到乐趣。”多年来，我一直试图效仿他的精巧幽默，譬如在会议发言中试图这样表达，但效果显然不尽如人意。

在 2005 年发表的一篇文献综述中，潘世良和克里夫·格兰杰（Clive Granger）针对如何预测风险这个话题总结了 93 篇相关文章。我们可以把潘世良和格兰杰的文章视为学术界多年来为寻找最佳预测模型而展开竞赛的集大全者。他们在文中对历史数据、ARCH、随机波动率和期权隐含模型的有效性进行了比较。

历史模型包括随机漫步模型，我在美国股票的研究案例中使用了该模型。当时，我只是简单假设下个月的波动率与本月保持相同（适当调整某些不可预测的扰动项）。历史模型可能是最容易实现的，而且潘世良和格兰杰的结论也验证了它的相对高效性。这里需要澄清的是，历史模型并没有假设波动率具有随机性。相反，它只是假设最近观察结果与下一个时期的预测波动率相关性最强。也就是说，它假设波动率具有持续性。有些版本的历史模型也使用历史波动率的平均值。这些平均值可以是简单算术平均值，也可以采取指数加权平均值，或是利用某种拟合权重最大限度地改善可预测性。在潘世良和格兰杰回顾的全部研究中，历史模型在至少一半研究中体现出优于 ARCH 类模型的预测效果。

但 ARCH 更明显地拟合出波动率在短期内的持续性（可预测性），这种持续性也被称为波动集群（volatility vlustering）。2003 年，ARCH 的开发者罗伯特·恩格尔（Robert F. Engle）因“分析时间序列数据具有时变波动率的方法（ARCH）”而获得诺贝尔奖。对此，斯蒂芬·马拉（Stephen Marra）在 2015 年也作出解释：条件异方差性是指“下个时期的波动率不仅取决于当期波动率，还依赖于波动率随时间变化的性质”。然后，他进一步指出，广义自回归条件异方差模型（GARCH）“包含了扰动项的变化或波动率的振荡，并跟踪波动率在长期平均值附近维持振荡的持续性”。学术界在 ARCH 基础上陆续提出其他版本，并纳入肥尾、非对称不变性（波动率上升多于下降）、指数型权重以及动态相关性等特征。

但马拉认为，对于美股，无论哪种模型也未体现出明显优于随机漫步模型的特征。也就是说，各种模型有效性的差异不存在统计显著性。此外，复杂模型也会带来其他问题，比如说发表偏差（publication bias，只有具有统计学显著性研究意义的研究结果才会被公开发表）。另一个重要问题则是：这些模型可能会过度拟合样本内数据。

我们很难说，某个具体模型的效果应始终优于完全按近期波动率推导的结果。潘世良和格兰杰还发现，除依据期权价格得到的波动率评估结果略优之外，在这 93 篇学术研究中，无一在风险预测方面成为显而易见的赢家。期权隐含波动率（option implied volatility）同样不是灵丹妙药。不管怎样，期权都不可能覆盖大量的资产。与潘世良和格兰杰的结论相反，马拉的预计表明，期权隐含波动率在回测的 8 个模型中效果最差。

尽管没有哪个模型鹤立鸡群，但是针对特定的资产类别、特定时间段或市场体制，某些模型的预测效果可能优于其他模型。但我们需要牢记一个始终不变的结论：一个月到一年期限内的短期波动是完全可预测的，即使最简单的模型也能做到这一点。在下文中，我们将讨论长期预测问题。不过在这里，我们首先要看看投资者应如何利用这种短期可预测性。

注　释

1. 数据来源于法玛–弗伦奇数据库（http://mba.tuck.dartmouth.edu/pages/faculty/ken.french/data_library.html）。选取的时间段为 1927 年 1 月 7 日至 2018 年 6 月 29 日。股票收益率扣除无风险利率。

第 7 章

基于风险的投资更简单、稳健

> 市场并非完全有效。—— JPP

2016 年 5 月，我需要在加拿大蒙特利尔举行的第 69 届 CFA 研究年会上发表主题演讲。我是法裔加拿大人，因此，这对我来说显然是一个特别令人兴奋的机会。普信集团研究主管斯蒂芬・胡布里奇给我的建议是，主题采用他和同事鲍勃・哈罗（Bob Harlow）、安娜・德雷耶（Anna Dreyer）等人针对如何利用波动率短期可预测性完成的研究。他指出，波动率管理和持有看涨期权是为数不多均体现出良好效果的系统投资方法。此外，它们在实际情况下同样效果良好。我们将此类策略作为叠加或多资产组合的组成部分进行管理。此外，胡布里奇补充道："迄今为止，我们已分别对两种策略进行单独研究。但事实却证明，两者为负相关。综合各方结论，它们将为改进投资组合创造强大的工具集。"

协助准备演说文稿的不仅有胡布里奇、哈罗和德雷耶，还有我的其他几位同事，包括大卫・克莱维尔、查尔斯・施莱弗和托比・汤普森（Toby Thompson）。此外，2016 年，胡布里奇、哈罗、德雷耶和我还为此专门联名发表了一篇论文，题为《量化投资者的回归：基于风险的投资》。

在蒙特利尔会议上，我首先以法语进行了简单介绍，然后开始用英语进行演说。虽然我和家人主要说法语，但我不知道该如何把金融术语从英语转换为法语。我担心“肥尾”这样的专业术语在法语中听起来会让人觉得奇怪。在演讲中，我首先提到金融服务行业对收益率预测的过度痴迷。无论是资产所有者、基金经理、卖方分析师还是金融媒体，无不投入大量的时间和资源去预测市场走势。但我认为，基于风险的投资或许可以提供更简单、更稳健的方法去改善投资组合业绩，而且这通常无须直接预测收益率。

为强调这种基于风险的投资，我提到 2000 年以来波动率显著增加的事实。在 20 世纪 40 年代，每年股价波动率达到或超过标准差的平均天数为 4 天（“3 西格玛日”）。第二次世界大战造成了“3 西格玛日”的数量大增。在随后的 60 年里，每年达到这个波动水平的年均天数不超过 3 天。但仅在 2000—2010 年的 10 年间，达到“3 西格玛日”的年均天数达到 9 天，超过了以往 80 年中的任何时候[1]。

根据正态分布，“3 西格玛日”每年出现的次数应为 0.6 次（均值）。我们之所以经常将极端收益率称为肥尾效应，因为它们存在于正态分布曲线两端的尾部。显然，市场的尾部正在变得越来越大，在这种情况下，正态分布或许不再是衡量投资风险的可靠工具。

至于市场动荡的加剧，我向与会听众提供了几种合理解释。其中，比较常见的解释包括央行干预、全球市场一体化、高频交易以及衍生品和结构性产品使用的增加。无论根源何在，我始终坚持认为，投资者必须主动管理出现非预期巨额亏损的风险。但要做到这一点，投资者必须接受，波动率以及由此带来的亏损是不确定的。我提到，针对传统 60/40 结构的投资组合（60% 为股票，40% 为债券），在 1994—2016 年期间，一年期滚动性标准差的范围在 5%~20%。在同一时间段，投资组合的三年期滚动性标准差大约在 5%~15% [2]。

这个例子清晰表明，固定（权重不变）的资产配置不会带来固定的风险敞口。在这种情况下，大多数财务规划建议是无效的。那么，按60/40 配置投资组合是否适合风险厌恶型投资者呢？答案取决于波动率的规律。在某些相对稳定的市场环境中，60/40 比例的投资组合可能会带来 5% 的波动率，这对保守型投资者而言似乎是可接受的。但在震荡市场中，同样的投资组合却有可能会带来高达 20% 的波动率，这似乎更适合风险承受力较高的激进型投资者。有没有解决办法呢？是否有办法在长期内稳定投资组合的风险敞口呢？

波动率管理策略胜过传统平衡型基金

波动率管理策略就是为解决上述问题而设计。它的依据是波动率的短期可预测性。简而言之，其核心就是随时间推移，通过不断调整资产组合的结构来稳定投资组合的风险。比如说，在市场波动率较强时，我们可以把 60/40 配置投资组合对股票的敞口比例逐渐下调至 20%，在市场稳定时逐渐增加到 75%。尽管资产组合具有动态性，但投资组合的总体波动率维持稳定。

不妨做一个类比：要保持帆船的航向，水手就必须随时根据风况调整帆的方向和角度。这种策略具有良好的可移植性，因而可成为几乎所有投资组合的期货覆盖策略（futures overlay，用于微调组合风险和收费特征的策略，因为这种调整不属于基金经理的主要任务或专业特长，因而通常由外部机构或内部专业团队负责），减少其走势波动率 [3]。最重要的是，该策略已通过回测得到了全面验证。在表 7.1 中，我对有关这个话题的 11 项研究进行了总结 [4]。

表 7.1　历史上针对波动率管理的研究成果

年份	作者	回测方法	波动率预测	检验对象	时间范围（年）	阿尔法系数(%)
2001	杰夫·弗莱明（Jeff Fleming）、克里斯·科尔比（Chris Kirby）和芭芭拉·奥斯迪亚克（Barbara Ostdiek）	日交易，均方差优化（MVO）	非参数日交易数据	4 个资产类别	1983—1997	1.5
2003	杰夫·弗莱明、克里斯·科尔比和芭芭拉·奥斯迪亚克	日交易，均方差优化	非参数日当天交易数据	4 个资产类别	1984—2000	2.8
2011	马克·克里兹曼、李媛珍、塞巴斯蒂安·佩奇和丹尼尔·里戈本（Daniel Rigobon）	日交易	日吸收率	6 个国家	1998—2010	4.5
2012	马克·克里兹曼、塞巴斯蒂安·佩奇和大卫·特尔金顿	月交易，战术性资产配置	状态转换	15 个风险溢价	1978—2009	2.5
	温弗里德·乔治·哈勒巴赫（Winfried George Hallerbach）	日交易	历史 6 个月的日交易数据	欧洲斯托克 50 指数 vs 现金	2003—2011	2.2
2013	马克·克里兹曼	日交易，战术性资产配置	日吸收率	8 个资产类别	1998—2013	4.9
	弗雷德·多费尔（Fred Dopfel）和桑德·拉姆库马尔（Sunder Ramkumar）	季度交易	状态转换	标普 500 指数 vs 现金	1950—2011	2.0
	亚历山大·霍夸德（Alexandre Hocquard）、吴向阳和尼古拉斯·帕帕乔吉欧（Nicolas Papageorgiou）	日交易	GARCH	7 个资产类别	1990—2011	2.6
2014	罗曼·珀切特（Romain Perchet）、劳尔·莱奥特·德·卡瓦略（Raul Leote De Carvalho）和皮埃尔·穆林（Pierre Moulin）	日交易	GARCH	22 个因子	1980—2013	3.0
2017	艾伦·莫雷拉（Alan Moreira）和泰勒·缪尔（Tyler Muir）	月交易	过去 1 个月的日交易	10 个因子，20 个国家	1926—2015	3.5
2019	安娜·德雷耶和斯蒂芬·胡布里奇	日交易	过去日交易	标普 500 指数 vs 现金	1929—2018	2.7

对这些结果进行比较，在选取阿尔法系数时，采用了按波动率相匹配的买入及持有基准策略。此外，我们还以另一种方式考虑这些结果：针对收益率，判断投资组合的波动率是否低于其买入并持有基准策略（因而亏损风险更小）。如果相关论文的作者未直接提供这些结果，我们则按夏普比例进行调整，从而得到与静态基准波动率匹配的结果。

结果令人振奋，尤其是在股票及债券预期收益率萎靡不振的低利率环境下。在研究中，波动率管理均显示改善业绩的效果。从业绩角度看，该策略似乎适用于各种风险预测法，资产类别（股票、债券及货币），风险因子 / 风险溢价，地域和时间段。也就是说，它具有较好的普遍适用性。结果表明，纳入波动率预测即可改善所有资产配置过程。

但某些问题依旧不可忽视。犬儒学派可能会辩解，只有能带来预期结果的回测才会被发表（也就是我们之前提到的“发表偏见”）。这就会导致论文作者采取不切实际的假设。比如说，他们会假设基金经理可按当天收盘价生成的信号调整投资组合结构，实现投资组合的动态平衡。更糟糕的是，有些人甚至完全不考虑交易成本。我们还要关注另一个貌似微小但却关键的警告：某些策略没有采用预算约束。因此，阿尔法系数的部分来源，可能是投资组合对股票、久期以及其他相对静态基准的风险溢价存在系统性多头敞口。

尽管应剔除这些按风险调整后的阿尔法系数，以解决回测与现实之间不可避免的差异，但实践证明，波动率管理可以减少发生亏损的风险，在确保投资组合相对稳定的过程中，投入非常低的成本，甚至会带来正收益。2019 年安娜・德雷耶和斯蒂芬・胡布里奇强调重视成本及实施过程，毕竟，他们的研究源自对投资组合的实时体验。

根据 1996 年 1 月至 2014 年 12 月的数据，普信集团的研究团队通过追溯检验对实际过程进行了描述。在研究中，我们为 65% 股票和

35% 债券构成的均衡组合设定了 11% 的目标波动率。为避免股票或久期（即债券）敞口相对基础组合出现系统性多头，我们按比例调整覆盖策略的微调比例，以确保策略的总体风险特征接近 65/35 的基准结构。在这里，我们采用针对波动率管理的覆盖策略调整股票敞口，最低可降至 20%，最高可增加到 75%[5]。

然后，我们围绕目标波动率设定 14% 上限和 10% 下限的范围，即波动率范围为 –10%~14%。只要波动率维持在上下界限之间，我们就无须对投资组合进行再平衡调整。如果波动率向上波动的幅度超过 14% 或向下波动幅度超过 10%，我们就需通过覆盖策略进行再平衡，以达到预期的波动率目标。我们在这里之所以采用更高的上限，是因为波动率上升幅度通常会超过下降幅度，这样，我们通过非对称的振幅抑制噪声，并最大限度减少算法受到的干扰。

在投资组合内，我们运用组合的 95% 直接投资于主动管理资产构成的平衡策略（即在每个资产类别内，由基金经理全权负责选择证券）[6]，将剩余 5% 作为波动率管理覆盖策略的现金抵押，并假设投资国债。当波动率达到目标界限时，我们将期货覆盖策略设定为与平衡投资组合相匹配—— 65% 配置给股票，35% 配置给债券。在股权类期货中，我们将 70% 配置标普 500 指数，30% 配置 MSCI EAFE 指数期货，以反映平衡策略内对美国与非美国股票的均衡配置。最后，我们规定每天的最小交易规模为投资组合名义价值的 1%，最大交易规模为 10%。

为预测波动率，我们使用了具有肥尾效应分布特征的动态条件相关自回归-条件异方差模型（DCC-EGARCH）。该模型完全复制了被交易期权的隐含波动率，进而模拟了投资者预测波动率的一般方式。DCC（dynamic conditional correlation，动态条件相关）考虑不同时点的相关性；ARCH 则考虑波动率的时间序列属性，如波动的持续性或聚集趋势。

每天，我们都需利用截至预测前一天的10年期数据重新估算模型[7]。我们每天都会使用最新参数评估值对波动率预测进行更新。重要的是，我们严格使用现有已知信息确定以覆盖策略调整组合的方式。

不出所料，在研究所涉及的18年中，波动率管理始终与静态基准保持相对稳定。这个算法在2008—2009年全球金融危机期间的效果尤为明显。而且这种方法具有明显的战术性：虽然某一天的期货交易量绝对不会超过投资组合名义价值的10%，但股票配置仍会在较短时间内出现较大调整。

在这个例子中，主动型基金经理通过选择证券，在基础模块中的被动型基准基础上增加一定收益(扣除费用)。这会导致亏损风险略有提高。在对投资组合采取波动率管理覆盖策略时，尽管会损失几个点的收益率，但回撤风险会大大降低。由于在整个高波动状态下均避免设置较大股票敞口，因此，历史上的最大回撤低于静态基准10%。

在过去两年中，我们曾为一家保险公司及其他客户管理此类策略。在经历了2020年的疫情冲击后，这些策略到目前为止始终表现良好。

为什么波动率管理会提高风险调整后收益率呢？要解释成功的原因，我们首先就要理解波动率为什么具有持续性（因此具有可预测性）。低波动期和高波动期（或者说风险状态）通常会持续一段时间。这种持续性对策略的成功至关重要，而且这意味着，我们可以使用简单的波动率预测来调整风险敞口。

由此我们可以得到一个基本论点：商业周期本身的震荡往往会聚集出现，一个坏消息跟着另一个坏消息，接踵而来。在金融市场和更广泛的经济中，使用杠杆也会造成波动率的聚集。杠杆的释放往往需要一定时间。其他解释可能与跨市场投资者的常见投资行为有关，譬如“恐惧传染”、外推偏差以及金融媒体的总体负面偏见等。

如果从管理尾部风险角度了解波动率管理如何发挥作用，一种解释就是把投资组合收益率表示为与风险状态概念相关的“分布混合”。我们混合高波动率和低波动率并从中随机抽取时，就会得到一个肥尾效应分布。通过波动率管理和调整风险敞口，实质就是把投资组合收益率“正常化”为单一分布，从而显著降低尾部风险。

在波动率飙升后，短期（或“远期”）预期收益率似乎并未增加，这就可以解释，波动率管理的表现为什么会在夏普比率（或者说按一般风险调整后的业绩）方面通常会优于买入并持有策略。

学术界对此现象进行了研究。艾伦·莫雷拉与泰勒·缪尔于 2017 年发表在《金融杂志》（*Journal of Finance*）的文章《波动率管理组合》对此进行了总结。大多数研究的关注点是波动率管理与价值型投资在时间窗口上的不匹配。而莫雷拉和缪尔则发现，预期收益率的调整滞后于波动率。当市场动荡消退时，波动率管理策略会重新对投资组合进行风险评估，在有吸引力的估值中捕捉到赢利空间。波动率管理在 2008 年全球金融危机前后的表现就是最佳例证。正如莫雷拉和缪尔所言：

> 波动率管理降低了投资组合在这些恶劣时期承担的风险。在这种环境下，常见的建议就是增加或维持风险水平不变。例如，在 2008 年秋季的股市大跌之后，人们普遍认为，那些一味减少股票持仓量的投资者实际上错过了千载难逢的买入时机。但我们的策略几乎已完全兑现，而且仅在波动率飙升消退后，我们才重返市场……在包括“大萧条”、“大衰退”以及 1987 年股市崩盘在内的几场危机中，这个简单的策略均表现良好。

斯蒂芬·胡布里奇指出，我们还可以通过另一种方式考虑波动率管理如何在某些市场环境下改善夏普比率：将时间多元化视同于跨资产多元化。假设我们投资5只有相同夏普比率但波动率水平完全不同的股票，这些股票之间互不相关，我们就应对每只股票给予相等风险权重（而非相等的价值权重），以获得夏普比率最大化的投资组合。

同样的逻辑也适用于一段时期内的时变系统。从根本上说，投资组合的实际方差应为各时点方差之和。因此，要在整个时段内获得最大夏普比率，我们就应为每个时期赋予相同的风险。

但波动率管理策略也不会永远优于静态组合。例如，在波动率飙升后随之出现短期收益时，波动率管理可能会错过这些收益（相比买入并持有投资组合而言）。此外，当波动率非常低时，市场可能会出现大幅下跌。在这些情况下，在平静时期增持股票（高于静态投资组合的权重）的波动率管理策略可能会业绩落后。

总之，支持波动率管理策略的实证结论在总体上是成立的，即波动率具有持续性，而且波动率大幅提高与短期未来收益率之间缺乏相关性。但它并非在所有市场环境中都成立。归根结底，波动率是可预测的，因为它具有“聚集性”。因此，波动率管理可以稳定实际的波动率，并降低尾部风险。

此外，由于不同风险机制之间的“时间多元化”以及风险调整后的股票市场收益率在波动率较高时并未提高这一事实，因此，风险调整后收益率也得到了改善。尽管绝对预期收益率在高波动时期相对较高，但并不足以弥补波动率带来的风险损失。在进入熊市时，波动率管理策略可能会“低卖”并由此招致损失，但也会在扩张期间经常“做多风险”。在整个周期中，与没有附加风险的传统单向做多基金（long-only fund）相比，它可以提供更高的股票风险溢价敞口。

想了解有关这个话题的更多信息，以及针对波动率管理的支持性实证研究和饶有兴趣的讨论，可以参考 2019 年德雷耶和胡布里奇发表的文章。在这里，我们不妨引用文章作者之一胡布里奇的观点：

> 在充分放大波动率管理并带来重大影响的情况下，在较长（多年）期间内，波动率管理可能会对基础证券产生较高的跟踪误差。从根本上说，这是一种完全不同的战略性、长期性资产配置，而不是按季度评估基础证券为基准的“主动”策略。
>
> 巴菲特曾说过，假如先有互联网的话，我们就不会有报纸。而我更愿意相信，如果首先发明了波动率管理，我们或许就不会有那么多的传统型平衡基金。这确实是一种更合理的长期性、无条件投资方式，因为投资组合几乎始终与我们的风险承受能力保持匹配。

波动率风险溢价或许代表对尾部风险的补偿

虽然波动率管理用于减少亏损敞口，但我们也可以把持保看涨期权（covered call writing，也被称为卖出备兑看涨期权，这种组合的操作方法就是买入股票，同时卖出相应数量的看涨期权。无论在什么市场条件下，投资者都可以获得期权费，虽然赢利有限，但却降低了成本。它适用持有股票预期涨幅不大的情况）视为基于风险型投资的另一面，因为投资者使用它的主要目的就是创造超额收益。该策略的原理很简单：投资者卖出看涨期权，同时买入目标股票或股票指数。持保看涨期权持有波动率风险溢价敞口，这也是日渐流行的一种“另类贝塔系数”。

该策略依赖于隐含波动率（嵌入期权价格中波动率）与实际市场波动率之间差异的可预测性。根据历史数据，隐含波动率几乎始终高于随后实现的波动率。

因此，当进行适当对冲时，该策略实际上是在卖出“隐含”波动率，并买入“已实现”波动率，而且无须直接承担任何（或很少）市场风险敞口。正如2014年罗尼·伊斯雷洛夫（Roni Israelov）和拉尔斯·尼尔森宁（Lars N. Nielsenin）在《持保看涨期权：事实与传说》文章中指出：“大多数投资组合中并不存在波动率风险溢价，其风险调整后收益率（夏普比率）是股票风险溢价的2倍以上。”

在表7.2中，我总结了关于持保看涨期权业绩的几项实证研究结果[8]。该策略已针对不同市场、时间段及其若干变体生成（模拟）了阿尔法系数。在发表于2015年的论文《全球波动率溢价对资产配置的影响》中，3位作者威廉·法伦（William Fallon）、詹姆斯·帕克（James Park）和丹妮·于（Danny Yu）对11个股票市场、10种大宗商品、9种货币及4国家政府债券市场的波动率风险溢价策略进行了回测。他们发现：“波动率风险溢价在统计学上和经济学上均非常可观。”

这里需要关注针对波动率管理研究的提示——只有取得预期结果的回测才会被接受和发表，而且研究者往往会忽略回测和实际表现之间的实施差额（implementation shortfall，既定证券的决策价格和与最终实际购买价格之间的差额）。但实践表明，尽管未能在所有市场中实现6%~7%的阿尔法系数，但持保看涨期权的风险调整后业绩始终值得期待。

针对波动率管理，我们必须反问自己：我们为什么应预期波动率风险溢价在未来会继续有良好业绩呢？这种策略背后的理论基础是什么？首先，市场存在套期保值需求（demand for hedging）。

比如说，保险公司需要对冲保单带来的显性负债。就总体而言，很多国家的投资者开始越来越多地寻求回撤保护。通过出售期权，投资者可以赚取风险溢价。因此，对保险公司而言，这个溢价（或保费）的大小取决于保险的供需失衡程度。

表 7.2 针对波动率风险溢价的历史研究

年份	作者	分析对象	时间范围（年）	阿尔法系数（%）
2002	罗伯特·威利（Robert Whaley）	考虑交易成本的BXM	1988—2001	6.2
2005	巴里·费尔德曼(Barry E.Feldman)和杜鲁夫·罗伊(Dhruv Roy)	BXM	2003—2004	5.2
2006	乔安妮·希尔（Joanne Hill）、戴夫·纳迪格(Dave Nadig)、马特·霍根（Matt Hougan）和黛博拉·福尔（Deborah Fuhr）	动态战略	1990—2005	7.0
2007	列什玛·卡帕迪亚(Reshma Kapadia)和巴克希·卡帕迪亚(Bakshi Kapadia)	10 项回测	1996—2006	3.5
2008	伊利亚·菲格曼（Ilya Figelman）	BXM	1988—2005	5.8
2015	罗尼·伊斯雷洛夫和拉尔斯·尼尔森宁	德尔塔系数对冲的BXM	1996—2014	1.7
2015	威廉·法伦、詹姆斯·帕克和丹妮·于	34 个资产类别	1995—2014	2.4

注：BXM 是指芝加哥期权交易所标普 500Buy Write 月度指数，旨在衡量标普 500 指数采取备兑认购策略时可实现的潜在收益率，即该组合在买入一个标普 500 指数组合的同时，卖出一个标普 500 指数的看涨期权，实现看涨备兑策略。

德尔塔系数（δ、Delta）：在其他条件不变的情况下，由于资产（或投资组合）的价格变动而引起的衍生证券的价值变动，表示为资产价格变化对标的资产价格变化的敏感性。德尔塔系数越高，表明资产价格变化对标的资产价格变化的敏感性越高。

有些人可能会说，持保看涨期权根本不会提供回撤保护。但如果看跌期权因保护需求而被高估，通过买卖权平价，看涨期权也应被高估。事实上，交易商可以通过看涨期权和空头复制看跌期权。只要不发生套利，回撤保护需求也会推高看涨期权的价格。

美股以往的隐含波动率趋势与投资者渴望回撤保护这一事实是一致的。从历史上看，隐含波动率几乎始终高于实际波动率。这种差异可在一定程度上解释持保看涨期权的业绩。

除“套期保值需求”理论之外，坊间还对波动率风险溢价提出了一种更简单的解释：它或许只代表了对尾部风险的补偿。卖出波动率会产生一连串相对较小的收益，而后是罕见的巨额损失。按统计学术语，可以说收益率出现负偏态（negative skewness，也称“左偏态”，在不对称或偏斜的频率分布中，次数分布的高峰偏向右，而长尾则从右逐渐延伸向左端）和超额峰度。

我们将在第 8 章中详细解释这些术语。比如说，在 2008 年，标普 500 指数的已实现月波动率明显高于隐含波动率，而持保看涨期权策略则遭遇重大损失。在法伦、帕克和丹妮·于研究的 34 种资产类别中，有 33 种资产类别的波动率风险溢价呈现出类似的尾部风险。

套期保值需求和尾部风险补偿这两种解释实际上是相互关联的。根据定义，保险供应商应期望负偏态的收益率。归根结底，如果长期投资者接受收益率的负偏态，就应通过波动率风险溢价获得补偿。

波动率管理策略优于买入并持有策略

投资者可采用波动率管理减少持保看涨期权的尾部风险敞口。这种策略的含义就是把基于风险的策略视为一套工具包，而非孤立的方法。即使个别策略的夏普比率相对较低，但这种基于风险策略之间的低相关性甚至负相关性依旧可为投资组合带来大幅增值。

在 CFA 协会年会上的演讲中，我引用了同事斯蒂芬·胡布里奇的研究数据：从 1996 年 1 月至 2015 年 12 月，持保看涨期权与波动率管理策略（只考虑实施覆盖策略且不包括股票敞口）月收益超过现金部分的相关系数为 -20% [9]。这一结果表明，在投资者的持保看涨期权蒙受亏损时，他们很可能已通过波动率管理覆盖策略降低投资组合风险，从而减少了亏损造成的影响。

为进一步说明在持保看涨期权与波动率管理之间进行多元化操作的优势，胡布里奇估计了独立策略和组合策略的收益率、波动率、下行风险和相对业绩统计数据。

根据 1996 年 1 月至 2015 年 12 月的数据，标普 500 指数的风险收益率为 41%。但如果与持保看涨期权策略(总敞口上限为 125%)相结合，标普 500 指数的风险收益率会从 41% 增加到 49%，而下行风险仅略微降低。但如果加入波动率管理，风险收益率则会从 49% 跃升至 69%（即使独立波动率管理策略的风险收益率相对较 低，仅为 17%），而且下行风险大幅降低。

CFA 年会上的观点总结和精彩互动

总而言之，研究表明波动率具有持续性，而且在短期内并不能预测收益率。因此，波动率管理是为数不多在各种市场和数据样本中均始终优于买入并持有基准的投资策略之一。

诸多实证研究和实际操作均表明，持保看涨期权是另一种始终拥有较高风险调整业绩的系统策略。该策略通过波动率风险溢价，为提供保险并承担相关尾部风险者提供补偿。

由于波动率管理和持保看涨期权具有负相关性，而且容易补充到传统投资组合中，因此，两者相互结合可能带来意外的效果。尽管我们这个行业痴迷于收益预测，但这两种投资策略关注的都是风险。它们都不需要贸然预测市场走向。

在 CFA 年会上，很多参会者提出了一些有趣的问题，我作出了非常诚恳的答复。在这里，我挑选了一些有代表性的对话内容。

问：波动率管理策略与风险平价策略有何不同？

答：风险平价旨在实现各投资要素对组合整体风险具有相同的风险贡献度。这种策略适用于资产大类层面，并假设所有资产大类都拥有相同的夏普比率，而且各资产类型之间的相关性全部相同。低波动率资产类别（如债券）会因加杠杆而提高对投资组合的风险贡献度。因此，这两种策略是完全不同的。对于在长期内存在风险差异的投资组合而言，风险平价是一种有效的资产配置方式。事实上，高亏损风险的高波动时期与低波动时期是交替出现的。

但有些风险平价策略旨在维持整个投资组合的目标波动率。在某种意义上，这意味着风险平价策略可能隐含了波动率管理策略。

但是要相信风险平价策略，我们就必须相信，夏普比率在所有市场和所有市场条件下都是相同的，但我认为事实并非一贯如此。

问：为什么不应只关注下行波动率？

答：我们有多种方式计算下行波动率，比如，通过隔离低于均值的偏差来计算半标准差（semistandard deviation），或是可以使用条件在险价值（conditional value-at-risk，极端下行市场期间的平均亏损）并尝试在这个层面进行风险管理。由期权价格体现出的波动率就嵌入了对分布尾部的隐含估计。

关注下行风险显然是有意义的。是否存在上行风险呢？从总体上说，预测波动率的方向比预测波动率本身更困难。在波动率管理的回测测试中，这么做或许不会对预测带来太大影响。

问：波动率风险溢价对收益率有负面影响，你是否能详细说明这种影响？

答：确实，波动率风险溢价确实不存在对称性收益。该策略的目的就是通过隐含波动率和实际波动率的差异赚取溢价。在大多数情况下，我们可能会取得一点点收益。但是在这些波动发生交叉时，就会出现较大亏损。这也是存在风险溢价的原因之一。如果我们是长期投资者，并接受这种收益的不对称性，我们当然希望得到补偿。

问：波动率管理策略中是否存在高买低卖的风险？波动率管理策略与价值投资策略有何关系？

答：这个问题经常出现于波动率管理策略。该策略的目标是在下跌过程中降低市场风险敞口，并在波动率回落但估值仍有吸引力时，回归市场。2017 年，艾伦·莫雷拉与泰勒·缪尔已针对这个问题进行了一系列相关测试。他们认为，时间窗口非常重要。通过对 20 多个不同市场及风险溢价进行的研究，他们发现，按每日数据简单计算的当月波动率与下月波动率的相关系数约为 60%，这表明，波动率具有持续性[10]。

随后，他们还检验了本月波动率与下月收益率的相关性。他们发现两者之间的相关性为 0%。尽管负相关最为理想，但 0% 的相关性足以确保根据波动率对风险敞口进行调整，大幅改善风险调整后的收益率。

从直观上看，强调价值投资的投资者总希望低买高卖，但这种策略往往需要较长的时间跨度。通常，他们会在市场动荡平息后再逢低买入。实际上，估值信号在 1 年以内基本没有什么效果，而在相对更长的时段内（5~10 年）才有可能达到最佳效果。

一月期波动率管理过程与较长周期估值过程在时间窗口上的差异，往往可以为波动率管理投资者提供以低估值重新投资风险资产的机会。

莫雷拉和缪尔的研究尤其有趣：他们测试了包括 1987 年股市崩盘在内的几轮市场危机，而且采用一月期波动率预测的策略在每一轮危机中的表现均优于买入并持有策略。

问：在针对超大型基金采用波动率管理策略和持保看涨期权策略时，是否会出现流动性问题？

答：我们可以使用标普 500 指数和美国国债期货等高流动性合约执行波动率管理策略。如果投资组合未投资这些普通资产类别，基差风险（basis risk，期货覆盖策略反映基础投资组合的程度）和流动性之间就有可能存在此消彼长的关系，但我们可以通过风险因子模型以及跟踪误差最小化优化工具管理这种权衡。

但不可否认的是，流动性风险会导致出现明显缺口，而且有些投资者（如保险公司）会购买与波动率管理策略结合的标普 500 指数看跌期权，以对冲这种缺口风险（gap risk，投资标的价格在不发生市场交易情况下发生重大变化的风险）。对持保看涨期权而言，标普 500 指数期权具有流动性。但对其他期权市场来说，投资者必须考虑流动性不足与已实现风险溢价之间的此消彼长。

问：实施这些策略的成本是多少？

答：由于期货市场的流动性很强（可能达到 10~18 个基点），因此，波动率管理覆盖策略的交易成本非常低。如果覆盖策略由非内部人员执行，则会带来 10 ~ 20 个基点的附加管理费。在通过期权实现波动率风险溢价时，可能会发生 40 ~ 60 个基点左右的交易成本和管理费。请注意，这些只是估计值，具体成本通常取决于投资组合的规模及其他诸多要素。

问：是否可以利用波动率管理为货币对冲决策提供依据？

答：对货币对冲而言，投资者必须权衡利率差引起的利差与货币给投资组合带来的风险。归根到底，投资者采用的基础货币非常重要。在对冲货币风险时，低利率国家的投资者往往会因风险的降低而受益，但他们承担的代价就是负利差。比如说，日本的利率水平非常低，这意味着，货币对冲是一种“负利差交易”。因此，我们很难说服日本投资者进行货币对冲，即使从风险的角度来看，这可能是正确的决策。

相比之下，在澳大利亚，本地利率相对较高，因此，货币对冲会提供正利差。澳大利亚投资者喜欢将外汇敞口对冲回本国货币。但澳元往往是一种风险较高的货币。因此，投资者最终会以波动率管理策略对这种权衡进行动态优化。随着波动率的提高，他们可调整对冲比率而减少利差敞口，从而降低风险敞口。为此，他们必须不断权衡风险与收益，并重新检查货币与基础组合资产之间的相关性，并在可能的情况下验证货币与负债的相关性。

问：卖出期权更适用于波动率指数（volatility index）较高还是较低的情况？

答：当隐含波动率相当于预期实现波动率的定价过高时，通常最好出售期权。比如说，当投资者担心高波动率事件或因市场回撤而感到紧张时，期权就有可能会被高估。但决定因素未必是波动率的高低，而是投资者行为相对于基础投资实际经济波动率对期权价格的影响。当然，把握好时机并不容易，但主动型管理或许可以为维持波动率风险溢价固定敞口的简单方法增加价值。

问：当大量资金投入波动率管理策略时，你认为阿尔法系数会变得更难预测吗？

答：诚然，当所有人同时进入时，波动率管理更难以实施。过度拥挤的风险以及随之而来的缺口风险始终存在。但如果我们放慢算法速度，波动率管理就仍然有效。

此外，随着时间推移，“过度反应”带来的获利机会能吸引价值投资者或机会投资者采取成为波动率管理交易中的对手方。我认为这是一种均衡。随着波动率管理开始造成“过度反应”，如果价值投资者成为交易的对手方，他们可以获得的溢价会变得更有吸引力，这将诱使他们主动提供流动性。

注　释

1. 数据来源 FactSet[①]、标准普尔和普信集团。标准差按 1940—2015 年的数据样本衡量。

2. 平衡策略是指由 60% 标普 500 指数和 40% 巴克莱美国综合债券指数构成且逐月进行再平衡调整的策略。资料来源：Ibbotson Associates, Standard & Poor’s, and Barclays。

3. 通过期货覆盖策略，我们可以通过交易期货合约改变投资组合对广泛市场的敞口。我们通常不会在基础资产类别中进行交易，这意味

① 一家总部设在美国的金融数据和软件公司。——编者注

着负责各资产类别委托交易的基金经理不会受到影响。换句话说，他们“不会受到干扰”。也就是说，他们可以按常态化方式管理投资组合，既不会产生过度的流入或流出，也无须调整管理流程。

4. 了解更多有关波动率预测方法的信息，建议读者查阅相关论文原稿。我在这里提供的是相关学者得出的关键结果或关键结果的平均值。MVO 为均值方差优化的缩写；TAA 代表战术性资产配置，表示为各种资产组合的变动；其他所有回溯测试均为针对单一市场或风险溢价的时间敞口。

   国家是指各国的股市，唯有罗曼·珀切特、劳尔·莱奥特·德·卡瓦略和皮埃尔·穆林在研究中涵盖了 10 个国家 / 地区以及 10 种货币的价值和动量因子。由于缺乏可用数据，2001 年杰夫·弗莱明、克里斯·科尔和芭芭拉·奥斯迪亚克以及 2014 年珀切特、卡瓦略和穆林进行的部分回溯测试仅涉及较短时间序列。2013 年弗雷德·多费尔和桑德·拉姆库马尔的研究为样本内回测。2012 年马克·克里兹曼、塞巴斯蒂安·佩奇及大卫·特尔金顿论文中的状态转换模型（regime-switching model）将波动率、GDP 增长率与通货膨胀状态结合起来。

   针对交易成本，2001 年、2003 年弗莱明、科尔比和奥斯迪亚克假设采用期货合约，并将交易成本估计为 10 ~ 20 个基点。2017 年莫雷拉和缪尔针对现货交易得到的交易成本在 56 ~ 183 点。2019 年德雷耶和胡布里奇根据该策略的实际交易模式，对所有单笔期货交易均采用 3 个基点的买卖差价。在模拟中考虑这些交易成本的情况下，波动率加大了 10% ~ 20%。

   此外，在对交易成本设置上限时，使用该策略的交易不只会收回收益：仅在拟实施交易的比例超过 10% 时才会交易，而且同一天最多只会占其中的 50%。其他所有研究都未提及交易成本。

5. 该模型允许波动率较低时在 65% 战略性资产配置的基础上增加额外

风险。事实上，投资者可以把管理波动性覆盖的范围校正为任何需要的风险水平，比如说，超过基础组合静态风险的水平。

6. 需要提醒的是，我们使用了主动管理型平衡基金的实际业绩记录。但本示例仅用于说明之目的，不代表投资者实际取得的业绩。模型预测收益率存在局限性（包括假设）未反映客户资金按相应方式实际管理时，重大经济及市场因素可能给决策过程带来的影响。

7. 我们使用了一个延伸性时间窗口，从3年增加到10年，也就是说，10年业内的数据均可用。

8. 根据可获取的数据，威廉·法伦、詹姆斯·帕克和丹妮·于的研究日期在1995年1月至2001年2月，而阿尔法系数采用全部回测结论的平均值。

9. 本节采用的数据和方法来自2016年第三季度CFA协会年会上的演讲。

10. 这些结果均来自2016年莫雷拉和缪尔的论文，而非发表于《金融杂志》的版本。我不知道为什么莫雷拉和缪尔会删除这一部分——或许是觉得论文的篇幅太长，而且它们均属于基础性研究，学术价值很有限（从方法论角度看）。

第 8 章

风险持续性与时间窗口的关联性

> 在使用标准差作为衡量风险的标准时，我们假设收益率服从正态分布，但情况并非一向如此，而且我们还假设投资者都遵循某个特定的决策过程。—— JPP

关于波动率管理的前述研究和持保看涨期权，叠加潘世良和克里夫·格兰杰对 93 篇有关风险预测论文进行的文献综述，它们无不集中于短期风险预测，观察窗口分布在 1 小时到 1 个月之间。但对战略性资产配置以及很多战术性资产配置流程，这样的预测范围显然还不够长。

此外，这些研究者似乎都坚信一个不言而喻的假设：模型越复杂，预测效果越好。但基本问题并未得到解答。比如说，如何校准模型往往也不够清晰，更不用说波动率预测模型采用的回测窗口（1 个月、1 年、5 年或者更长？）和数据频率（按天、周还是月？）的问题。

为解决这些问题，我请同事罗伯·帕纳列洛进行了独立研究。我们的目标，就是帮助投资者解决更多貌似平常，但实质重要的问题，即如何使用他们可以获取的数据。

我们希望借此直接研究波动率之外其他风险方面的持续性，即所谓的高阶矩（higher moment）。如果我们发现损失往往大于收益的负偏态，我们是否应预期这种趋势会持续下去呢？如果我们观察到资产收益率存在肥尾效应的超额峰度，我们是否应期待肥尾会持续发展呢？换句话说，虽然我们知道波动率具有持续性，但高阶矩是否也具有持续性（因此具有可预测性）呢？或者说，它们是否服从均值回归的规律？这些高阶矩特征非常重要，因为它们可能会彻底改变亏损风险。

在帕纳列洛准备数据时，我采用了本书前述其他类似分析的资产类别和数据资源。该数据集涵盖 33 个数据序列：包括 20 个资产类别（10 个股票和 10 个固收资产类别）和 12 个相关贝塔系数（6 个股权贝塔系数和 6 个固定收益贝塔系数）以及股票与债券的相对贝塔系数。股权资产类别及相关贝塔系数列表回见表 3.1，固定收益贝塔系数列表回见表 5.1。每日及每周数据集的起始日期为 2000 年 8 月 30 日，结束日期为 2018 年 9 月 5 日。月度数据从 1993 年 2 月 28 日开始，2018 年 8 月 31 日结束。这些日期的选取依赖于可获取的数据。

我曾问帕纳列洛，他能否针对这 33 个收益率序列分布计算历史波动率与未来波动率、负偏态和超额峰度的相关性。此外，我还要求他按如下区间调整回测窗口：1 个月（21 天）、6 个月、1 年、3 年和 5 年。此外，我还要求他以同样方式改变预测范围，针对每日、每周和每月数据重复进行整个实验。

比如说，我让帕纳列洛针对两个变量计算相关系数：基于每周数据得到的上年度波动率；基于每日数据得到的下月波动率。然后，我们再重复进行相同检验：计算随后 1 个月、6 个月、1 年、3 年和 5 年的波动率；另一种资产类别或相对贝塔系数；调整回测时间窗口；切换到每月的滞后数据；等等。我们的目标，就是找到根据数据样本来预测风险的最佳方法。此外，我们还希望找到使用数据构建资产配置风险预测的一般经验法则（形成研究结果的模型）。

实验数量呈现出爆炸式增长。在完成全部检验后，我们意识到，我们需要以 19 305 种不同方式看待风险测度的持续性：33 种资产类别和贝塔系数、三个矩（波动率、偏态和峰度）的 195 种先导-滞后-数据频率组合。而帕纳列洛的惊人数学天赋在这里也展现得淋漓尽致。

“我要考虑如何为这个规律庞大的检验编写程序，以及如何存储和汇总结果。”帕纳列洛说。“你认为需要多长时间呢？”我问。“我回头再回复你。”帕纳列洛回答。

第二天，他走进我的办公室说“完成了！”，并把检验结果扔在我的桌子上。他利用 Matlab 软件仅花了几个小时就完成任务。我觉得我至少要花 2~3 个星期才能完成这件事。“笨宽客”，这是马克·克里兹曼对那些量化分析领域新手的称呼。

时间窗口越短，风险持续性越明显

我们很难总结 19 305 项风险预测性检验的结果。根据结果中的持续性特征，我们的分析揭示出几个要点，我们对中短期（1 个月 ~3 年）和 5 年的更长区间得出了不同结论。

一方面，在短期内的波动持续性最强。提前一个月预测波动率比提前一年更容易，也就是说，预测期间越长，预测效果越差。在数据窗口、预测范围和数据频率的全部组合中，按每日数据得到的月波动率显示出最强的持续性。本月日波动率与下月日波动率之间的平均相关系数为 68%，而该系数对不同资产类别和贝塔系数几乎没有变化。对全部 33 个资产类别或贝塔系数中的 32 个风险预测排列中，它也是最高的正相关系数——显示出高度一致的结果。

唯一的例外是美国国债，按每日数据得到的 6 月期窗口预测结果（提前一个月预测的相关系数为 67%）优于针对 1 月期的预测效果（相关系数为 65%）。这些结果似乎可以说明，波动率管理策略和主动管理的持保看涨期权策略为什么依赖于短期波动率的持续性。

一个更让人意外的结果是，较短的评估窗口也会在更长范围内得到更准确的预测。这一结果对资产配置非常重要，因为这意味着，我们也可在不借助战术性波动管理策略的情况下提高风险调整后收益率。就平均水平而言，针对所有资产类别和贝塔系数，按最近 21 天衡量的波动率均对中期波动率（未来 6 个月、1 年和 3 年）产生了最佳预测。

统计学家经常会说，数据越多越好，而且我们需要很长时间才能对“显著性”这种事物作出评估。在这个问题上，直觉恰恰相反。近期数据当然会比过去数据承载更多针对未来的信息。尽管这样的说法过于简单化，但不妨想想最有可能造成金融市场震荡的货币政策。比如说，美联储在最近几周颁布的措施给未来市场波动率造成的影响往往超过一年前发布的政策。

在这项研究中，假设我们的目标是预测次年的每周波动率。根据我们的研究结果，我们应采用过去 21 天的数据（与一年期未来每周波动率的相关系数为 42%），这比过去 6 个月（38%）数据的预测效果更好，当然，过去 6 个月数据的预测准确性又优于上年度数据（30%）。评估窗口越短，预测效果更好，这个结论也适用于针对未来每日、每周和每月的波动率预测。而且这个结果对所有资产类别和贝塔系数是一致的。对比 6 个月 ~3 年的预测窗口，我们发现，所有 33 种资产类别均展示出相似模式。这一结果表明，投资者应高度关注近期波动率。

在数据频率（每天、每周或每月）上，我们的实验表明，对相同的评估窗口而言，数据越多越好。我们发现，对中短期预测而言，采取每日数据的评估窗口优于采用每周数据的，而基于周数据的评估窗口又优于基于月数据的评估窗口。这是我们没有预料到的，我们曾猜想，最好应在评估结果和预测结果之间实现数据频率的匹配。换句话说，我们预计，每日数据最适合预测日波动率，每周数据最适合预测周波动率，依此类推。但我们发现，就平均水平而言，每日数据几乎总能带来最优预测效果，即使对未来月波动率的预测也是如此。

总而言之，无论是绝对贝塔系数还是相对贝塔系数，如下描述短期和中期波动率规律均成立，而且这些规律同时适用于股票与固定收益市场：**持续性在短期内效果最好，即使是对长期预测，采取较短评估窗口的预测效果更好，而且高频数据比低频数据的效果更好。**

时间窗口越长，均值回归越明显

在更长的预测期限内，我们还会看到另一种持续性模式：均值回归（mean reversion）。使用 3 年评估窗口预测三年期波动率时，就会开始出现均值回归现象。无论是按日、周还是月频率数据，使用 5 年评估窗口预测 5 年期未来实际波动率均具有最强均值回归现象。

在采用更长的预测窗口时，由于我们会自动减少独立观察的数量，因此，我们必须对结果做出详细解释。在发表于 2019 年《金融分析师杂志》的《长期可预测性：值得思考的故事》文章中，3 位作者雅各布·布杜克（Jacob Boudoukh）、罗宁·伊斯雷尔（Ronen Israel）和马修·理查森（Matthew Richardson）解释说，长期预测不可能做到永远准确。随着时间窗口的延长，非重叠数据点的数量会相应减少，而且评估的置信区间也会不断扩大。

使用重叠数据并不会明显提高解释的强度，因为这些变量是自相关的。比如说，假设采用滚动的月度数据进行 5 年期预测，在这种情况下，2018 年 2 月的 5 年期预测就覆盖了自 2018 年 1 月 5 年期预测 60 个月中的 58 个月。只有第一个月和最后一个月是不同的，因此，我们并没有添加太多信息去评估相关性。所以说，在金融领域，如果其他条件全部相同的话（尤其针对同一时间段），基于较长区间的统计性评估，如统计量、回归贝塔系数 R 平方及相关性等参数，可靠性不及较短区间，而且更有可能出现极端值。

但 5 年期评估的负相关性（结果矩阵中的 5 年期已实现“单元”）非常强。这些单元中的平均值（针对各种资产类别和贝塔系数）介于 −45%~−79%，具体结果依赖评估所采用的数据频率和已实现波动率。在 33 种资产类别和贝塔系数中，该预测均显示出其中 32 种具备所有频率的最强负相关性。

这一结果对战略性资产配置意义重大。在创建战略性资产组合时，大多数机构的资产所有者和个人（或他们的顾问）会用较长数据窗口来预测风险。5 年期的月数据是最常见的评估窗口。虽然使用较长评估窗口或许可以取得更好效果，但个别资产类别及基金的收益历史并不长（另类投资就是一个例子）。我们可以采用多种方法把长期历史与短期历史结合起来，以“回填”短期序列中缺失的数据。例如，我曾在 2013 年《金融分析师杂志》上发表的一篇题为《结合长期与短期收益率历史》的文章。但投资者通常只在最短时间序列的开始处裁减整个数据集。

我们从研究结果中可以得到一个关键性结论：虽然我们观察到了短期持续性，尤其是未来一个月的数据，但针对长期预测期的结果则恰恰相反。市场在经历 5 年波澜不惊的走势后，往往会紧随 5 年动荡不安的走势，反之亦然。因此，如果以过去推断未来，对战略性资产配置的风险估计可能存在严重缺陷。可见，最好的方法应该是直接对这种均值回归现象进行建模分析[1]。

然而，针对长期均值回归的研究结果有一个重要警示。在后续的实验中，我们使用更长期的数据集[2]对波动率持续性进行了分析。我们的结果再次显示出强烈的短期波动持续性。这些结论对新数据集尤为明显。但长期均值回归的强度并不及针对1993—2018年数据集得到的结论。事实上，在长期样本中，均值回归只出现在过去10年和未来10年的窗口之间，而且并非体现于所有资产类别。由于数据集的时间跨度较长，因此，我们得以添加10年期窗口。除此之外，我们发现长期波动率具有轻度的持续性。

那么，应如何解释上述两个样本的差异呢？我怀疑中央银行在近期的均值回归中发挥了作用。在2000年互联网科技泡沫和2008—2009年经济危机之后，欧美各国均出现了由中央银行推动的依赖于数据的经济稳定期。归根到底，我认为，1993—2018年期间的样本对未来更有预测性。和几十年前相比，中央银行应继续加大对数据的依赖性。

与造成较长期样本波动率的其他因素（例如失控的通货膨胀和世界大战等）相比，商业周期会继续主导市场的波动率。总体而言，对于最普遍的假设——数据集的时间跨度越长，我们对当前环境下金融市场行为的评估越可靠，我本人持怀疑态度。

偏态和峰度没有可预测性，也没有持久性

如前所述，我们还希望研究波动率以外的风险特征。但我们的结果针对“较高阶矩”（偏态和峰度）显然是令人失望的。我们并未发现更高的可预测性。但首先来说，对“阶矩”“偏态”和“峰度”这些统计学的定义说明，我们忽略了某些重要信息。在金融领域，我们始终试图预测未来。正如博尔德·舍雷尔博士在回应GIGO的指责时所言：如果你不能对未来作出预期，“就不要做投资”。但因为我们确实无法准确地

预见未来，因此，我们必须考虑一系列未来有可能出现的结果。

为此，我们要使用概率分布，表示概率分布的最佳方法就是使用直方图。在直方图数据中，方柱的高度代表出现某种结果的概率，这些方柱在 x 轴上从低到高排序。方柱通常出现在平均结果（比如说，股票的预期收益率为 7%）附近的概率更大，在结果不断趋向于极端性的过程中（譬如 −30% 或 30% 的收益率），出现的概率则会越来越小。

阶矩用于描述这些概率分布的形状。一阶矩是指波动率，我们已对此进行了详细讨论。二阶矩是指偏态，如前所述，衡量分布是否具有对称性。假如出现相同幅度收益的可能性超过相同幅度的亏损，我们就说这个分布是正偏态（或右偏态）的，也就是说，分布曲线“右尾”比“左尾”长。比如说，持保看涨期权即为正偏态。遗憾的是，在金融市场中，负偏态分布远比正偏态分布更常见，投资遭遇 10% 亏损的情况往往比赚到 10% 收益率的情况更频繁。

关于偏态，我喜欢引用一个略显俗气但却极为有说服力的笑话：

> 最近，我一直在构思一篇关于负偏态和构建投资组合的文章。我们在文中指出，没有经验的财务顾问之所以愿意在客户投资组合中纳入信用产品和对冲基金等负偏态资产，仅仅是因为这些资产具有相对较低的波动率和高收益率。
>
> 但在这个过程中，他们忽略了低波动率与高风险敞口之间的不匹配性。我原本给这篇论文设计了一个非常棒的标题《你的财务顾问说，你站歪了！》，但我们的营销部门显然不喜欢这个标题。

实际上，我在会议上提到的很多俏皮话，可能都是从马克·克里兹曼那里学来的。三阶矩代表的是峰度，它衡量了是否存在“肥尾”，即大幅亏损或正收益的概率是否高于我们从正态分布得到的预期值，而不管分布的对称性如何。

当试图预测亏损敞口时，这些较高阶矩（偏态和峰度）非常重要。在这种情况下，我们的结果出现了问题。除在5年期呈现出某些均值回归（类似于我们针对波动率得到的结论，只不过强度较弱）以外，我们几乎没有看到任何可预测性，而且在偏态或峰度上也没有展现出任何持久性。

对这种均值回归，我的直觉认识是，在发生重大危机之后，投资者和中央银行都会变得愈加谨慎，监管机构也会采取措施防止市场出现过度行为。同样，在市场长期沉寂后的恢复期，投资者也会变得更加自负，导致资产价格开始形成泡沫。尽管如此，某些新兴市场仍接二连三地遭遇危机，有时甚至会出现持续数年的多米诺骨牌效应。

最后，我们根据极少数极端性数据点（如2000年互联网科技泡沫和2008年的全球金融危机）对较高阶矩进行了预测。这种遍布各市场的不可预测性和非一致性不足为奇。但对资产配置决策而言，我们显然不能忽视高阶矩特征。我们将在第11章看到，情景分析法（scenario analysis）是解决这个问题的有效手段。在投资组合层面，如考虑相关性在下行市场中的变化，我们可以改善对高阶矩的评估。

注　释

1. 就总体而言，我们的分析推导出这样一个问题：同时包含短期持续性和长期均值回归的模型是否比大多数模型更有效呢？

2. 1926—2018年，数据来自肯·弗伦奇（Ken French）网站：mba.tuck.dartmouth.edu/pages/faculty/ken.french/data_library.html。

第9章

资产多元化就可对抗风险吗？[1]

> 投资组合的预期收益率应取决于利率水平。当利率上调时，投资者就会要求可交易资产具有更高的收益率。——JPP

在预测投资组合层面的风险时，我们必须直接或间接地评估相关性。多元化概念是每个资产配置决策的核心，也是构建投资组合的关键前提和目标。相关性越低，多元化的效果越好；在其他条件保持不变的情况下，风险调整后的收益率也越高。

但在投资管理中，一个最令人头疼的问题就是：在投资者最需要多元化时，多元化的优势似乎会荡然无存。当然，“所有资产在危机中的相关系数都为1”的说法既过于简单化，也过分夸张。但大量证据显示，相关性在下行市场中往往会有所提高，尤其是市场崩盘期间，例如“左尾风险”（left-tail events，发生概率非常小，但一旦发生将造成极其严重的损失）大大增加。

研究表明，这种影响普遍存在于各类金融资产，包括个股、国内股市、全球股市、对冲基金、货币及国际债券市场[2]。这些研究大多发表于2008年全球金融危机之前。但在多元化无济于事的经济危机期间，左尾风险的显著增加似乎让投资者始料未及。

2018 年，罗伯·帕纳列洛和我在《金融分析师杂志》上发表了一篇题为《当多元化失败时》的文章。在文中，我们鼓励投资者根据这些结论采取行动。全样本（即平均值）相关性具有误导性。因此，谨慎的投资者不应在风险模型中使用它们，至少在不增加其他工具（如下行风险指标和情景分析法）的情况下不应使用它们。为强化单纯多元化策略以外的其他风险管理手段，投资者应重新优化投资组合，高度关注下行风险，考虑动态策略，并根据对损失的厌恶程度，评估下行保护作为资产类别多元化替代方案的有效性。

资产相关性在下行期增加，上行期减少

早在 2008 年，CFA 学会教育活动及项目负责人查理·哈尼曼（Charlie Henneman）就曾邀请我出席学会组织的年度风险管理会议。

哈尼曼让我提交准备在会上演讲的主题。当时，我已开始研究相关系数的不稳定性。于是，我提出了一个古怪的话题："跨资产条件相关性的非对称性"。

尽管哈尼曼不需要一个技术性的话题，但谁愿意参加一场主题为"跨资产条件相关性的非对称性"的会议呢？或许可以称其为"另一场与投资者无关的晦涩学术谈话"。

我告诉他，我会从本质上证明，多元化在最需要的时候反而行不通。随后，他提出了一个梦幻般的主题：多元化的神话。

演讲大获成功，而且 2009 年我、大卫·蔡（David Chua）和马克·克里兹曼合作撰写的同名论文也获得第 12 届"Bernstein Fabozzi/Jacobs Levy 年度优秀论文奖"[①]。这让我对标题之于文章的加成作用笃信不疑。

① 该奖项是 1999 年设立，旨在表彰在投资组合管理理论与实践方面的卓越研究。——编者注

而且文章的发表时间也刚好：我们使用了截至 2008 年 2 月金融危机前的数据样本，并记载了各大资产类别明显的“不良相关性的非对称性”。而 2008 年秋季的金融危机显然为我们的结果提供了最有力的佐证。

我们添加了另一个角度（这依旧是克里兹曼的想法）：我们的研究表明，相关性不仅会在下行期间有所增加，而且上行阶段会显著下降。这种非对称性与投资者的预期恰恰相反。在市场上涨时，谁愿意分散投资呢？所有人都希望市场会永恒上涨（因而无须多元化）。在繁荣时期，我们应减少多元化投资对收益的阻力。

2018 年发表的一篇论文中，罗伯·帕纳列洛和我坚持认为，尽管相关研究层出不穷，但很多投资者依旧没有真正认识到，相关性不对称会给投资组合效率带来怎样的影响，尤其是对亏损敞口的影响。在左尾事件中，多元化投资组合可能会比集中化投资组合承受更大损失。

2009 年，马蒂·莱伯维茨和安东尼·波瓦发现，在 2008 年的全球金融危机期间，曾有一个投资组合利用美股、美债、国际股票、新兴市场股票及 REITs 进行了多元化投资，其股票的贝塔系数从 0.65 上升到 0.95，而且与由 60% 美股和 40% 美债构成的简化投资组合相比，其业绩也出乎意料地跑输 9 个百分点。在 2020 年疫情造成的恐慌期间，我们也观察到类似效应。

帕纳列洛和我从若干方面扩大了对原始“多元化的神话”的分析。我们纳入 2008 年之后的数据，涵盖了更广泛的市场及因子，并深入研究了在诸多市场上推动相关性的因素。在方法论方面，我们引入数据增强技术，提高了尾部相关性评估的稳健性，并分析了收益数据频率对私人资产相关性的影响。

我们可以通过多种方式评估极端市场期间的相关性变化方式。例如，我们可以确定两个资产至少按既定百分比同比变动（上升或下降）的月份，也就是所谓的“双重调整”（double conditioning）[3]。尽管帕纳列洛和我采用了类似方法，但我们的调整以单一资产为条件。我们想根据两个市场中下跌（或上涨）来衡量尾部相关性差异。对某些相关系数（如股票与债券的相关系数）而言，这个差异可能很大，而且会增加有关相关性结构的信息。

我们试图评估债券多元化在美国股市下跌期间的有效性（避险效应）。为此，我们首先在数据样本中隔离出美股出现大幅下跌的月份，比如说，样本中全部月收益率最差的5%。其次，我们计算这个子样本集合中股票与债券的相关性。最后，我们按固定增幅移动作为临界值的百分数，以检验相关性如何随股票收益率而变化。

此外，我们还计算了股票与债券在债券收益率处于底部5%时的相关性。我们发现，在股票下跌时，债券会分散股票的风险；但是在债券下跌时，股票却不会分散债券的风险。因此，双重调整并未表明，这两种资产之间的多元化缺乏对称性。

不管如何划分数据，我们认为子样本的相关性不同于全样本的评估。为测量这种“条件偏差”（conditioning bias），我们首先按随机数据模拟相关性在向左尾和右尾（来自标准的“双变量正态分布”）移动过程中是如何变化的。对于每个资产配对，我们均模拟了两个正态分布，它们的全样本相关性、均值及波动率与我们在实证观察到的结果相同。

然后，我们将实际的子样本相关性与模拟的正态化结果进行比较。两者之间的差异代表与正态结果的偏离。此外，在正常情况下，下行和上行状态下的相关性曲线应该是相同的。因此，在比较左尾和右尾的相关性时，条件偏差因“被清洗”而未带来明显影响。我们所发现的任何不对称均为偏离正常状态的表现。

另一个可能出现的偏差是因为极端相关性依赖于个别数据点，这个问题类似于我们之前提到的对高阶矩的评估。越靠近尾部，样本的规模越小。在分布的 1% 或 5% 顶部或底部位置，单个异常值可能会导致相关性显著地向上或向下偏移。因此，为提高评估的稳健性，我们使用分布其余部分的数据对子样本进行扩充。

我们使用的是指数加权法。增加的数据点与讨论的临界点越近，它们在评估中获得的权重就越大。随着数据点远离临界值，它们的权重呈现出指数下降趋势。虽然这种方法简单直观，但在之前的研究中并未被使用过。这或许是我们对条件相关性测量法作出的一点微薄贡献。为进一步提高精确性，我们对模型进行了校准，对于更接近分布尾部的数据按指数级扩大权重，并将半衰期固定在相应的百分位数上[4]。

为进行比较，我们还研究了未经调整的条件相关性。我们发现，数据增强法得到的评估值与按常规计算的评估值在幅度和方向上相似。但我们的评估往往噪声较小，而且对异常值的敏感性较低[5]。

不要神话多元化，资产配置不是免费午餐

首先，我们以国际股票的转换来说明我们的研究方法。根据 1970 年 1 月至 2017 年 6 月期间的月度数据，我们计算了美国股票（摩根士丹利美股全收益指数）和非美国股票（MSCI EAFE 全收益指数）之间的条件相关性。

根据美股收益率，我们按百分位对相关性进行调整。结果显示相关性在美股从底部（第 1 个百分位）到顶部（第 99 个百分位）过程中出现的变化。为进行比较，我们展示了两个市场均呈正态分布情况下可以预见的相关性曲线。在正态分布中，我们会看到，上涨与下跌过程中的相关性完全对称。随着数据点向尾部移动，条件相关性会逐渐降低。

但现实世界的相关性与正态分布下的相关性有很大不同。在美股上涨时（对应于第 99 个百分点），它们与非美国股票的相关性一直下降至 -17%。但是在最严重的熊市中，以美股收益率最低的底部 1% 为代表，它们与非美国股票的相关性则会增加到 87%。这种非对称性表明，在全球范围内进行多元化投资的合理性仅适用于牛市行情[6]。

针对风险资产的研究结果与此类似。在表 9.1 中，根据截至 2017 年 6 月的可获取历史数据，我们对关键资产类别左尾与右尾的相关性进行了对比[7]。在这里，我们的关注点是美股与其他风险资产的比较，因为股票风险因子决定了大多数投资组合的波动率因子及损失敞口[8]。

为此，我们以扣除期限匹配的美国国债收益率后的“超额收益率”来反映信用风险因子。

表 9.1　极端数据点的相关性

资产类别	相关系数 (%)	
与美股对比	左尾（下跌）	右尾（上涨）
公司债券	54	7
房地产	56	1
对冲基金	73	-8
高收益类资产	76	-3
抵押支持债券（MBS）	77	-42
新兴市场债券	78	27
新兴市场股票	80	35
非美国（EAFE）股票	87	-16
小盘股与大盘股	91	28
价值股与成长股	86	36

此外，我们还检验了通过风格及规模多元化构建全股票投资组合的结果。大多数投资者根据风格及规模特征选择股票基金，以构建多元化的投资组合。但是就总体而言，左尾相关性远高于右尾相关性。

关于“尾部依赖”（不同市场倾向于同时发生崩盘）的研究证实了这些发现。在 2004 年的研究中，菲利普·哈特曼、斯蒂芬·斯特雷特曼（Stefan Straetmans）和卡斯珀·德·弗里斯（Casper de Vries）估计，G5 成员国股市同时崩溃的概率比债券市场同时崩溃的概率高两倍。

2010 年，哈特曼、斯特雷特曼和弗里斯的研究表明，货币发生同步崩溃的频率往往超过根据二元正态分布进行的预测。2012 年，路易斯·加西亚-菲乐（Luis Garcia-Feijoo）、杰拉德·简森和罗伯特·约翰逊的研究表明，当美国股票的收益率处于最低的 5% 时，非美国股票、大宗商品和 REITs 也会呈现出明显的负收益率，这完全超出根据全样本相关性得到的预测。

2012 年，马尔腾·范·奥尔特（Maarten R.C. van Oordt）和周琛将配对分析扩展到跨市场的联合尾部相关性，并据此得出类似结论。他们提出了一种衡量金融机构系统重要性的相关方法。但这些研究忽略了左右尾之间的非对称性，以至于要么专注于左尾，要么使用对称性的尾部相关性指标，如联合 t 分布。

针对信贷资产类别，1974 年，罗伯特·默顿（Robert Merton）用模型解释了信贷及股票收益率在左尾的相关性为什么会更高，这就是流传至今的默顿模型。默顿将公司债券定义为以下项目的组合：

◎ 无风险债券。在正常情况下，债券持有者的上行风险仅限于定期支付的利息和本金返还。

◎ 公司资产的空头头寸。如果公司资产贬值到低于其债券价值，

> 债券持有人就会做多公司资产，并通过破产程序获得剩余资产。
>
> 与此同时，随着股价趋于零，股票持有者全部赔光。

因此，当一家公司接近违约时，市场会认为，债券持有者将兜底（持有公司的剩余资产）。默顿对此解释说："随着最终发生违约的可能性逐渐变大……债券的风险特征将无限接近（无杠杆）股票。"在这种情况下，信贷和股权收益率在 2008 年危机期间高度相关自然不足为奇[9]。

通过不同风格、规模、地区和选择性资产（alternative assets）进行的多元化都归于无效。从根本上说，在构建投资组合时，资产配置者为创造收益而选择的所有模块都会受到影响。抵押支持证券（MBS）相关性的非对称性最有说服力。在《多元化的神话》一文中，我们使用了 2008 年金融危机前的数据，在研究时，MBS 是为数不多貌似与熊市股票脱钩的资产类别之一。但是在数据样本所包含的 2008 年第四季度中，MBS 显然成为风险增长的资产类别。

选择性资产也不能避免资产多元化的失败结局。除传统资产类别以外，投资者开始越来越多地依赖选择性资产提供新的或专门的多元化资产来源。在表 9.1 中，帕纳列洛和我使用的是海外对冲基金指数，但有人可能会争辩，对冲基金的风格各不相同，因此，应该把它们视为一个单独的资产类别。我们针对如下 7 种风格的对冲基金比较左尾与右尾的相关性（均与美股相比）：市场中性、并购套利、事件驱动、宏观环境、股票对冲、相对价值可转换及相对价值对冲基金。

遗憾的是，我们发现，所有这些类型的对冲基金（包括市场中性基金）的左尾相关性均显著高于右尾相关性。虽然平均的右尾相关性为 −7%，但左尾的平均相关系数却达到 63%[10]。

或许可以把这种现象简单地解释为：大多数对冲基金策略均为做空

波动率（short volatility）。此外，有些对冲基金也在做空流动性风险，这一点类似于卖出期权，这也是我的太平洋投资管理公司前同事维尼尔·班萨利在《债券组合的投资与风险管理》（*Bond Portfolio Investing and Risk Management*）一书作出的解释。根据默顿模型，2004 年维加斯·安戈瓦（Vikas Agarwal）和瓦桑特·内克解释了对冲基金左尾股票贝塔系数的波动率。他们发现，“大量对冲基金策略的收益率类似于卖出股指看跌期权的收益率”。

在 2012 年进行的另一项研究中，莫妮卡·比里奥（Monica Billio）、米拉·盖特曼斯基（Mila Getmansky）和洛丽安娜·佩利松（Loriana Pelizzon）使用机制转换模型（regime-switching model）衡量了对冲基金的相关性以及市场贝塔系数随时间的变化。他们发现，在金融危机中，对冲基金策略的相关系数在总体上增加了 33%。

私人资产的情况又如何呢？在过去几年，机构投资者明显增加了对私人资产的配置。尽管很多投资者对对冲基金多元化策略的优势持怀疑态度，但他们对房地产及私募股权分散化投资的好处从未动摇过。英国韦莱韬悦咨询公司（Willis Towers Watson）的报告称，截至 2016 年年底，养老基金、财富管理机构和主权财富基金持有的直接房地产和私募股权投资超过 2 万亿美元[11]。

资金流入这些资产类别的部分原因，就是资金所有者对多元化的信任。在资产配置或资产负债研究中，理财师使用均值方差优化为增加这些资产的配置提供了有力依据。最后，选择性资产通常被作为免费午餐出售，因为它们貌似具有高收益、低波动率和优异的风险分散能力。

但这些统计数据的内涵远不止于我们所看到的。私人资产披露的收益率会受到平滑偏差（smoothing bias）的影响。事实上，2014 年我和前同事尼尔斯·皮德森、何飞在《金融分析师杂志》上发表了一篇论文，题为《资产配置：另类投资的风险模型》（该文章获得格雷厄姆和多德优秀研究奖）。我们在文中指出，私人资产的多元化优势几乎完全是凭空想象的。我们认为，私人资产披露的季度收益率代表按市值计算的真实（而非观察）收益率的移动平均数。按市值计算的情况下，这些资产类别和股票以及债券一样，要面对很多相同的收益率影响因子。譬如我们所提到的，在剔除平滑偏差后，私人资产要面临信用风险，因此，在市场处于压力时期，它们显然不能有效地分散股权风险。

2009 年出版的《机构投资者的创新之路》（*Pioneering Portfolio Management*）一书的作者大卫·史文森（David F. Swensen），也是耶鲁大学捐赠基金（其大部分资产投资于私人市场）的投资总监。他首次提到了私人资产的这个问题：

> 在描述私人投资历史收益率的数据中，貌似显而易见的低风险实际上只是统计上的人为产物……假设两家公司在组织形式以外的其他方面完全相同——一家公司为私有，另一家公司公开上市，与频繁被市场估值的上市公司相比，较少被市场估值的私人公司似乎更稳定[12]。

不仅私人资产的真正股权风险敞口高于平均收益率所隐含的风险水平，而且它们的左尾风险敞口同样高得多。为说明这一点，我和帕纳列洛在《当多元化失败时》一文中展示了任意投资者均可轻松复制的检验结果。对于房地产和私募股权，我们按每年的（4 个季度）左尾相关性与股权进行了比较。滚动的年度相关性对平滑偏差的敏感度低于按季度收益率计算的相关性。

这一非常简单的调整表明，私募房地产和私募股权并不会像大多数投资者假设的那样——具有分散股权风险的特性。尽管房地产与美股之间的季度相关系数为29%，但按滚动年度基础计算则增加至67%。私募股权的季度相关系数为13%，而滚动的年度相关系数为85%[13]。

除平滑偏差之外，我们认为流动性风险是导致私人资产不具有风险分散化特性的重要原因。由于交易不频繁，使得私人资产面临巨大的流动性风险，甚至高于对冲基金。系统流动性风险往往会在股市崩盘时迸发[14]。我们可以把系统流动性危机比作一座燃烧的建筑物，每个人都争先恐后地冲出大门。这时，只有一个例外：在金融市场上，投资者要退出（卖出），就必须找到其他人接替他们在建筑物中占据的位置（买家）。如果找不到这个买家，价格就会出现断崖式暴跌，并导致风险资产之间的相关性急剧上升。

风险因子会怎样呢？公开及私人收益型资产类别尝试风险分散化的失败，在一定程度上导致风险因子成为讨论热点。很多学者认为，对风险因子进行分散化比进行资产类别分散化更有效[15]。实际上，我们的结果揭示出，某些风险因子（股票价值、跨资产价值、股票动量、货币价值以及货币动量）似乎不像资产类别那样易受分散化失败的影响。

但也有人指出，风险因子本质上并不具有优势[16]。它们之所以具有优于传统资产类别的分散风险特性，仅仅是因为它们可以被做空，且通常包含更广泛的资产类别。比方，股票的规模和价值因子通常被定义为股票层面的多-空组合。但如果因子定义仅限于资产类别的线性组合，而且允许针对不同资产类别和风险因子建立空头仓位，风险因子就不会提高资产类别的收益效率。在某种意义上，支持风险因子分散化的论点，更多的就是体现为消除只能做多的限制，并扩大投资领域。

此外，即便仅从定义上可看出，在低迷市场下出售风险资产的动量策略可以分散左尾风险。比如说，投资组合保险策略可以明确复制看跌期权（减去缺口风险保护）。因此，不出所料，我们发现，货币与跨资产动量等风险因子与美股的左尾相关性远低于右尾相关性。

但我们的研究还说明，如规模（小盘股与大盘股）以及货币套利等风险因子并不能在必要时刻分散股票风险。小盘股往往比大盘股有更高的股票贝塔系数，这个差异往往会在股市下跌期间表现出来。同样，货币套利交易也存在间接的股票贝塔敞口，该敞口在风险资产下跌之前处于休眠状态。在这种情况下，对策就是买入高利率货币（澳元、新兴市场货币等），做空低利率货币（例如日元），提供资金增加这种头寸。

在正常市场中，投资者之所以能赚到风险溢价，是因为远期利率的涨跌通常不会抵消货币远期合约内嵌利率差带来的利润（套利）。但是当风险资产下跌时，随着投资者卖出高风险货币并买入避险资产，套利交易被冲销。从某种意义上说，很多套利策略在操作上类似信用风险溢价。这些策略是做空期权，投资者有时会用“在压路机前捡硬币”这样的话描述这种策略。

货币套利交易的例子揭示了状态转换对相关性的影响，这或许可以解释收益性资产类别及风险因子为什么具有广泛的风险承载 / 风险规避特征。金融市场倾向于在低波动率状态和恐慌性高波动率状态之间反复波动。事实上，在 2002 年洪崇理和吉尔特 · 贝克特（Geert Bekaert）的研究中，他们直接把状态转换概念与左尾相关性的提高联系起来。到底是什么促成状态转换呢？部分答案就在于宏观经济基本面本身表现出的状态转换，如通货膨胀率和增长率的变化[17]。

我认为投资者的情绪也起到重要推动作用。在常态市场中，基本面差异推动了风险资产的多元化。但是在市场恐慌期间，无论基本面的差异如何，投资者往往都会“卖出风险”。例如，2015 年黄景智、马克 · 罗西（Marco Rossi）和王源指出，除违约风险、流动性和宏观变量的影响以外，情绪也是推动股票和信贷利差收益率的共同因素，而且情绪往往会从股票市场蔓延到信贷市场。

在金融市场上，恐惧比乐观更具传染性。心理学的相关研究表明，人类的基本特征就是对坏消息的反应要比对好消息的反应更强烈。

2001 年，罗伊·鲍迈斯特（Roy F. Baumeister）、埃伦·布拉茨拉夫斯基（Ellen Bratslavsky）、卡特林·芬克诺尔（Catrin Finkenauer）和凯瑟琳·沃斯（Kathleen D. Vohs）发表的论文《坏消息比好消息更有威力》指出：

> 坏事压过好事的规律体现在我们的日常事件、重大生活经历、亲密关系的结果、社交网络模式、人际交往和学习等诸多过程……人们对坏事的反应都要强于对好事的反应……在我们看来，坏事比好事更有影响力体现出人类进化的适应性。

股债相关性远比我们以为的更复杂

当市场情绪突然转为负面，恐惧蔓延市场时，政府债券几乎总会因其避险效应而强力反弹[18]。从某种意义上说，久期风险可能是多资产组合中唯一真正的多元化来源。因此，股票与债券的相关性是资产配置最重要的输入变量之一。

在我们的研究中，我们把股票-债券条件相关性的实证结论与其正态分布的基准进行了比较。不同于其他相关性研究的结论，这项研究的结果非常理想。国债在经济不景气时与股票完全无关，而在经济景气时则与股票正相关。但股票-债券相关性在实际中很难评估，而且会因为宏观经济条件而发生剧烈变化。

在 2014 年《投资策略杂志》(*Journal of Investment Strategies*) 刊登的文章《股票与债券相关性》中，我与太平洋投资管理公司的前同事尼克·约翰逊（Nic Johnson）、瓦桑特·内克、尼尔斯·皮德森以及斯蒂夫·萨普拉（Steve Sapra）指出，当通货膨胀和利率引起市场波动时，股票与债券的相关系数往往会转为正值。

比如说，我们发现，在 20 世纪 70 年代和 80 年代，股票和债券的连续 12 个月相关性基本为正数。自 2008 年以来，央行的经济刺激政策和利率下调人为地推高了股票和债券市场的估值。但如果政策突然恢复常态，就可能会迅速降低高估值。2013 年出现的“缩减恐慌”（taper tantrum）就是一个很好的例子：当时，本·伯南克首次提到缩减美联储的经济刺激计划，这项政策给股票和债券均带来负面影响。

2018 年，美联储将市场目标利率从 2% 上调至 2.5%，并暗示 2019 年将进一步加息，而股票和债券也在整个年度均出现负收益率，这种情况极为罕见。事实上，摩根士丹利追踪的 17 种主要资产类别均在 2018 年出现下跌，这显然是前所未有的现象[19]。在这种情况下，资产类别多元化已毫无意义。因此，投资者应牢记，初始估值会加剧这种影响，股票和债券的估值越高，它们的相关性就越弱。

为说明债券下跌会导致股票与债券呈现正相关性，我们把股票与债券的相关性表示为债券收益率（而非股票收益率）百分位的函数。方法的调整揭示出有趣现象。在依赖股票收益率时，相关性曲线并不理想。尽管相关性普遍较低，但是当债券下跌时，股票往往会同时下跌。归根到底，投资者应记住，股票和债券的价值均代表贴现现金流（discounted cash flow）。贴现率或通货膨胀率预期的意外变化都会让股票与债券的相关性成为正值，尤其是在其他条件保持不变的情况下。

尽管不同市场的结果趋于一致，但我们的研究也提出一些值得关注的现象。我们发现，在金融危机期间，对风险资产的多元化投资几乎毫无例外地以失败告终，在某些市场环境下，股票－债券的相关性甚至会失效。但条件相关性毕竟只是衡量多元化投资的一个标准。比如说，条件贝塔系数不仅考虑到相对波动率的变化，也兼顾相关性的变化。从理论上看，在多元化策略的波动率相对投资组合增长的基本推动力下降时，两种资产之间的相关性有可能会增加。

在这种情况下，相关系数的提高可能被相对波动率的降低所抵消，这就有可能降低压力贝塔系数（stress beta），并导致损失风险低于预期。但此前研究表明，这种结果是不可能的[20]。最终，我们选择了研究相关性。因为相关性不仅是多元化策略的直接衡量标准，而且已在早期研究中被广泛使用。

另一个需要提醒的是，我们并未预测左尾风险。尽管我们知道，如果市场下跌，相关性可能会增加，但我们不知道这种变化会在何时发生。从定义出发，有一点几乎可以肯定：股票下跌完全是不可预测的。但投资者还是可以为多元化资产配置策略的失败随时做好准备，而无须绞尽脑汁地去盯着市场。打个比方，虽然飞机飞行员不可能预见在什么时候会遇到空气湍流，但乘客仍可以放心，因为飞机自身的结构完全可以承受这种恶劣情况。

7 条尾部风险认知分析的建议

根据我们的研究结果以及 2020 年相关事件的佐证，我们建议投资者应避免在构建投资组合时使用全样本的相关性，或者说，至少应对相关性假设进行压力测试。无论是历史性还是前瞻性的情景分析，都应在资产配置中发挥更大作用。大量的投资组合优化法均可直接解决非正态分布的左尾风险，或者说，解决多元化策略的失败。但最灵活的对策则是全面优化，它直接优化收益率经验分布，这种方法适用于所有投资者的偏好和目标[21]。我们在第 14 章讨论全面优化这一话题。

这些分析均为常用方法，但几乎全部以“交易后”为基础，即投资组合已构建完毕。因此，投资者应将此类尾部分析工具用于“交易前”的决策。这样，我们就会发现，无论是股票的地区、风格、规模和行业，还是信贷、选择性资产和风险因子，都不会像平均相关性所暗示的那样，可以分散一般性的股票风险。需要明确的是，我并不是反对通过传统资产类别进行多元化投资，但投资者应该意识到，传统的多元化标准可能会掩盖压力时期的亏损风险。因此，投资者必须根据收益机会对风险承受能力进行适当调整。

同样需要关注的还有股票与债券的相关性。利率或通货膨胀率冲击可以让两者正相关。在这种情况下，使用杠杆导致债券风险增加的策略（如风险平价）可能会出现意外回撤。

投资者应超越多元化来管理投资组合的风险。尾部风险对冲（采用股票看跌期权或代理对冲工具）、嵌入式空头仓位、防御动量策略的风险因子以及基于风险的动态策略都能比传统多元化投资策略提供更好的左尾风险保护。

管理波动率策略或许是克服多元化失败的低成本、高成效方法。正如我们在第 7 章中讨论的那样，按照风险比收益更具可预测性的实证观点，随着时间推移，该策略会逐步调整资产组合，以稳定投资组合的波动率。这种方法简单易行，可以作为覆盖策略平滑所有投资组合的震荡。在波动率较高时，管理波动率策略会降低风险资产，因此，它可能会抵消左尾相关性的上涨，从而减少遭遇巨额亏损的风险，而且不会显著降低投资组合在上涨期间的收益率。

在加拿大的机构投资者会议上介绍这项研究时，我针对尾部风险认知分析拟定了7条关键性建议，并提出6项主动管理策略。尾部风险认知分析是评估主动管理策略的有效性并扩大其风险敞口的必要手段。

针对尾部风险认知分析的7条关键性建议

1. 不要盲目依赖全样本的相关性去构建投资组合。
2. 让情景分析法在资产配置决策中发挥重要作用。
3. 根据收益率评估最终投资者的风险承受能力。
4. 使用直接考虑左尾风险的投资组合优化工具。
5. 谨防私人持有资产类别中的“多元化的免费午餐”。
6. 评估利率风险及其对股票–债券多元化策略的影响。
7. 寻找可在上涨市场中提供“统一化”或者说逆分散化的资产类别。

6项主动管理策略

1. 以看跌期权和代理工具进行对冲。
2. 嵌入空头仓位的策略。
3. 动量因子或基于动量的策略。
4. 主动管理的绝对收益替代工具。
5. 波动率管理覆盖策略。
6. 战略性或战术性现金配置。

注 释

1. 本节主要摘自我和罗伯·帕纳列洛的文章《当多元化失败时》，该文是2018年发表在《金融分析师杂志》上。

2. 关于个股的相关研究见2002年约瑟夫·陈(Joseph Chen)等人的文章，以及2007年周国富等人的文章；有关各国股市的相关研究见2001年布鲁诺·索尔尼克（Bruno Solnik）等人的文章；有关全球市场的相关研究见2010年保罗·加马（Paulo M. Gama）等人的文章；有关对冲基金的相关研究见2002年范·罗恩（Van Royen）的文章以及2004年纳拉扬·奈克（Narayan Y. Naik）等人的文章；有关货币市场的相关研究见2010年菲力普·哈特曼（Philipp Hartmann）等人的文章；有关国际股票及债券市场的相关研究见2006年罗伯特·恩格尔等人的文章。

3. 相关示例见2001年布鲁诺·索尔尼克等人的文章以及2009年克里兹曼等人的文章。

4. 在本文中，“半衰期”是指权重总和达到50%（占全部的一半）的数据点。

5. 条件偏差的一个关键点，就是我们对相应的模拟正态数据进行相同的指数调整。因此，实证相关性和正常相关性之间是完全可比的。

6. 在2001年的研究中，弗朗索瓦·朗金（François Longin）和布鲁诺·索尔尼克强调了美国、法国、德国、英国及日本市场之间的相关性，并针对各国的股市得出类似结果。

7. 在表格中，EM代表“新兴市场”。每月数据的开始日期为可以获得数据的最早日期。有关开始日期和数据来源，请参阅《当多元化失败时》一文的附录B，全文见http://www.cfapubs.org/doi/suppl/10.2469/faj.v74.n3.3。尽管左尾和右尾相关分别位于第1个和第 99 个百分位点，但根据数据增强法进行了调整完整的相关性状态（调整后、未调整及正常状态）见该文附录 B。

8. 相关示例见 2013 年作者发表的文章。

9. 相关示例见 2016 年穆坤丹·德瓦拉坚等人的文章。

10. 有关数据和方法的更多详细信息，请参阅 2018 年罗伯·帕纳列洛和我发表的文章。

11. 见《金融时报》的相关报道：2017 年 7 月 16 日，克里斯·弗兰德（Chris Flood）的文章，http://www.ft.com。

12. 2016 年，大卫·福尔克（David Foulke）引用过这句话。

13. 关于相关性状态的全部资料参考网址：https://www.cfapubs.org/doi/suppl/10.2469/faj.v74.n3.3。

14. 相关示例见 2011 年我和约瑟夫·西蒙尼安（Joseph Simonian）等人的文章。

15. 相关示例见 2010 年弗兰克·尼尔森（Frank Nielsen）等人的文章、2011 年马克·塔博斯基（Mark Taborsky）等人的文章，以及 2012 年安蒂·伊尔曼恩等人的文章。

16. 相关示例见 2013 年马切伊·科瓦拉（Maciej Kowara）等人的文章以及 2017 年马克·克里兹曼等人的文章。

17. 关于通货膨胀的相关示例见 1993 年金昌进的文章和 2007 年曼莫汉·库马尔（Manmohan S. Kumar）等人的文章；有关 GDP/GNP 增长的相关示例见 1989 年詹姆斯·汉密尔顿（James D. Hamilton）的文章、1993 年托马斯·古德温（Thomas H. Goodwin）的文章、1999 年罗布·卢金布尔（Rob Luginbuhl）等人的文章以及 2004 年特雷文·林（Trevin Lam）的文章。

18. 相关示例见2002年莱斯·古尔科（Les Gulko）的文章。

19. 有关数据的资料来源：2018年摩根士丹利月度数据。

20. 有关贝塔系数的相关示例见2009年马蒂·莱伯维茨等人的文章；有关同时崩溃概率的相关示例见2004年和2010年菲利普·哈特曼等人的文章；有关尾部依赖性的相关示例见2012年路易斯·加西亚–菲乐等人的文章。

21. 相关示例见2005年和2007年马克·克里兹曼等人的文章、2007年威廉·夏普的文章。

第10章

资产相关性是否可预测？

当评估风险时，我们不是在重述过去，而是在预测未来。—— JPP

尽管得到了很多积极反馈，但我们对多元化失败的研究依旧回避了重要问题：能否预测相关性？答案是：能力有限。或许我们唯一能做的，就是建造一架能在任何时候躲避湍流的飞机。尽管如此，如果波动率具有持续性，而且我们能预测一定程度上依赖于基础资产之间相关性的组合波动，那么我们难道不应该观察到这种相关性的持续性吗？

利用类似自回归条件异方差风格的模型，研究者以多种方式解决了这个问题。1990 年，蒂姆·博勒斯勒夫（Tim Bollerslev）使用恒定条件相关性（constant conditional correlation）模型进行尝试，它是恒定相关性与动态波动率的相互结合。但在现实中，相关性与波动率都具有动态性，因为两者是由投资者情绪等共同因素联系在一起的。

因此，人们把恒定条件相关性视为无足轻重的。它在随后的研究中，轻而易举地被更现实的方法所击败。比如说，2002 年，罗伯特·恩格尔在波动率管理过程中使用的 DCC 假设，证实相关性在每个时期都会发生变化。另一个版本则包含了状态转换模型，状态转换的动态相关模型是丹尼斯·佩莱蒂埃（Denis Pelletier）在2006年提出的。

我们不妨回顾一下第8章的内容，根据潘世良和克里夫·格兰杰在2005年的文献综述，这些研究要面对波动率预测所遇到的相似问题。这些模型主要针对短期（通常是每天）构建，而且实操者在数据频率及评估窗口长度等方面必须解决的问题大多并未得到解答。

为填补这个空白，罗伯·帕纳列洛和我决定进行另一项分析。这一次是从相关性入手。我们采用了本书始终倡导的方法，对收益率、波动率和高阶矩的持续性进行了检验。为此，我们查看了既定时点的已实现（历史）相关性，并计算出它们与未来相关性的匹配程度。换句话说，与针对收益率、波动率和偏态的做法一样，我们测试了相关性是否具有持续性。两种资产类别在上一年展现出的相关性，是否可以为我们预测下一年相关性提供有价值的信息呢?

在1994年进行的另一项相关研究中，克劳德·埃尔布（Claude Erb）、坎贝尔·哈维（Campbell Harvey）和塔德斯·维斯坎塔（Tadas Viskanta）采用1970年1月至1993年12月期间的数据，构建了国家级股市相关性的预测模型。他们发现，滞后相关性（lagged correlation）是预测美国股市与6个主要国家中的4个国家股市之间相关性的重要指标。

但他们的分析同样留下了几个悬而未决的问题。不同于我们进行的分析，他们假设评估窗口与预测期限相互匹配。滞后的时间长度取决于预测期限。因此,他们在论文中指出："在针对5年期相关性进行预测时，滞后期为60个月。"但是在实证研究中，将评估的时间窗口与预测期限匹配起来或许不是最佳方法。采用比预测期限更短的时间窗口往往会给出更准确的预测，我们针对波动率以及广泛使用的指数加权模型进行的研究已经验证了这一点。这些模型关注的是最新数据，并提供了进一步的证据表明：数据越新，预测效果越好。

此外，埃尔布、哈维和维斯坎塔采用的是多变量模型。除滞后相关性之外，他们还添加了滞后的各国股市收益率、滞后股息收益率和滞后期限利差，作为未来相关性的预测指标。这些增加的变量显著改善了预测效果。这显然是一个重要结果，因为它表明，基本面（估值及宏观变量）与未来相关性之间存在关联性。

然而，多变量分析问题本身也值得商榷，因为它在更简单的持续性问题上反而含糊不清。实际上，他们采用的变量具有共线性特征（即彼此之间是相关的）。虽然他们的研究改进了预测效果，但却混淆了个别预测指标的效果。因此，我们无法根据这项研究得出结论：相关性本身到底是持续性的，还是服从均值回归的规律？但我们可以明确一点：剔除基本面变量的影响，相关性似乎意味着均值回归。

埃尔布、哈维和维斯坎塔选择的数据集也又旧又小：他们的样本截止日期是 1993 年 12 月，而且只涵盖了 7 个国家股市的月收益率。此外，他们还排除了股票与各种固定收益市场之间的跨资产相关性。

资产相关性可预测的最佳节点

在研究中，我们对 3 211 个相关性（19 个资产类别对乘以 169 个先导 / 滞后 / 数据频率的组合）的持续性进行了评估。使用的是前文表 3.1 中“相对贝塔系数”包括的 6 种股票资产类别和前文表 5.1 中的 6 个固定收益资产类别，并以股票 – 债券的相关性作为研究对象。我们选取了和波动率研究的相同样本：2000 年 8 月 30 日至 2018 年 9 月 5 日的每日和每周数据，1993 年 2 月 28 日至 2018 年 8 月 31 日的每月数据。

为检验研究结果的稳定性，我们又从较长的肯 · 弗伦奇数据系列中选取了 6 对数据，这些数据仅涵盖美股的因子及资产类别：市场对小盘股与大盘股；市场对高估值与低估值（价值因子）；市场对大盘股；市场对小盘股；小盘股与大盘股；价值股与成长股。这些数据的起始时间为1926年7月1日，结束时间为2018年12月31日。

和我们针对波动率研究的方式一样，我们结合了回测数据和预测数据的频率。从直觉上看，大多数投资者会对这些频率进行匹配。为预测周相关性，他们会使用过去的每周相关性；为预测月相关性，他们会采用过去的每月相关性；以此类推。但我们则采取了相反的做法：通过测试，我们要解释，在每日、周或月相关性中，哪一个最适于预测未来相关性。我们的波动率研究表明，针对所有资产类别，更高的频率都会带来更优的预测。那样，同样的结论是否也适用于相关性的预测?

显然，我们的相关性结果揭示出与波动率研究相似的模式，差异非常细微。相关性似乎比高阶矩更具有可预测性，但不及波动率。日波动率在各月之间的相关系数为68%（跨资产类别和贝塔系数），而偏态为4%，峰度为2%，相关性为40%。与波动率研究一样，相关性在短期内的持续性高于长期，并在3年和5年预测范围内存在一定程度的均值回归（使用3年和5年的回测窗口）。但是对波动率而言，这种均值回归有所减弱，而且在较长期数据样本中经常出现逆转。

与波动率不同的是，较短期（过去21天）回测窗口的预测结果始终最优的结论并不成立。尽管我们发现，较短窗口的预测效果往往更好，但相关性可预测性的最佳节点是6个月到1年。我们在针对美股的较长期肯·弗伦奇数据样本中也发现了类似规律。

但我们发现，在其他条件不变的情况下（即采用相同的回测及预测窗口），数据频率越高，相关性的预测效果越好，尤其是在一年或更短的时间窗口内。这个实证结论与我们针对波动率的研究结果相一致。比如说，假设我们预测的是两个资产类别在未来52周的相关性。和预测波动率一样，很多投资者可能倾向于让回测窗口与预测窗口相匹配。1994 年，埃尔布、哈维和维斯坎塔的论文中似乎也认为这样的选择不言自明。我们会采用过去 52 周的实际相关性预测未来 52 周的相关性。

但是我们对资产类别配对进行平均时，发现未来 52 周相关性的最佳评估应是过去一年的日相关性，历史相关性和未来相关性的平均相关系数为 25%，相比之下，按每周数据得到的相关性为 22%，按每月数据得到的相关性为 14%。同样，使用较短窗口会改善预测效果：过去 6 个月日相关性与未来 52 周相关性之间的相关系数为 38%。尽管这种预测能力的差异相对较小，但结论适用于不同时间窗口的大多数相关性以及针对日、周和月相关性的预测。此外，我们对较长时期数据样本的稳健性研究也验证了上述结论。按照资产配置者的经验法则，在使用过去 6~12 个月的日数据时，相关性会显示出一定程度的可预测性。

条件风险价值具有良好预测能力

波动率、偏态、峰度和相关性构成了风险预测的关键要素。但归根结底，大多数投资者更关心亏损风险。例如，条件风险价值（conditional value at risk，CVaR）就是一种常用的风险衡量标准。它是对下跌期间平均亏损大小的评估，通常表示为预期结果的最低 1%、5% 或 10%。譬如，按 5% 的置信度，−10% 的年度 CVaR 表明，每 20 年就有一次投资的预期亏损将达到 10% 左右。

针对风险价值预测及其他亏损敞口衡量指标的文献显然和关于波动率预测的文献相关，而且与后者同样丰富。2018 年，根据股权因子数据，阿兰-菲利普·福廷（Alain-Philippe Fortin）、让-盖伊·西蒙纳托（Jean-Guy Simonato）和乔治·迪翁（Georges Dionne）的研究指出：更复杂的模型并非总是样本外最具预测能力的模型。为此，他们得出结论："单变量模型比多变量模型更简洁且易于实施，可以在不损失精度的前提下预测股票投资组合的下行风险。"

为评价 CVaR 的可预测性，我们使用了具有相同波动率、偏态和峰度的数据。结果显示，波动率和相关性高度可预测，而偏态和峰度则难以建模。随着时间的推移，负偏态和高峰度（"左肥尾"）会成为所有风险资产的基本特征。这些特征共同体现于亏损敞口——我们在这里定义为 CVaR。也就是说，CVaR 是波动率、偏态、峰度以及相关性的函数。对风险预测而言，最重要的问题或许就是 CVaR 本身是否具有可预测性，它是可持续性的，还是会反转？或者在不同时期维持随机性？

我们发现，CVaR 对波动率具有相似但略微弱的预测性：短期的持续性、长期的均值回归（体现在我们的主要数据样本中）以及对高频和近期数据更好的预测能力。在不同时期，高阶矩缺乏可预测性，并不能否认 CVaR 的良好预测能力。这一结果可以按这样解释（略有悖直觉）：波动率对亏损敞口的影响大于高阶矩。我们可以通过分解波动率、偏态、峰度和相关性对 CVaR 的影响程度，了解更多有价值的信息，但这显然不属本书讨论的话题。

复杂并不代表最优，基本参数的选取很重要

我并不否认复杂模型的价值，尤其是当它们按特定用途（如管理波动率策略）进行适当校准时。即便如此，在我们的全部分析中，帕纳列洛和我始终强调最基本的风险预测方法：平均权重的历史评估。根据大量的资产类别收益率样本，我们解答了最基础的问题（所有希望在实际中创建风险预测模型的人都需要回答这些问题，但它在现有的文献中却

鲜被提及）：怎样的回测窗口对所有的预测区间最具预测性？我们应使用怎样的数据频率（每天、每周还是每月）？为预测波动率、偏态、峰度、相关性以及最终的风险价值，我们对这些选项进行了评估。

回答俗不可耐的问题似乎不会创造学术价值，尤其是这些问题的答案被视为最基础而且是不言而喻的。一个事实或许是，这些问题的答案比风险模型本身的选择更重要。无论如何，即使是在构建最先进的模型时，投资者也需要合理选择回测窗口和数据频率。根据我们的研究，我怀疑，大多数风险预测文献的阅读者（甚至是某些作者）会低估这些选择的重要性。基本的经验法则（比如匹配评估和预测参数的常见做法）在实际中并没有取得最优效果。比如说，帕纳列洛和我在研究中发现，按照日数据得到的月波动率预测结果优于按月数据进行的预测，即便是在相对较长的时间，短期数据窗口的预测效果也优于长期数据窗口。

在所有的风险预测研究中，我们得出一个关键结论：基本参数的选择非常重要。我在本书中经常提到的一句话就是，复杂并不总是代表最优。按照这条规则，我们可以确定如何使用有限的时间和精力去改进风险模型。在很多文献中，建模构成往往被视为无须多言、尽人皆知的尝试，但事实却是建模构成的合理与否，都会给预测的准确性造成重大影响。此外，投资者需要对很多貌似绝对不可动摇的“真理”提出质疑，譬如：“数据越多越好”“回测和预测的视角范围应该匹配”等。

为此，我敦促投资者和研究者充分关注这些细节。在很多情况下，这些细节不会发布在公开披露的资料中。它们远比对 ARCH 类似模型进行 50 次调整更重要（这些调整在之前版本上稍加改进，而且可能会过度拟合某些数据样本，因而造成样本外的有效性较低）。此外，这个结论对我来说很容易理解和接受，毕竟，我不是计量经济学家。

第11章

肥尾效应：罕见却可能发生

我们必须接受，正态分布只是真实分布的近似值。—— JPP

我之前曾说过，高阶矩很重要，但它们远比波动率更难预测。这个问题显然有必要做进一步讨论。如果收益率服从正态分布（高斯分布，或者说属于钟形概率分布的一部分），我们就可以根据波动率评估亏损风险。否则，我们就有可能低估风险。关键问题在于：到底会低估多少。

在我们的研究中，我们对风险度量的持续性进行了评估，但却没有估计这个风险指标的误差大小。作为衡量风险的指标之一，波动率显然过于粗糙。大多数投资者和研究者都接受这一说法，而且2020年发生的事件也愈加地验证了这一点。资产配置者可以使用多种分析工具对肥尾效应进行建模，如历史分析、混合性概率分布和情景分析法等。

黑天鹅事件不可预测，必须学会适应其存在

2010年，纳西姆·塔勒布曾说，我们根本就无法预测高阶矩。尽管我们无从知晓极端性亏损会出现在什么时候，但我们至少应该有所

准备。就像2020年暴发的新冠肺炎疫情和油价大幅上涨一样，黑天鹅实属罕见，但确实存在。

塔勒布认为，“黑天鹅观点的核心不是预测，而是描述一种现象，以及如何构建能抵御黑天鹅事件的体系”[1]“黑天鹅事件是不可预测的，我们必须学会适应它的存在，而不是天真地尝试去预测它们”[2]。在生活的所有方面中，我们都需要接受罕见但会带来某种后果的事件，在很多情况下，我们无法预测这些事件，但我们必须为它们的出现做好准备。

这样的例子并不罕见：滑雪者要戴头盔；汽车安装安全气囊；建造能抵御飓风的房屋；建造能承受汹涌海浪的船只；制造能抵御闪电侵袭的飞机。这样的例子不胜枚举。

然而，即便是对塔勒布黑天鹅理论最严谨的解释，似乎也无法通过构建模型和数据去预测黑天鹅的出现，用他在2010年自己说过的话就是，黑天鹅“完全存在于常规预期范围以外的世界，因为过去发生的任何事情都不可能让我们令人信服地对其未来出现的可能性作出预测”。既然过去不可能以令人信服地方式预测事件未来发生的可能性，我们莫不如缴械投机，甚至完全放弃预测风险?

我们或许可以假设，凭空想象将来会发生什么，即使过去从未发生过。明天，猪或许也会飞上天。以这种方式去解读理论，注定不会带来令人满意的结论，而且这是一种失败主义者的典型做法。

我们可以将异常值定义为可能但罕见的事件，比如说，金融领域中类似于车祸、飓风或海啸之类的事件。尽管这些事件的数据非常有限，但我们确实有证据表明，它们完全是可能发生的。前面提到的赛马比喻表明，我们无法预测这些异常值出现的时点（如偏态和峰度缺乏持续性或强势均值回归所代表的含义）。但我们知道，这些异常情况是存在的，而且我们也知道，它们非常重要，影响巨大。

正如彼得·伯恩斯坦（Peter Bernstein）在1996年出版的代表作《与天为敌》（*Against the Gods*）一书中所言："最狂野的对象恰恰隐藏在那些异常和不完美之中。"

比如说，我们拥有由60%美国股票和40%美国债券构成的10万美元投资组合，在一年内可能遭受的最大亏损会是多少？我们或许不知道这个极端亏损出现在什么时候，或者哪些因素会造成这种亏损（如疫情），但我们依旧想知道，它是否会发生。纵观历史，我们有足够证据假设，金融危机永远都是可能发生的。造成危机的原因要么是"百年一遇"的事件，要么是从未发生过的事件。

我们不妨把这种风险定义为仅有1%可能性遭受的最大亏损。换句话说，我们希望以99%的置信度评估这笔投资的年风险价值。如果我们根据投资组合波动率对风险敞口进行建模，并不专门考虑肥尾效应，我们的"最大"亏损为12 028美元[3]，即使考虑肥尾效应也不难。如果我们有代表性的数据样本，我们可以直接使用数据，而不是从波动率的评估出发。比如说，如果以1976年2月至2019年1月期间的月收益率直接衡量这笔投资组合的风险敞口，其亏损就会增加约一倍，达到23 972美元。

如前所述，肥尾效应非常重要，而波动率并不是亏损敞口的最优衡量标准。理财规划师、基金经理、咨询师、个人投资者以及参与投资管理的每个人，都需要在某个时点确定他们（或他们所代表的最终投资者）的风险承受能力，并相应调整投资组合本身的风险水平。如果忽略肥尾效应，就会导致我们低估亏损的风险，并造成投资者承担的风险远远超过他们的风险承受能力。

当然，风险承受能力本身就是一个模糊的概念。几年前，一位客户就曾问过我和马克·克里兹曼：我们应如何精确衡量自己的风险承受能力？像往常一样，克里兹曼给出了一个半开玩笑似的回答：

> 麻省理工学院从神经化学物质出发，对人的风险承受能力进行了研究。比如说，血液内拥有较高水平某种酶的个人可能有较高的风险承受能力。但我们的客户认为，血液检测的想法过于前卫。

调查法似乎就没那么激烈了。我们可以向投资者提出问题，比如说：“你在一年内可以承受的最大亏损是多少？”智能投资顾问就依赖这些问题为个人创建投资组合，无须人工干预。显然，这种方法需要对亏损风险作出合理评估，并充分考虑肥尾效应带来的影响。否则，我们在为投资者选择投资组合时，就会在亏损敞口和投资者风险承受能力之间造成危险的错位。

几十年来，关于肥尾效应的问题已广为人知，并在学术界和整个行业引发广泛讨论。正如麻省理工学院罗闻全教授在 2001 年发表的《对冲基金的风险管理》一文中作出的解释：

> 众所周知，财务数据……具有高度的非正态性，也就是具有非对称分布、高度偏斜等特点且往往具有多模态性而且带有肥尾效应，这意味着，投资会出现远多于正态分布所预期的“罕见”事件。

虽然我相信罗闻全不会接受我在本书中提出的很多概念，但纳西姆·塔勒布显然提出了一个更有效的观点：肥尾效应经常被人们忽略，即便是那些本应更了解肥尾的超级天才也不例外。肥尾效应确实非常重要，因为在构建投资组合时，资产配置者必须预测亏损风险。譬如，让我感到不可思议的一件事：在讨论夏普比率时，很多深谙肥尾效应如何影响亏损敞口的专业投资者竟然对肥尾效应熟视无睹。显然，我们原本就不应使用夏普比率对卖出期权的策略（如大多数另类投资）与传统资产类别、投资策略和产品做比较。但这样的比较似乎无处不在。

2019 年年初，我在纽约参加了一场关于风险溢价的会议。在讲台上，几位投资专家讨论了风险溢价对投资组合发挥的作用。会议笼罩在阴郁的气氛中，毕竟，2018 年这些策略几乎是无效的。除一位显然是销售人员的与会者（在这种场合中往往会自称为“产品经理”）以外，其他人士均为专业基金经理。在多头套利或空头期权的风险溢价这个话题上，所有提及“高夏普比率”的说法都让我感到无法接受。

在前面提到的罗闻全关于肥尾效应的文章中，他提供了一个引人入胜的案例。根据 1992 年 1 月至 1999 年 12 月期间的月度数据，罗闻全模拟出一种无须任何投资技巧的神秘投资策略：没有分析，没有预测，也不涉及任何判断。在会议演讲中提到这个案例时，我通常会说，“这种策略太简单，即便是猴子也能做到”，当然，这确实有点夸大其词。

尽管这种策略非常简单，但在罗闻全的回测中，这种神奇策略确实让标普 500 指数的夏普比率翻了约一番——从 0.98 增加到 1.94。在 1992 年 1 月至 1999 年 12 月期间，收益率下跌的时间只有 6 个月，而标普 500 指数在同期内出现下跌的时间则是 36 个月。对此，罗闻全以嘲讽的语言称：“从所有方面来看，这都是一只非常成功的对冲基金，它的业绩记录肯定会让大多数基金经理羡慕不已。”

然后，罗闻全介绍了这种模拟策略的细节：做空标普 500 指数的价外看跌期权。从本质上说，该策略会增加尾部风险。正如第 9 章提到的货币套利策略，它就像是在压路机面前捡硬币。罗闻全对此总结道：

> 在做空标普 500 指数的价外看跌期权的策略中，收益在大多数时候为正，很少会出现亏损；但只要出现亏损，就必然是极端性的。这是一种难以通过标准差等静态度量方式概括的特殊风险类型。

罗闻全的意思是说，与共同基金的透明度相比，非透明性的庇护可以让对冲基金经理（很多对冲基金经理采取了“黑匣子”似的运行方式）使用这种策略润色投资业绩。但需要提醒的是，他并不是说，在金融市场上做空期权是错误的，毕竟，机构投资者对保险期权的巨大需求已经证明了这一点。有些实体需要提供保障措施，那就需要以保险费吸引他们从事这项业务。罗闻全担心的是此类策略影响对冲基金本身的风险管理，但最重要的可能是影响机构投资者（如使用夏普比率选择投资的养老金计划）的风险管理。如前所述，在涉及风险预测的各个方面时，高阶矩的影响最为关键。

25 个西格玛事件发生概率有多低?

在 2008 年和 2020 年这两次的金融危机中，高阶矩这一事实均显露无遗。2008 年，凯文·多德（Kevin Dowd）、约翰·科特（John Cotter）、克里斯·汉弗莱（Chris Humphrey）和玛格丽特·伍兹（Margaret Woods）发表了一篇极具讽刺色彩的文章，题为《25 个西格玛事件有多不幸?》。他们在文中阐述了基于正态分布的风险预测模型的局限性。

如果不考虑非正态的高阶矩特征，某些极端性损失几乎是不可能出现的。4 位作者在文中引用了高盛集团及花旗集团高管的话，他们似乎认为，正态分布的概率可以解释亏损是多么“不幸”或无法预测。但显而易见的是，风险模型本身就是错误的。因此，援引文中高盛首席财务官的话：“我们已连续几天看到 25 个标准差的波动。”

多德等研究者认为，对 7 个西格玛事件或 25 个西格玛事件来说，应该是在 3 105 395 365 年内只会有一天出现的事情。他们对这样的发生概率给出了直观性解释：

> 5 个西格玛事件相当于自上个冰河时代结束以来预期最多只会发生不到一天的事件。6 个西格玛事件相当于自智人从早期灵长类动物进化而来最多只发生不到一天的事件。至于 7 个西格玛事件的出现就更不可思议了：相当于自地球上首次出现多细胞生命以来全部时长的 5 倍时间内，发生的频率不到一次。

然后，他们又解释了 25 个西格玛事件发生概率的无穷小性质：

> 这些数字绝对可以按宇宙学的尺度进行衡量，它们的基数完全可以与宇宙中的粒子数量相提并论，根据计算，这个概率的分母介于 1.0E+73 和 1.0E+85 之间。如果将发生一次 20 个西格玛事件的概率表示为以年为单位的预期周期，那么，这个周期的具体数字大于宇宙中粒子数量上限的 10 倍。而一次 25 个西格玛事件对应的预期发生周期是在 20 个西格玛事件的数量级上增加 52 位。

不过，这项分析使人对高盛“连续几天”看到不可能的小概率事件有了新认知。

公平地说，我认为高盛首席财务官的说辞只是想说明市场波动的不可能性，而不是说不存在肥尾效应，或者我们应使用正态分布评估这些亏损的可能性。回头看，2007 年、2008 年和 2009 年第一季度的事件依旧很不寻常。但是在事后看来，最能解释这场金融危机根源的是次级贷款的过度投机性，以及建立在此基础上的纸牌屋式衍生品过度泛滥。但在那个时候，大多数风险预测模型的构建均未考虑到这种不被人关注的潜在风险。

或许这就是塔勒布如下这番话的蕴意：黑天鹅存在于超越常规预期

的范围之外，因为过去发生的一切都无法令人信服地指出其可能性。但是2007年之前，当时的很多迹象均表明这种不可能事件的可能性。结构性产品的信贷利差过去从未达到如此高的水平，而且整个体系中积聚了前所未有的压力。

10年后，随着资产价格在各个市场上纷纷创下新高，我们的资产配置委员会也开始不断反问自己："过度投机，潜在风险到底隐藏在何处？"换句话说，泡沫是否会被刺破？答案不得而知。风险资产在危机后的反弹，很大程度上得到基本面支持。投资者正在变得更加谨慎。有些人将这次复苏称为不受欢迎的牛市。

加密货币存在泡沫，但它已经在缓慢地收缩，到目前为止，并未造成系统性后果。但某些蛰伏的风险确实让我们担心，比如说，全球范围内前所未有的政府债务水平和零利率的长期维持。

随着2020年新型冠状病毒暴发，相关的事件不断发酵，专家们已开始把这场危机与2008年全球危机相提并论，但两者之间存在重要差异。2008年的危机主要因房地产投机泡沫而来，这场危机的系统性风险极高，在很大程度上源自银行过度持有泡沫性结构性产品。高风险次级贷款原本便岌岌可危，而站在它肩上的这个由层层交错、复杂结构性产品及衍生品造就的大厦，更是摇摇欲坠。

2020年，金融机构并没有被卷入这场"暴风雨"。但新型冠状病毒则将带来前所未有的经济冲击——它无疑相当于经济领域的急性心脏病。小企业、无数加杠杆企业和消费者都无一例外地要面对风险。货币与财政当局也祭出它们的经济除颤器，实施了一揽子的降息、回购资产以及价值数万亿美元的财政刺激政策。当我完成本书的时候，我们对这场冲击可能带来的全部影响还不得而知。

资产配置者可以利用风险状态的概念对潜在风险建模，甚至还可以直接预测潜在风险。我们曾在第 9 章介绍尾部相关性的背景下讨论过风险状态。如果市场在高波动状态和低波动状态之间振荡，我们就应预期到肥尾效应的存在。

按照这个概念，肥尾效应完全属于另一种概率分布——市场陷入去风险状态。其特点体现为投资者恐慌、流动性事件和主动避险意识。如果把两种正态分布（加风险与去风险，或者说“安静”与“动荡”）结合起来，我们就可以得到一种高度非正态的分布。换句话说：

正态分布 + 正态分布 = 非正态分布

在这种情况下，25 个西格玛事件可能源于风险规避性分布生成的 1 个西格玛事件或 2 个西格玛事件。比如说，当标普 500 指数下跌时，高收益债券资产会呈现出完全不同于正常时期的波动率。

当标普 500 指数在一个月内下跌 7% 或更多时，其年化波动率相当于 31%。但是按照其他数据集（即标普 500 指数收益率为 −7% 或更高月份的数据），年化波动率仅为 9% [4]。在这里，我们根据标普 500 指数月收益率的任意临界值（−7% 及以上）对状态进行定义，但也可以采用几种更先进的方法解读风险状态。

1999 年，乔治·周、埃里克·雅奎尔（Eric Jacquier）、马克·克里兹曼和肯尼斯·洛瑞（Kenneth Lowry）关于马氏距离（mahalanobis distance）的文章（我们将在第 14 章进行深入探讨）以及马尔可夫切换模型（markov-switching models）采取的方法。当然，我们还可以采用高收益债券收益率的临界值，但在这里选择标普 500 指数的 −7% 收益率作为临界值，目的在于让状态的定义更有“系统性”。毫无疑问，美股是衡量整个市场风险偏好与风险规避情绪的良好指标。

如果我们假设高收益类债券的年均收益率在正常状态下为 7%，在风险规避状态下年均收益率为 -10%，那么，我们就可以对如下两种正态分布进行建模：

正常状态：平均收益率为 7%，波动率为 9%

避险状态：平均收益率为 -10%，波动率为 31%

两种分布的偏态均为零，峰度为 3，这也是我们对正态分布的正常期望值。换句话说，当偏态为零且峰度为 3 时，不存在肥尾效应。为定义这些状态，我对月收益率进行了过滤，然后以年化数字代表平均值和波动率。尽管月收益和年收益分布之间的这种转换需要借助心理学和数学理论，但这些技术细节与示例本身的内容无关。

假设我们在任何既定年份转换为风险规避状态的概率为 5%。也就是说，95% 的情况下，我们仍会维持“正常”状态。我们可以在模拟中利用这些状态概率。我们的目标是把两个分布叠加起来，从而模拟出考虑状态转换方式的高收益债券的收益率。这个过程非常简单，而且非常有趣。只需不到 5 分钟的时间，我们就可以让非量化专业人士对风险状态获得直觉性认识。如下是采用电子表格进行的建模示例：

针对每个状态模拟一系列收益率数据，比如 10 000 个观察记录。在第一列中，我们复制以下公式并粘贴 10 000 次，合计得到 10 000 行数据：

= NORMINV（RAND（），7%，9 %）

在第二列中针对风险规避状态重复上述操作：

=NORMINV（RAND（），−10%, 31%）

在第三列中，使用 RAND（）函数从 0~1 中随机抽取一个数字，同样重复 10 000 次。

在第四列中，根据 RAND（）函数的计算结果，使用 IF 函数选择模拟收益率。当且仅当随机抽取数值为 0.05 及以下时，从风险规避状态中选择收益率。否则，选择正常状态下的收益率。

假设正常状态的收益率位于 E 列，风险规避状态的收益率位于 F 列，RAND（）函数位于 G 列。另外，我们假设模拟从第 4 行开始。采用如下公式进行模拟：

=IF (G4 < 0.05 , F4 , E4)

包含状态转换的模拟收益率分布（第四列）的偏态为 −1.65，峰度为 12.6。尽管这个分布源于两个正态分布（同样验证了前述结论，正态分布 + 正态分布 = 非正态分布），但它极端厚尾。在这种情况下，由 6 个、7 个甚至更多西格玛事件所代表的极端性亏损，就不会像"宇宙历史上只发生过一次"或其他类似说法那么罕见。按照前述"25 个西格玛事件有多不幸？"，整个行业可能低估了这种基于状态的风险预测框架的威力。

然而，金融界和量化专业人士已开发出大量对状态进行定义和预测的模型。2012 年，在马克・克里兹曼、大卫・特尔金顿和我联名发表的论文《状态转换：修正动态战略的含义》中，我们阐述了如何使用马尔可夫切换模型来定义状态。在前述高收益类债券的示例中，我们采用

–7% 的股票收益率作为风险规避状态的临界值。但如果根据“最大似然法”（maximum mikelihood）来定义状态，我们就可以减少噪声的干扰。为此，在这篇论文里，我们指出，由于忽略了状态的持续性，因此，临界值会比高级分析技术发出更多错误信号。

正如我们在讨论风险预测时所看到的，不同资产类别的波动率至少要维持数月。假设我们观察到一个良性收益率，接近正常状态下的长期平均值，在这种情况下，如采用临界值方法，我们就会将这个收益率归类为正常状态下的一部分。

但如果连续观察到几个极端收益率，这些结果更有可能属于震荡状态，而且下一个观察结果呈不稳定性将成为大概率事件。用一个比喻来说明：在遇到湍流时，飞机依旧有可能会稳定地滑翔几秒钟。

如果你像我一样天生多疑，你可能会认为这肯定还没结束。你会认为，如果飞机在前几分钟始终颠簸震荡，那么它继续经受湍流的概率会高于之前气流保持稳定的状态。我们在论文中采用的高级分析技术揭示了一个事实：和空气湍流一样，资产收益率（以及基本面和经济数据）也倾向于聚集。

此外，最大似然模型还很好地反映了相对波动率。假设状态 1 比状态 2 有更高的平均收益率，但波动率也更高，在这种情况下，几个较大的负收益率可能来自状态 1，即使它的平均收益率高于状态 2。

在我看来，不管怎样定义状态，最有趣的方面在于，我们可以为用于风险预测的状态指定概率。从历史数据看，和空气湍流一样，状态在各月之间具有高度持续性。比如说，在《状态转换：修正动态战略的含义》一文中，我们指出，在数月内维持当前股市震荡状态的概率为 90% 或更大。这个转换概率构成了马尔可夫切换模型的基础。在这篇论文的附录中，我们提供了评估该模型的 Matlab 代码。

尽管如此，这些改进都属于详细的技术细节，而且基于状态的方法甚至适用于不打算接触这种深度计量经济学的投资者。我们完全可以采用更简单的方法——不妨回到高收益债券的示例。我们假设，次年发生经济衰退的可能性为 10%，而且我们假定市场尚未消化这种风险。在这种情况下，我们对风险规避状态指定 10% 的权重，而不是之前采用的 5%。这样，我们就会得到一个更具肥尾特征的混合体。

投资者应充分关注风险预测的这个关键前提：我们可以将历史数据解析为状态，然后采用前瞻性概率重新指定其权重。这些概率应依赖于当前条件：货币政策是宽松还是紧缩？市场估值是否特别高？股票收益率让人振奋还是令人失望？

该框架为我们提供了一个难得的机会：以连贯而透明的方式把基本观点与量化方法结合起来。量化专业人士应以判断和经验确定前瞻性概率，而基本面投资者则需要依赖数据来定义状态。

攻守兼备：情景分析法

评估尾部风险的另一种方法是情景分析法，也称为压力测试（stress testing）。与风险状态模型一样，情景分析法通常需要把量化输入与基本输入结合起来。在普信集团的全球多资产业务部门，我们以多种多样的历史情景和前瞻性冲击对 200 多个投资组合进行了检验。

最简单形式的历史情景分析法直截了当，即以当前资产类别的权重乘以历史危机中对应资产类别的收益率：

当前资产类别的权重 × 历史危机中对应资产类别的收益率

假设投资组合资金中的80%投资于股票，20%投资于债券，现在，我们想知道这个投资组合在另一场金融危机（类似2008—2009年期间的金融危机）中表现如何。我们只需将股票在危机期间的收益率乘以0.8，再加上债券在危机期间的收益率乘以0.2：

$$\text{危机期间的股票收益率} \times 0.8 + \text{危机期间的债券收益率} \times 0.2$$

这个模型有很多用途：财务顾问可以使用该模型帮助客户合理评估自己的风险承受能力；资产配置者可以据此对投资组合进行压力测试，以确定投资组合的多元化；理财计划的发起人在此基础上合理设计投资期望；等等。

在第14章讨论尾部认知投资组合的构建时，我们将再次考虑情景分析法，但正如第9章讨论多元化失败时所言，我们的行业特点决定我们必须从后台（事后报告）转移到前台，并在那里制定投资决策。

历史上的危机实例包括：1987年10月的股市崩盘、2008年6月至2009年2月期间的全球金融危机、2011年8月至2011年9月期间的美国债务评级下调、2013年5月至2013年6月的缩减恐慌和2020年的新冠肺炎疫情危机。对于按基准管理的策略而言，投资者同样需要考虑市场的上涨。如果主动型组合的风险低于基准水平，那么在市场反弹（“熔断”）中，投资组合业绩的滞后程度会如何呢？例如，2016年3月至2016年12月，投资者可以在情景仪表板中纳入再通胀情景。

当然，情景的定义并不是一门精确科学。我们必须对每个历史事件的开始和结束时间进行判断。我发现，高峰和低谷的情景尤其有参考价值，因为它们与最大回撤的概念相关。当我们把市场的高峰作为起始日期，把市场低谷作为结束日期时，我们会问：“它到底会变得有多糟糕？”

在这种研究历史情景的简单方法中，一个重要但却经常被忽视的问题就是资产类别会随着时间的推移而变化。标普 500 指数中，不同板块权重的波动率就是一个例子。在标普 500 指数中，最不稳定的板块当属科技板块。该板块在指数中的权重最初为 5%，到 1999 年的互联网热潮期间，权重达到 29% 的峰值。在 2005 年，科技板块权重再次跌回 15% 的低谷。随着科技巨头（例如亚马逊、苹果）的崛起，科技板块的权重回升到 21%。

随着时间推移，标普 500 指数对周期性行业的敞口越来越小。2007 年，也就是全球金融危机之前，金融和能源行业在标普 500 指数中权重为 31%。2019 年，这两个行业仅占标普 500 指数市值中的 19%。在此期间，工业和材料行业的权重也有所下降[5]。

因此，不仅下次危机会有所不同（因为危机总是如此），而且美国股市对新一轮危机的敏感性也会不同。大盘指数应对影响市场周期性的经济衰退有更强的忍受力，在新冠病毒大流行时期的市场表现足以证明这一点。如果金融和能源板块在标普 500 指数中的权重仍为 31%，而大型科技公司在指数中的权重不足，那么指数会因金融和能源的暴跌而大幅下跌。

行业板块权重的这些变化，还会导致针对标普 500 指数的估值比率时间序列分析不再可靠。对于周期性股票较少、以科技股为主的标普 500 指数，2019 年的 16 倍市盈率自然不同于 20 世纪 70 年代初期的 16 倍市盈率。而导致问题复杂化的另一个主要因素是，科技公司本身的性质也发生了变化，1999 年互联网公司大多没法盈利，购买那些公司的股票是高风险投机，而发展到现在的互联网公司都成了现金奶牛。

在第 1 章，我们讨论收益率预测，并比较了希勒和西格尔的方法，在发表诸如“市场比历史更宝贵”这样的声明时，我们没有对行业敞口进行合理调整。但是在实践中，这种调整可能非常重要。它们可能会揭示出，市场其实并不如看上去那么宝贵。在情景分析法中，估值也很重要。高市盈率往往表明市场脆弱，尾部事件发生的概率较高。

新兴市场的股票为我们提供了一个更有说服力的例子，让我们看到资产类别如何在不知不觉中发生巨大变化。与几年前相比，这一资产类别已呈现出巨大变化。事实上，它看起来甚至已不再是我们熟悉的那个资产类别。正是因为这种变化，大多数未经调整的涉及新兴市场股票的历史分析（波动率、相关性评估、情景分析法、估值等）已不再适用。在 2017 年，发表于《金融时报》上的一篇文章《被陈词滥调所困的新兴市场资产》中，作者乔纳森·惠特利（Jonathan Wheatley）说：

> 2014 年 11 月……科技股在基准摩根士丹利新兴市场股票指数中的权重超过能源和材料类大宗商品股的权重，而大宗商品股被很多人视为新兴市场的象征。
>
> 这种转变是戏剧性的。2008 年年中，当大宗商品的超级周期全面展开时，能源和材料类公司权重超过摩根士丹利新兴市场股指权重的 1/3，而科技公司仅占 1/10。但 2014 年 10 月，大宗商品板块的市值仅为新兴市场总市值的 1/8，而科技公司的权重则超过 1/4。
>
> 这应该不足为奇。新兴市场的头部科技公司包括中国的互联网三巨头——腾讯、阿里巴巴和百度，当然还有很多历史悠久的品牌，如中国台湾的鸿海和台积电以及韩国的三星电子等[6]。

今天，新兴市场的股票正在变得越来越“高科技化”，对大宗商品的依赖程度不断降低，消费板块也开始成为市场主力。和标普 500 指数一样，在其他条件相同的情况下，该资产类别应比以往更善于抵御传统形态的经济衰退。此外，尽管政治危机仍时有发生（土耳其和委内瑞拉在 2018 年爆发的事件证明了这一点），但大多数新兴市场国家目前均拥有可观的经常项目差额（current account balances）。市场传染的风险似乎有所降低。截至 2020 年上半年，新兴市场对市场打击的承受力远超过以往危机时期（相对而言）。

在固定收益市场中，资产类别内部因子敞口（factor exposure，即贝塔系数）的变化会影响到它们如何对宏观经济冲击做出反应。这对指数投资者来说确实是个问题。以巴克莱综合指数（barclays aggregate）为例[7]，2008 年年初，也就是在全球金融危机的前夕，美国国债在该指数中的占比不到 25%，而现在，它们在该指数中的权重已接近 40%。不同于按供需调节市值权重的股市，在固定收益市场中，指数的权重主要由供给驱动。发行人的债务越多，他们在指数中的权重就越大。正是这种反常效应，导致市场始终对债券进行被动指数式投资方法的抵触。归根结底，这样的描述似乎过于简化，好在这里只是为了说明问题。

后危机时代的财政刺激以及居高不下的预算赤字迫使美国政府不断举债。这导致美国债务占 GDP 的比例已从 2007 年第四季度的 63% 升至 104%[8]。借款的增加可以解释美国国债在指数中相对权重的上升。在理论上，它会让指数更有能力抵御市场风险的冲击。

还可能出现这样一种情况：政府过度借债会降低债务的信用质量，以至于美国国债不再是值得信赖的避险资产类别。尽管这种情况现在似乎还不太可能，但美国债务所面对的前所未见的情景，或许会让美债成为塔勒布所说的黑天鹅。

美国政府债券在 2011 年被下调信用等级。当股市下跌时，尽管国债信用评级遭遇下调，但出乎意外的是，它仍是市场上最理想的避风港。

毕竟，在哀鸿遍野的市场中，投资者还有别的选择吗？

即便如此，未来仍有可能出现转折点。国债或许会成为风险资产。除通货膨胀风险之外，违约风险也开始推波助澜，成为债务波动率的罪魁祸首，最典型的例子莫过于意大利的政府债务。意大利政府已投入超过 2 万亿美元的财政资金应对 2020 年的疫情危机，但结果难料。

与此同时，巴克莱综合指数的久期也在增加，从 2005 年的平均 4.5 年增加到 2019 年的 6 年，其拐点同样是 2008 年全球金融危机。在危机爆发之前，久期在数据系列起始点开始的 20 多年内保持稳定。在危机以后，久期持续稳步攀升，这意味着，指数对利率变动开始变得更敏感。

在美联储于 1994 年开始实施紧缩银根政策时，如果我们对这轮意外利率冲击进行历史情景分析，我们必须下调历史资产类别的收益率，以体现指数目前更长的久期。按照 6 年的久期，利率上升 1 100 个基点大致相当于价格下跌 6%（–6 × 1%）；相比之下，按 4.5 年的久期，同样的利率上涨仅相当于价格下跌 4.5%（–4.5 × 1%）。久期变长源于公司发行的债券。公司，尤其是从事工业部门的公司会利用低利率的市场时机发行长期债券。在利率下降时，由于收益曲线的凸性会造成久期变长，但这种影响相对较小。

通过另一种方式也会增加美国债券被动敞口的风险：尽管美国国债在指数中的权重有所增加，但信用质量却在下降。根据巴克莱美国综合指数在 2008 年 1 月至 2020 年 2 月期间的数据，如果剔除美国国债和证券化债券，优质债券（评级为 AAA 或 AA）的权重将从 21% 下降到 2%。因此，高风险债券（评级为 A 或 BAA）在公司债券中的权重从 89% 增加到 98%，在整个指数中的权重从 15% 提高到 23%。

因此，以指数历史收益率为基础的风险规避情景可能会低估亏损敞口。在 2020 年上半年，随着疫情暴发与油价事件冲击，信用状况的恶化也开始日渐清晰。在跨资产类别中还有很多这样的例子：美国小盘股持续贬值，价值股的周期性不断加强。

总之，由于资产类别会随着时间而变化，因此，在根据历史资产类别的收益率进行简单的情景分析时，可能会低估或高估亏损敞口。

因子分析（factor analysis）为这个问题提供了一个简单的解决方法。在过去 10 年中，因子和风险溢价已成为投资者关注的焦点，为此，我们将在第 12 章深入讨论这个话题。在风险模型中，资产类别可以表示为相关风险因素的集合，如股票贝塔系数、价值、增长、动量、利率久期、信贷久期和货币。

风险因子涉及所有资产类别，这意味着，若干资产类别可能会受相同风险因子的影响：非美国资产类别也要承受相同的货币因子；固定收益资产类别可能会承受共同的利率久期风险；股票资产类别要面对行业和国家因子的共同风险；房地产、对冲基金和几乎所有的风险资产都面临股市贝塔系数的风险；等等。

对基于因子的情景分析法而言，我们可以用风险因子敞口代替资产类别的权重，以风险因子的收益率替代资产类别的收益率。我们将此模型用于资产类别收益率：

当前资产类别权重 × 上一轮危机期间的资产类别收益率

对风险因子模型，我们可使用如下方法：

当前风险因子敞口 × 上一轮危机期间的风险因子收益率

至于如何把资产类别转换为风险因子敞口，业内尚未达成共识。

现在，我们不妨看看普信集团的情景分析法：首先，我们利用风险系统生成证券层面因子的映射点位；其次，我们在资产类别和投资组合层面汇集这些映射。

不同于基于资产类别的情景，基于因子的情景依赖于当前敞口。例如，巴克莱综合指数就是根据当前久期建模的，新兴市场股票依赖当前行业敞口进行建模，等等。我的客户指出，有些风险系统的供应商把这种方法称为“前瞻性”策略。这显然有夸大其词的嫌疑，因为基于因子的情景依赖于历史因子的收益率，但这个模型至少规避了同一资产类别内的因子敞口随时间变化的问题。

我们不妨假设：截至 2019 年 1 月 31 日，你持有以下由 60% 股票和 40% 债券构成的典型资产组合，且全部投资于被动管理型基准指数。其中，42% 投资于美国股票（罗素 3 000 指数），18% 投资于非美国股票（摩根士丹利不包括美国在内的全球指数）;32.5% 投资于美国债券（巴克莱综合指数），7.5% 投资于短期的通货膨胀保护债券（巴克莱 1～5 年期美国通货膨胀保值债券）。

根据当前的因子敞口，我们在表 11.1 列示了不同历史环境下的潜在亏损及收益[9]。

表 11.1　情景分析法示例

开始日期	结束日期	情景	收益率（%）
2008 年 6 月	2009 年 2 月	全球金融危机	-29
2008 年 9 月	2008 年 10 月	2008 年 9 月和 10 月	-19
2013 年 5 月	2013 年 6 月	缩减恐慌	-1
2016 年 3 月	2016 年 12 月	通货膨胀再次兴起	11

我们的风险系统还考虑了活跃头寸。对每一种情景，我们都可以利用归因模型（attribution model）得到详细的假设归因。我们的模型可以把收益分解为证券选择、战略性资产配置和战术性资产配置的贡献。然后，它又进一步将这些收益分解为资产类别、因子和证券层面的贡献。

放大和缩小决策层面的能力非常重要。比如说，我们可以进行这样的陈述："考虑到目前的风险敞口，如果要面对另一次类似于 2008 年的情景，我们在美国成长股中进行的证券选择将会带来 X% 的亏损（其中，Y% 的亏损来自对 XYZ 公司的投资，这是一家大型科技公司），对股票的战术性减持就会带来 Z% 的收益，而对高收益类债券的战略性增持则会造成 A% 的亏损。"

这种基于因子的方法显然存在缺陷，因为以风险因子来描绘投资组合往往很困难，某些风险敞口包含大量无法解释的波动率（所谓基于非因子的波动率或"异质性"波动率）。例如，要对因子敞口较小或不稳定的绝对收益策略建模绝非易事。假设一只对冲基金目前仅持有很少的股票贝塔系数，但随着时间推移，它往往对股票形成大量的定向敞口。当基金恰好持有最小的股票敞口时，我们对组合的评估可能会低估亏损敞口。在这种情况下，我们或许应使用长期平均值，而非当前敞口。

还有个关键问题：每一次危机都是不同的。这或许是一个显而易见的道理，但是在情景分析法下，这个道理尤为重要。对很多投资者而言，在 2020 年，有一点似乎同样显而易见：为应对过去一场危机而创建的投资组合，在下一场危机面前或许弱不禁风。比如说，结构化投资组合确实对科技股泡沫的破裂有较强的承受力。1999 年 12 月 31 日至 2002 年 12 月 31 日，标普 500 指数暴跌 38%，同期，巴克莱商业抵押贷款支持证券（CMBS）指数则上涨 44%。因此，CMBS 为股市下跌提供了良好的对冲保护。

现在，我们不妨浏览一下 2008—2009 年期间的全球金融危机，情景似乎截然不同。在 2008 年 9 月 19 日至 11 月 20 日的这 3 个月内，标普 500 指数暴跌 40%，同期的，CMBS 指数同样应声下跌 37%。按风险调整的基础衡量，CMBS 指数的这一变动显然是极端性的。它仿佛把我们带回类似“25 个西格玛有多不幸？”的讨论中。从 1997 年第一季度开始，到 2008 年第二季度出现下跌之前，CMBS 指数的季度波动率为 2.4%。因此，37% 的下跌相当于 15 个西格玛的事件[10]。

在 2008—2009 年经济危机后，我曾拜会一位资深的银行高管，就情景分析法进行了探讨。他向我展示了一张包含危机前数据的结构化信用利差表。在 2008 年前，信用利差线完全是水平的，几乎没有表现出任何波动。银行将大量资金配置这些房地产的产品，以充分在风险、收益及监管（资本费用）方面享受免费午餐。随后，他又反问我：“这是我们当时掌握的数据，但谁能预测到我们在危机期间面对的市场波动呢？”

我当然无法回答这个问题。风险价值的量化模型依赖于历史数据，而且在潜在风险尚未实现的情况下，这些模型会呈现出虚假的安全感。对于这场危机，市场上绝对不缺少反思。而且我记得，有些思想领袖确实在崩盘之前敲过警钟，比如“末日博士”鲁里埃尔·罗比尼（Nouriel Roubini）以及罗伯特·希勒等人。

我的观点是，稳健的情景分析法也离不开前瞻性情景。大多数量化分析师不愿意接受“虚构”情景，但不可否认的是，风险因子法是艺术、基本判断和科学的结合体。我们可以指定假设的因子收益率，而不是历史因子收益率：

当前的风险因子敞口 × 假设的因子收益率

常规性做法就是把市场冲击归结为 1~2 个因子，通过它们把这些冲击传递给其他因子。在本质上，我们使用因子之间的贝塔系数（敏感性）。假设股市下跌冲击的风险因子为 −20%。为了将冲击传递给信用利差，我们可以把 −20% 乘以信用和股票之间的贝塔系数。此外，我们还可以根据因子之间的均值（预期收益）差对传递的冲击进行调整[11]。当然，只要能评估非金融因子和金融因子之间的贝塔系数，我们就可以用这种方法考虑 GDP 增长率和通货膨胀率等非金融因子受到的冲击。

如果冲击不会进行延伸传递，我们就会作出非常错误的假设：其他因素在压力下会保持稳定。比如说，如果我们孤立地让股票因子遭遇冲击，那实际上就相当于假设信用利差、货币、利率等继续保持稳定。考虑到风险资产之间的高度相关性，因此，对大多数投资组合而言，孤立（即冲击没有传播）的超级个别因子无疑会低估亏损敞口。

即使考虑冲击传播，在实践中，投资者应用该框架的方式也会出现另一个问题。这与我们在第 9 章所述不稳定相关性与贝塔系数有关。在压力事件期间，如 2020 年的全球疫情，股票和利率之间的贝塔系数可能会变为比绝对值更大的负数，而其他所有贝塔系数几乎都会大幅提高。但大多数风险模型仍依赖于近期贝塔系数，而非压力贝塔系数。在 2020 年，很多投资者意识到，其投资组合的信用风险已明显超出预期，而且这种信用风险在本质上属于间接股权风险。

当我们假设某个风险因子遭遇冲击，并据此推断其他相关风险因子的变动时，我们应使用压力贝塔系数。不妨用一个简单的例子说明这个问题：截至 2019 年 2 月 28 日，按照过去 12 个月的数据，股票因子和信用因子之间的贝塔系数为 0.13。因此，股票因子遭受 −10% 冲击时，转化为信用因子敞口的损失为 −1.3%，即 0.13 ×（−10%）。但是在 2008 年 12 月 31 日，过去 12 个月的贝塔系数为 0.48，转化为遭遇传播冲击后的信用因子敞口亏损则为 −4.8% [12]。

在 2012 年的《极端风险状态下的资产配置》一文中，作者斯泰西·库夫（Stacy Cuffe）和丽莎·戈德伯格（Lisa Goldberg）解释了如何根据压力测试的性质调整衡量传播冲击的敏感性（协方差 / 贝塔系数）：

> 谨慎的方法或许就是以史为鉴，从中发掘具有一贯性和规律性的协方差矩阵预测结果。比如说，当一名基金经理预期美国经济正处于长期反通货膨胀的边缘时，在反通货膨胀历史时期形成的压力协方差矩阵背景下，他就有可能希望把这种观点体现在自己的资产配置中。2008 年的金融危机催生了反通货膨胀制度，导致通货紧缩。在评价资产类别在通货紧缩或反通货膨胀期间的收益表现，基金经理既可以根据相关历史时期观察样本进行平均加权结果构建协方差矩阵，也可以采用相关状态的分析日期获得历史上的指数加权移动平均法（EWMA）协方差矩阵。

尽管存在诸多复杂要素，但这种方法确实非常有效，因为它允许投资者指定以前可能没有发生过、但在当前条件下可能发生的冲击或冲击组合。而冲击传播模型则允许投资者针对有限数量的因子发表意见。

这里显然没有未卜先知的锦囊妙计。如果投资者对未来可能发生的冲击毫无预见性，这个模型显然意义不大。先前拜访的银行高管告诉我，没有人能预测 2008 年危机期间出现的利差震荡，除非有人嗅出结构性信用利差大幅上涨的风险，否则，他永远都不会利用这个模型把握市场走势。这在很大程度上依赖于投资者的看法，而投资者的观点才是真正的附加值。模型本身只是为了强化一致性，将这种方法扩展到若干投资组合及因子。

到目前为止，我们已经讨论了如何利用情景分析法进行“防守”：更好地理解肥尾效应，校准和对冲亏损风险，保护投资组合的安全。但是在实际中，面对压力，大多数投资者会承认，他们在构建投资组合后才进行情景分析，也就是说，把情景分析法作为一种无足轻重的活动去安抚客户，或许也是给自己吃一颗定心丸——他们的投资组合不会面临过度风险。总而言之，我很少看到情景分析法给构建投资组合带来实际意义的影响。

相反，拥有前瞻性宏观视角的投资者和分析师可以利用情景分析法发起“进攻”。在策略框架中，我们可以针对增长率和通货膨胀率的不同组合设定各种宏观情景。这样，我们即可将不同的交易与情景模式进行合理匹配。这些交易可以在不同的货币、国家、利率以及价差区间等组合条件下实施。此外，它们也可以是多头、空头或多空仓位的操纵。有些交易可能旨在创造超额收益，有些交易可能定位于降低风险。此外，它们还可以为每个情景指定概率。

依照惯例，在这个过程中，一个重要部分就是理解市场预期以及市场预期偏差如何影响资产收益率。尽管说起来容易，做起来难，但有一点不容置疑：情景分析法对投资决策的影响远超很多投资者的想象。在第 14 章讨论单周期投资组合的优化时，我们将看到如何把情景分析法直接融入资产配置的决策中。

难以置信的风险误测？却频频发生

肥尾效应当然不易预测。即使是在事后（回测）的分析中，它们也常常会导致对风险进行误测。而基于状态的模型和情景分析法则有助于我们减少这些错误预测。

在开始构建投资组合之前，我们首先要考虑造成风险预测误差的另一个来源。出现这种错误的概率高得似乎令人难以置信，即便是投资专业人士和风险管理者也会频频出错，但它造成的影响却远超我们迄今为止所讨论的全部要素。一旦被揭示，这种错误就会变得显而易见。

2017 年 12 月 31 日，我在加利福尼亚州纽波特海滩与 3 位老朋友共进早餐。我们品着香槟，就比特币进行了一番辩论，就在一周之前，比特币的收盘价突破 14 000 美元。其中两个朋友均看好加密货币继续飙升，但我坚持认为当前的价格有巨大的泡沫，而且即将破灭。我关注加密货币，但从不做这方面的交易。随后，我成功地让第 3 位朋友接受我的观点。我们 4 个人打了平手。为解决分歧，我们决定对 2018 年比特币的走势打赌。我们约定在一年后共进午餐，如果比特币跌破 5 000 美元——下跌 64%，另一位看衰比特币的朋友和我就会获胜。

这个赌注条件有点模棱两可，因为我们并没有明确，我们获胜的条件到底是在 2018 年的某个时点跌破 5 000 美元，还是必须在年底之前低于 5 000 美元。这就是造成风险预测误差主要来源的一个完美示例：考虑预测窗口内的风险。在很多时候，比特币的价格在年内都是下跌，但在年底之前出现反弹。在 2018 年，比特币价格跌破 5 000 美元的概率（“首次经过概率”）至少有一次高于在年底低于该临界值的概率。在这一年内，我们一直在争论：到底是应该使用年内首次经过结果还是年末最终结果？最终，比特币在 2018 年年底报收于 3 600 美元，足足下跌了 74%。

在发表于 2002 年《风险的误测》一文中，作者马克 · 克里兹曼和唐 · 里奇（Don Rich）解释了时间窗口内风险指标与时间窗口终点风险指标之间的重要区别。他们文中的开头引用了宏观经济学之父约翰 · 梅纳德 · 凯恩斯的经典名言：“从长远看，我们都会死掉。”

他们还引用了凯恩斯 1923 年出版的《论货币改革》中的一句话：

“经济学家给自己设定了太简单、毫无意义的任务，因为在暴风雨季节，他们只告诉我们，风暴迟早会过去，海面将会平静如初。”虽然这句话并不广为人知，但它实际上就是在说预测时间窗口内遭受亏损的风险。

两位作者从首次经过概率出发引入两种新的风险量度。如上所述，时间窗口内亏损概率是指资产或投资组合在某个时间跌至临界以下的概率，而作为改进的风险指标，连续风险价值衡量的则是整个投资期内的风险敞口（即给定置信水平下的最小亏损）。他们用几个例子阐述了时间窗口内风险的重要性：如果业绩低于设定的临界值，基金经理就有可能被解雇；即使亏损只是暂时的，但对冲基金依旧可能面临破产风险；借款人必须根据贷款约定维持一定水平的准备金；等等。

较短期的风险指标显然不能解决这些问题，因为它们固然也是对亏损风险的评估（如未来一天的风险敞口），但并未反映可能在较长时期内累积起来的亏损。最大回撤是衡量峰谷敞口的理想指标，但它并未考虑初始资金的水平。因此，当投资组合先涨 20% 而后下跌 10% 与投资组合先维持平稳而后下跌 10% 相比，最大回撤并不能对这两种情况进行区分，而且后者显然是一种更糟糕的情况。

克里兹曼和里奇以直观和透明的方式对首次经过概率的数学原理作出了解释。他们给出的示例表明，无论是在期限敞口内还是在期限敞口终点的策略风险，亏损敞口都存在显著差异。对某些专业人士而言，它们之间的差异是显而易见的。很多经常阅读风险报告的人并没有意识到，他们所看到的完全是基于期末概率得到的结论。因此，当最终“感觉”真正的风险似乎远高于他们的预测时，他们往往会大吃一惊。

在上面比特币的例子中，在年内某个时点跌破 5 000 美元临界值的可能性显然要大于在年底跌破这个临界值。不妨举个更常见的例子：假设你持有一个投资组合，其中 60% 的资金投资美国股票，40% 投资美国债券。那么，这个投资组合在未来 12 个月内下跌 5% 的概率是多少呢？如果我们使用的是 1976 年 2 月至 2019 年 1 月的每月数据，并考虑肥尾效应，按传统方式得到的期末概率约为 6%，但投资组合在次年年内某个时点下跌 5% 的概率则是 21%。随着时间窗口的延长，时间窗口内概率和时间窗口终点概率之间的差异也会增加。

假设以 5 年为预测窗口期，投资组合在 5 年后下跌 5% 的概率仅为 1.4%，而这 5 年内发生这个事件的概率则是 28%[13]。这些数字表明，如果从首次经过概率的角度看，时间的差异化毫无意义。因为较长时期内，好年景与坏年景相互抵消，会导致期末评估值貌似稳定。相反，随着时间窗口的延长，窗口内的亏损风险则会相应增加。

因此，如果有人介绍包含风险预测的报告时，我们首先向他们提出的第一个问题，显然不是这个预测是否考虑了肥尾效应，而是这些评估到底是基于时间窗口终点的概率，还是时间窗口内的概率。当然，这些更有可能是传统的期末数字，因此，它们会低估整个过程中的亏损风险。

风险预测的经验法则

总结上述针对风险预测的讨论，我们得到 10 条基本的经验法则：

1. 如有疑问，请使用短期的数据窗口，即使是中期预测也不例外。
2. 尽可能地使用高频数据，包括低频波动率预测。
3. 如果条件允许，应使用根据期权价格（隐含波动率）得出的信息。
4. 要考虑波动率在短期最为持久这一事实。
5. 不要过分担心使用高度复杂的模型。

6. 长期预测（超过 5 年或更长时间）会出现某种均值回归现象。
7. 认识到肥尾效应的重要性，并在风险预测时，考虑肥尾效应。
8. 把数据集划分为多种状态，并为每个状态配置相应的概率。
9. 构建历史及前瞻性情景，对亏损敞口进行压力测试。
10. 对投资时间窗口终点和时间窗口内的亏损敞口建模和分析。

注　释

1. 资料来源：http://nassimtaleb.org/tag/fat-tails/。
2. 资料来源：https://www.nytimes.com/2007/04/22/books/chapters/0422-1st-tale.html。
3. 由温德姆资产管理公司提供数据资料，再估算得出。投资组合的选择标准：美国股票为摩根士丹利美国指数，美国债券为巴克莱美国综合指数。这里使用的是 1976 年 2 月至 2019 年 1 月的月度数据。
4. 温德姆资产管理公司根据 1994 年 2 月至 2019 年 1 月期间美林高收益指数得到的月收益率。
5. 所有行业权重数据均来自彭博财经，根据每年年底数据编制而成。近期数据截至 2019 年 3 月 17 日。请参考标普 500 指数、MEMB 函数。
6. 节选自 2017 年 6 月 26 日乔纳森·惠特利在《金融时报》发表的文章。经《金融时报》许可使用，版权由《金融时报》所有。
7. 本节针对巴克莱美国综合指数（Barclays U.S. Aggregate）的资料来源：Trivent Asset Management, https://www.thrivent.com/literature/29311.pdf；彭博–巴克莱指数来自 Barclays Data Feed、彭博财经。

8. 截至 2018 年第三季度。资料来源：圣路易斯联邦储备银行，https://fred.stlouisfed.org/series/GFDEGDQ188S。

9. 因子敞口及因子收益率来自摩根士丹利、POINT 及普信集团的内部专用系统。时间截至 2019 年 1 月 31 日。

10. 彭博财经的 TRA 函数、SPX 指数、LC09TRUU 指数。此处数字为总收益率。

11. 参见 2012 年斯泰西·库夫和丽莎·戈德伯格的文章。

12. 这里示例根据彭博财经提供的月度数据构建。股票因子近似等于标普 500 指数的价格收益率。信用利差因子评估为巴克莱信用指数期权调整价差变化（LUCROAS）与 −7 的乘积。

13. 所有评估数据都来自温德姆资产管理公司，使用 12 个月区块的区块引导程序法（block bootstrap）。数据截至 2019 年 1 月 31 日。

PART 3

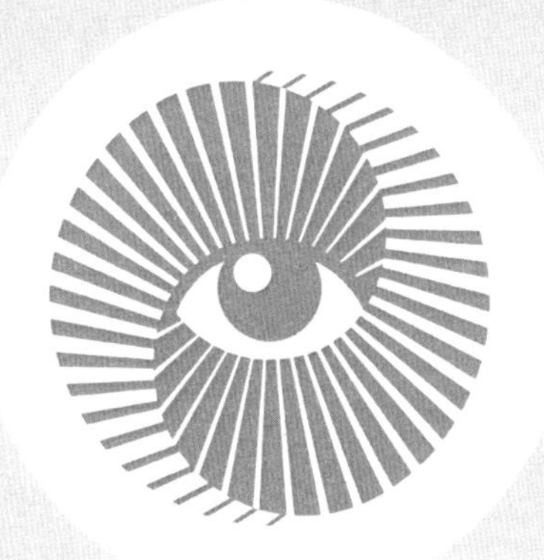

第三部分

开始投资：构建投资组合的顶层认知

B E Y O N D D I V E R S I F I C A T I O N

BEYOND DIVERSIFICATION

开始投资：构建投资组合的顶层认知

既然我们已通过均衡、估值和动量视角探讨了短期及长期收益率的预测，并从波动率、高阶矩、肥尾效应和情景分析法等要素了解了风险预测，在此基础上，合乎逻辑的下一步当然就是构建投资组合。我们应如何把这些要素结合起来呢?

首先，在优化预测收益率与风险的投资组合之前，多资产投资者必须选择构建投资组合的基本模块。我们要决定以跨资产类别进行配置，还是遵循近期趋势并进行跨风险因子配置。其次，我们要确定一个目标风险水平，这个目标通常可以表述为股票和债券的组合。这个决策要求我们解决跨期优化问题。最后，我们需要决定是否（以及如何）利用单期投资组合的优化结论，以适当的构建要素搭建这个股票与债券组合。

在资产类别或风险因子的选择上，每种方法都各有利弊。我的观点是，只要放在合理的情景中，两者都是有用的。大多数资产配置者仍投资传统性资产类别，即便如此，风险因子在改善收益率和风险预测方面仍意义重大。在个别情况下，我们可以利用风险因子进行独立投资。

一个常见的比喻是，风险因子是资产类别的“养分”。利率、股权、货币和流动性等某些基本因子存在于所有资产类别，就像所有食物都包含脂肪、碳水化合物和蛋白质一样。

现代投资组合理论很简单，因为它是基于有限时间窗口(一个时期)发展而来。在跨期背景下，无风险利率和贝塔系数可能会发生变化。

——JPP

遗憾的是，围绕风险因子的炒作似乎有点令人目不暇接。大公司（甚至很多初创公司）都在根据因子开发商业性应用软件和产品。他们的目标往往是把因子定义为筹集资产的“资产类别”。他们之所以这样做，是因为机构资产所有者的治理过程非常严格，以至于任何新产品都要面对艰苦的战斗。“它如何适用于我们的资产配置？”是无法回避的问题。如果一个投资策略有自己的资产类别，提供商就可以更轻松地赢得业务。因此，每当有人向你推荐新资产类别时，一定要看好自己的钱包，因为对方的目标就是把手伸进你的钱包。

但因子分析和因子投资在投资管理中显然是一个巨大的领域，很多此类软件功能强大。在这个话题上，最重要的问题就是因子分析是否会改进投资组合的构建过程。不过还是请读者尽可放心——本书绝不是推销某种基于因子的投资策略。

第12章

风险因子构建组合是否更能抵御市场波动？

> 我们很容易感受到波动率的现在，但协方差就很抽象了。学术界已经把这个衡量标准归结为更易于解释的贝塔系数概念。—— JPP

早在 2010 年，我加入太平洋投资管理公司几周后，当时担任多资产基金经理的马克·塔博斯基建议，我们应将风险因子的多元化属性与传统资产类别进行比较。2011 年，我们在《投资组合管理杂志》上发表了一篇针对这个话题的文章。令我惊讶的是，这篇仅有两页的文章受到很多关注，而且也是该杂志一年多来被下载次数最多的文章。随后，这篇文章先后被 16 篇文章引用——当然，引用并非都是免费的。

谈到风险因子时，大多数人会想到基于股票的 Fama-French 三因子模型，譬如市场贝塔系数、规模、价值、动量和质量等。有些综合性模型还纳入了行业板块和国家等因子。

但长期以来，固定收益基金经理也会把投资组合分解为风险因子，而且他们使用这种方法的时间甚至早于股票投资者。几乎所有固定收益类别的风险模型都基于因子。久期就是一个风险因子，更准确地说，利率才是真正的风险因子，而久期是利率或者说贝塔系数的敞口。随着时间的推移，很多固定收益投资者已将这些基于因子的方法扩展到多资产的投资组合。为此，他们将存在于两个独立体系中的两套独立因子（股票和固定收益）联系起来。

实际上，这个过程并不像看起来那么复杂，我们只需衡量固定收益和股票因子之间的相关性即可。但如果我们尝试重新衡量跨资产类别的风险敞口，这个过程就有可能变得非常复杂，比如说，我们可以尝试将利率久期配置给股票，将股票贝塔系数配置给信用债券等。按照我的经验，越简单越好。考虑存在相关因子是没问题的，相关矩阵有助于将各种风险因子始终按相同标准结合起来。

在这种多资产配置需求的背景下，塔博斯基和我希望帮助机构投资者进行资产配置决策。所有资产类别是各种风险因子的组合，我们为什么不直接通过这些因子使投资组合多元化？在实现跨因子多元化的情况下，投资组合是否比那些按跨资产类别配置更能抵御市场波动呢？

资产类别对风险因子的窗口随时间而变化

为解答这个问题，我对各因子的收益率进行了统计。为此，我使用了市场贝塔系数、规模、价值和动量等股票因子；针对固定收益，我使用的是利率久期、两个斜率因子及个别信用利差；此外，我还增加房地产和大宗商品作为替代因子。针对如何将资产类别与风险因子一一对应起来，业内尚未达成共识。2016 年，我和其他人创作文章《基于商业周期视角的因子投资和资产配置》，在这篇文章中，我们阐述了风险因子的定义方法，其中包括统计方法（主要成分分析及回归分析等）、固定收益计算公式以及多空股票组合的构建等。在本书的前述章节中，我们还讨论过宏观因子。尽管宏观因子也会推动资产收益率，但它们不具备直接投资性。比如说，你不可能直接投资 GDP 增长率。

对于资产类别，我使用的是传统构建模块：美国大盘股和小盘股、国际股票以及核心债券等。我们发现，风险因子之间的平均相关性远低于资产类别之间的平均相关性。此外，在市场压力期间，风险因子之间的平均相关性不会像跨资产类别之间的相关性那样大幅提高。

这个结果在意料中，因为若干因子体现在多空投资组合之中，而资产类别完全依赖只做多的基准。如果允许构建空头仓位，我们即可大大降低相关性，从而弱化投资组合的波动率。在第 9 章，讨论极端相关性时，我们曾提到，风险因子并无神奇之处。如果我们把风险因子限定为资产类别的线性组合，并允许创建资产类别和风险因子的空头仓位，我们就会得到相同的投资组合优化结果。这里不存在效率带来的额外收益。

但关键问题在于，我们没有在这篇文章中解释其中的细微差别。我担心的是，我们的观点会助长围绕资产类别风险溢价产生的炒作，但这显然不是我们的目标。但有一个事实是不变的：风险因子往往比资产类别受到的限制更少。风险因子通常被定义为多空投资组合，有时会涵盖比资产类别更广泛的投资领域，这也会存在效率带来的额外收益。

正如我们在情景分析法背景下展开的讨论，资产类别对风险因子的窗口会随时间的推移而变化。这种变化的示例比比皆是。例如，自 2008 年金融危机以来，巴克莱美国综合指数的利率久期已增加 40% 以上（从 4.5 年延长到 6 年）。在 2008 年之前，金融和能源板块在标普 500 指数中的权重为 31%，而 2019 年它们仅占标普 500 指数权重的 19%。2013 年左右，能源和材料公司约占新兴市场股票指数的 25%，而科技公司的份额还不到 15%，时至今日，它们的权重彻底发生逆转。

因子敞口的不稳定性会对投资组合构建产生影响，即使我们继续投资跨资产类别，它也会促使我们在投资组合优化中使用风险因子模型，而不是基于资产类别的模型。典型的多资产投资组合优化过程在于求解资产类别的权重，以追求既定风险水平下的投资组合预期收益率最大化。但如果我们能衡量出每个资产类别的风险因子敞口以及非基于因子（“异质”）风险，我们就可以使用数学转换，评估资产类别的波动率、相关性以及当前因子敞口带来的尾部风险。表面上看，我们可以将当前因子敞口与历史因子收益率相乘，以重建资产类别的收益率序列。我们可以通过模拟非基于因子的波动率相应扩大风险敞口。这样，我们就可以使用基于资产类别的传统投资组合优化工具，对风险因子带来的资产类别风险作出评估。上述流程足以解决问题，无须专门构建新的优化器。

基于因子 / 资产类别的混合法也有缺点：在某些情况下，风险因子敞口可能会发生变化。此时，时间点评估会产生误导。假设你把资金配置给对冲基金，对冲基金经理的职责之一就是对股票市场的贝塔系数进行策略性调整。如果他们降低投资组合的风险水平，将股票转换为现金，而我们则按当前因子敞口评估波动率和相关性，这会低估亏损敞口。要解决这个问题，就需要衡量敞口如何随时间变化。如果亏损敞口变化较快，就应在更长时期内采取平均水平的风险敞口，并将参与的波动率配置给不依赖风险因子的资产类别，这是市场择时技术的典型方式。

请记住，我们的目的一如既往：根据对资产类别或策略的理解来预测风险。对未来投资影响最大的风险评估是什么呢？答案或许会因投资期限的长短而异。在对冲基金之类的动态策略中，平均风险敞口对相对较长的时间窗口影响更大。而对一天、一周或一个月窗口的风险评估而言，采用当前风险敞口的效果往往最好。

不同情景下的风险溢价

在预测风险时，最受行业追捧的是风险因子模型，而最近整个行业开始追捧对风险因子、智能贝塔（smart beta）、另类贝塔（alternative beta）以及风格溢价（style premium）的直接投资。在第1章，我们对这一趋势的理论基础进行了讨论。如果因子代表的是不可分散风险（风险溢价）的补偿或由投资者行为引发的持续异常，它就应该带来正收益。在这种情况下，并非所有因子都能带来风险溢价。大多数风险因子模型均包括国家、货币、收益率曲线斜率及行业板块因子。尽管这些类型的因子有助于衡量风险，但不能指望它们会带来风险溢价[1]。

正如CAPM建模的那样，在较长时期内，股市会产生风险溢价（超过债券或现金）。相比债券投资者，股票投资者因为投资公司资本结构中风险最高的部分而要求补偿，因此，股市贝塔系数是最基本的风险溢价。针对风险溢价的类似观点还包括价值（做多账面市值比较大的股票，做空账面市值比较小的股票）、规模（做多小盘股，做空大盘股）、动量（做多近期收益率高的股票，做空近期收益率低的股票）及其他各种因子。在理论上，这些因子带来的收益率可以对较高风险作出补偿[2]。

但对于动量等因子，我们完全无法判断超额收益率是对风险的补偿还是对行为异常的补偿。有些学者始终认为，动量是因投资者根据近期走势进行推断而造成的，这些投资者喜欢买入上涨股票，并卖出下跌股票[3]。不难发现，这种行为会形成价格泡沫。尽管价格可能会因基本面因子而上涨，但随后则因动量投资者做多而继续上涨，进而又带来动量投资者需求的增加，如此循环不已，形成某种恶性循环。同样的效应也会出现在市场下行区间：价格下跌促使持有者抛出，导致价格进一步下跌，从而造成更多的投资者卖出股票，同样会带来一种恶性循环。

然而，价值投资者往往会成为交易的另一方，他们的目标是低买高卖，会出售因价格上涨而失去基本面支持的资产，并以较低价格购买正在贬值的资产，而动量投资者通常会高买高卖。动量投资者和价值投资者之间的这种推拉互动，最终自然会达到某种平衡。只有动量投资者的数量增加或采取更激进的策略，动量的风险溢价才会持续。但它的持续存在很可能限于相对较短的时间窗口——通常是一个月。我们在第 5 章探讨收益预测情景时，曾提到过这个话题。从长远来看，价格终究要回归基本面。也就是说，均值回归终究会让价值投资者得到回报。我认为，动量投资者和价值投资者在时间窗口上的差异，也可以解释各月的价值因子与动量因子非相关性。

低风险异象（low-risk anomaly，风险低的股票反而能获得更高的收益，这和 CAPM 的结论相矛盾）是另一个能带来风险溢价的情景。这种策略存在多个版本，可以借助各种智能贝塔产品进行配置（最小波动率和低贝塔系数等）。它的思路体现为：由于杠杆的限制，低风险 / 低贝塔系数股票的业绩往往优于高贝塔系数股票。2014 年，量化对冲基金 AQR 资产管理公司的安德里亚·弗拉齐尼（Andrea Frazzini）和拉瑟·海耶·佩德森（Lasse Heje Pedersen）发表的《做空贝塔》一文给出解释：

> 无论是普通投资者，还是养老基金和共同基金等机构投资者，所有投资者都要受制于他们可使用的杠杆，因此，他们会增加风险证券的权重，而不是使用杠杆……这种向高贝塔资产配置倾斜的行为表明，和需要杠杆的低贝塔资产相比，风险性高贝塔资产应该对应于较低的风险调整收益率。

的确如此。两位作者指出，利用低风险资产并做空高风险资产的策略（“做空贝塔”）会在各个市场中提供“显著的正风险调整收益率”。即便是风险较低的国债和公司债券，业绩似乎也要优于高贝塔债券。为此，他们提出了一个令人信服的推断：在控制规模、价值、动量和流动性等其他因子敞口的情况下，国家债券指数、大宗商品和货币等多种资产类别均会取得类似的风险溢价。

但要认可这种策略，我们就必须否定 CAPM 提出的承担风险必有收益的观点。2018 年，在一篇名为《做空“做空贝塔”》的文章中，作者罗伯特·诺维-马克斯（Robert Novy-Marx）和米哈伊尔·维利科夫（Mihail Velikov）并不认同低贝塔资产会提供免费午餐的解释，但他们首先承认弗拉齐尼和佩德森文章的成功：

> 2014 年，弗拉齐尼和佩德森发表的文章《做空贝塔》在学术上无疑是非常成功的。在撰写本文时，它成为《金融经济学杂志》过去 90 天内下载次数排名第四的文章，按领域权重引用影响力指数，它的引用次数是其他类似期刊论文平均引用次数的 26 倍。它在实际中的影响甚至更大。按“防御性股票”这个关键词查询，它则是最有影响力的文章之一。作为一类策略，“防御性投资”吸引了大量资金，目前已成为机构投资者最重要的投资类别。

但这无疑是一种先礼后兵的说话策略。随后，诺维-马克斯和维利科夫将这个概念描述为“过于简单的想法”（在学术界中，这样的评价无异于侮辱，但对有经验的从业者而言，越简单越好），并进一步指出，风险溢价所拥有的“惊人表现在实际中是无法实现的”。出于权重方案以及杠杆使用方式等方面的原因，这种方法可以“大手笔地增持微型市值股和超微型市值股，从而创造出巨大、显著的阿尔法系数……这些股票本身规模非常有限，这无疑将大幅推高交易价格”。

但自从几十年前发现低风险异象以来，低风险异象策略始终存在[4]。和大多数风险溢价一样，投资者只需降低收益预期即可。尽管低风险异象策略在实际中取得了良好效果，但是在投资尽职调查中，投资者需要的是实时跟踪的业绩数据，而不是回测数据。

作为一种投资策略，我们在第 7 章讨论的持保看涨期权则提供了另一种同样具有良好理论基础和持续性的风险溢价：波动率风险溢价[5]。很多期权策略均可提供这种风险溢价，而且它适用于多种资产类别。随着时间的推移，做空的投资者会得到补偿，但还是要面对尾部风险敞口。因此，他们可以（而且也应该）对冲定向市场风险。通过这样的"德尔塔对冲"方案，他们捕捉隐含波动率和实际波动率之间的差异，这种差异在整个市场和不同时期趋于正值，但它对尾部事件也很敏感。

作为投资组合构建的基石，风险溢价的部分吸引力（炒作）在于它们彼此之间以及与传统资产类别之间的低相关性。当然，这种低相关性的原因是大多数风险溢价依靠空头仓位。但正如我们在第 9 章讨论多元化失败时所言，其中的大部分为"多头套利""多头信用"或"空头期权"，它们都拥有隐含的股票贝塔系数，尤其是当市场下跌期间。

2013 年，发表的《无处不在的价值和动量》一文中，作者克里夫·阿斯内斯、托拜厄斯·莫斯科维茨（Tobias Moskowitz）和拉瑟·海耶·佩德森揭示出风险溢价多元化的力量。3 位作者将跨市场（美国、英国、欧洲和日本的个股、各国股票指数、货币、全球政府债券和大宗商品期货）的价值和动量策略结合起来，得到了一个在实际中几乎从未出现过的超高夏普比率—— 1.59。

需要提醒的是，覆盖国家股票指数、政府债券和货币的自上而下式价值和动量投资策略，在本质上是一种系统化的全球战术性资产配置。这种策略之所以被称为"风格溢价"，是因为它们不同于其他以个股多空组合的形式构建的风险溢价。在风格溢价策略中加入利差因子（衡量价值的另一种方式），即可利用第 2 章所讨论的收益预测能力。

莫陷入数据过度拟合的陷阱中

风险溢价策略几乎已成为现成模型。据估计，目前已知的风险因子至少有 300 个，而且每年还会提出约 40 个新因子[6]。在实际中，要在风险调整的基础上，收益率跑赢市场并非易事。2016 年，发表的《你的因子是否会让投资如愿以偿？》一文中，作者诺阿・贝克（Noah Beck）、许仲翔、维塔利・卡莱斯尼克和海尔奇・科斯特卡（Helge Kostka）给出如下解释：

> 严谨的投资者很少会相信，所有这 300 多个因子策略都能在未来创造出值得信赖的风险溢价。很多研究出现的“失误”确实令人大跌眼镜——所谓的因子溢价根本无法被其他研究人员所复制。除此之外，诸多其他原因也促使人们开始怀疑，这些新奇古怪的超额收益率来源是否真的存在，以至于有些学者将这种现象戏称为“因子动物园”。按照怀疑论的说法，很多研究中提出的因子溢价，其实只是大量、有意的数据挖掘的结果。

为此，经过一系列的稳健性测试——包括对交易成本进行更客观地评估，这几位作者发现，规模和质量这两个原本最显著的风险溢价反而表现出“稳健性较弱”的调整，而动量、流动性不足和低贝塔系数的风险溢价反而更加稳健。但他们也补充说：“与其他因子相比，流动性不足和动量等对流动性要求较高的因子，相应的交易成本也明显更高。因此，投资者或许最好以主动管理实现这些因子策略，而不是借助指数化。”

即便是最客观的研究者，往往也会在无意间陷入数据挖掘或过度拟合的陷阱中。即使没有掉进陷阱，他们极有可能依赖以往的数据挖掘研究[7]。样本外的回测永远不会真正地延伸到样本之外，毕竟，研究人员会根据模拟结果，不断调整模型来得到理想结果的概率。即使模型输入完全依赖当时可利用的数据，但研究人员仍可以人为调节，得到他们期望的结果。在现实中，如果有人说："等等，我觉得应该买入排在前 5 名和后 5 名的股票，而不是前 10 名与后 10 名的股票，而且我应该根据波动率对它们配置权重，而不是采用相等的平均权重。让'奇异博士'[8]倒转时间，这样我就可以重新检验，让我的模型得到验证？"如果是这样的话，我们当然会在公开发布的回测研究中看到很多 1.5 的夏普比率。

公平地说，如果我们有理由相信这些改进会成为现实，分析回测数据对改进模型而言是有益的。数据挖掘显然不是一个非黑即白的问题。这个问题很模糊，因而也难一概而论。如果我们能以来自另一个时段或另一个市场的全新数据引入名副其实的样本外分析，这将有帮助。

但风险溢价的另一个问题，就是它可能会因扎堆而失效。随着投资者追捧这些策略，业绩必将恶化。2016 年，发表的论文《学术研究是否破坏了股票收益的可预测性》中，作者大卫·麦克林（David McLean）和杰弗里·庞蒂夫（Jeffrey Pontiff）指出，在相关研究成果发布后，相应的风险溢价降低了 58%。他们认为，26% 的业绩下降源自数据挖掘，还有 32% 归咎于投资者的追捧或"公知交易"（publication-informed trading，根据公开信息进行的跟风式交易）。此外，他们还提出与风险溢价回测相关的另外两个危险信号：对样本内收益率较高的预测因子，在信息发布后的收益降幅会更大；而以高异质风险和低流动性股票为主的投资组合则具有较高的收益率。

在投资组合的构建中，风险因子的地位永远不会取代资产类别。因此，投资者应在风险模型中使用因子法，并把基于因子的风险预测建立在资产类别的基础上。如果他们认为可以找到更稳健的策略，就应考虑对风险溢价进行小额度的资产配置。这些风险溢价为投资者提供了创建多空组合，获取动态非相关收益的源泉。不过，如果有人向你展示某种回测结论，千万不要轻易相信，更不要随波逐流，追逐热点。因此，投资者不仅要随时跟踪动态业绩，理解风险溢价所依赖的理论基础，还要关注针对尾部风险和尾部相关性的分析，不要跟风。

注　释

1. 比如说，在发表于 2016 年的《因子投资与资产配置》一文中，我们曾指出，补充行业板块、区域和货币效应等因子，会有助于提高 CAPM 对月度数据的拟合效果。
2. 相关示例见 1992 年和 2012 年尤金・法玛和肯尼斯・弗伦奇的文章、2013 年克里夫・阿斯内斯等人的文章。
3. 有关动量文献的最新评论，请参见 2016 年苏普里亚・马赫什瓦里（Supriya Maheshwari）等人的文章。
4. 相关文献综述见：https://en.wikipedia.org/wiki/Low-volatility_anomaly。
5. 相关参考资料见表 7.2。
6. 相关示例参见 2016 年诺阿・贝克等人的文章、2016 年坎贝尔・哈维等人的文章。
7. 相关示例参见 1999 年史蒂文・索利（Steven Thorley）等人的文章。
8. 我 11 岁的儿子查理是一个是“漫威”迷，所以，我经常“被迫”和他坐下来一起看动漫电影。至少，这是我看动漫电影的理由。

第13章

个人投资者应按什么调整股债比例?

效用理论的内涵，就是描述个人对风险的容忍度。——JPP

在上一章里，我们讨论了为什么应坚持以资产类别为基础的资产配置理由。尽管资产类别与风险因子之争还是一个相对较为新鲜的话题，但是在资产配置中，最恒久也是最根本的分歧永远是股票与债券的比例。投资者到底应为股票和债券这两种资产类别各配置多少资金呢？与其他投资组合构建决策相比，这个决策对投资者构建投资组合的风险水平影响更大。归根到底，它决定了个人投资者的退休保障水平或他们履行所有偿债能力的结果。毫无疑问，这是投资者需要面对的最重要的投资组合构建决策。

在太平洋投资管理公司工作期间，我感受到固定收益的超酷特征。在那段时间，我经常在演讲结束时感叹："债券真是太棒了！"为了缓解投资者对利率上升的担忧，我会强调债券如何分散投资组合的风险，并对冲债务压力。债券带来的现金流是可以提前预知的，因此，我们知道自己未来需要支出多少钱。我们甚至可以使用通货膨胀保值证券对冲通货膨胀风险。

而今在普信集团工作期间[1]，我又经常会大声疾呼："股票真是太棒了！"为缓解投资者对股票高估值和短期亏损的担忧，我会这样解释，当投资者无法提供足够资金的时候，大量配置股票是他们实现长期财务保障这个目标的唯一途径。股票可以带来债券所无法实现的上涨空间，它们是投资者追求投资组合持续增长的强大引擎。

这个问题显然不会像非此即彼的比较那么简单，在投资组合中维持股票和债券的均衡意义重大。投资者必须根据自己的风险承受能力调整股票与债券的配置比例。但如果考虑到投资者的风险承受能力，我们应如何确定投资组合的合理性呢？更难回答的问题是：我们应如何评估投资者的风险承受能力呢？在目标日期基金（target-date fund，TDF，以投资者的预计退休年份作为目标日期，按照事先确定的方案对资产配置进行调整，力求在退休时点为投资者提供能够覆盖其退休生活所需的投资收益）中采用的"下滑路径"，其实质就是根据投资者的预期退休时间，在调整股票与债券的投资组合比例时，提供有用的指导。

2016 年，在《投资新闻》的一篇社论中，我正式开启了否定太平洋投资管理公司时期我认为正确的投资理念。我的同事吉姆·茨兹祖里斯（Jim Tzitzouris）是生命周期投资策略的专家，他认为很多投资者可能需要比他们想象的更高的股票配置比例。每天下午喝咖啡的时候，茨兹祖里斯通过一系列激烈但又不乏趣味的辩论说服了我。为证明我们的观点，我们对个人理财和人力资本的作用进行了探讨。

人力资本也是生命周期投资的一部分[2]

在 2006 年的波士顿大学会议上，诺贝尔经济学奖获得者保罗·萨缪尔森（Paul A. Samuelson）向在座听众提出了一个问题：个人理财是否算得上一门精确科学？随后，他自己回答了这个问题："当然，答案是否定的。如果我的回答会让在座各位觉得失望，现在离开或许就是你纠正误判的大好时机。[3]"

萨缪尔森在经济学领域作出的众多贡献之一，就是如何以数学模型更好地优化个人理财决策。个人到底应为退休留下多少储蓄？他们应如何以最合理的方式管理自己的投资组合？

萨缪尔森模型也在随时间的推移而不断演化。在此基础上，鲍勃·默顿（Bob Merton）、兹维·博迪（Zvi Bodie）等人认为，作为个人未来工资收入的现值——人力资本（human capital）也是一种"资产"。因此，和股票和债券一样，我们应把人力资本视为生命周期资产配置决策的一部分[4]。

此外，人力资本也是决定退休债务的基础。在达到退休年龄时，所有人都需要有一个能满足其目标开支水平的收入来源，而且这个来源通常是他们退休前工资的一部分。对养老金固定收益计划（defined benefit plan），这些负债的定义是明确的，因此，大多数养老金固定收益计划采用以负债为主导的投资策略。对用于养老金固定收益计划的目标日期基金投资组合而言，它也是构建模型的一种方法。

总的来说，人力资本的概念非常重要。但茨兹祖里斯和我认为，就人力资本对投资组合构建的影响而言，大多数业内人士的结论是错误的。

按照传统观点，由于支付每月的工资相对稳定，因此，人力资本更类似于债券，因而应以债券进行对冲。近年来，兹维·博迪甚至建议大多数人把全部退休储蓄投资于类似通货膨胀保值债券的组合，以安全地实现他们的退休开支目标。

那么，这是合理的建议吗？这里恰好可以引用萨缪尔森先生的话：答案是否定的。虽然债券在平衡投资组合的过程中始终占据一席之地，但茨兹祖里斯和我认为，归根到底，个人更有可能通过配置股票实现其退休开支目标。这一结论就引出投资组合构建的一个关键原则：除风险承受能力之外，投资者的目标还应包括对他们的股票与债券投资组合提供指南。

股票的资产属性是显而易见的。发表于 2019 年的一项研究报告称，只有 10% 的美国人认为他们拥有足够的退休金[5]。退休后没有收入，只有开支，媒体将这种情况称为退休危机。

30 年期普通债券目前的收益率为 2.86%（而 30 年期通货膨胀保值债券目前的收益率更是只有 0.96%）[6]，可见，债券根本就无法弥补个人资金不足的缺口。在这种低利率环境下，复利可以创造的福利实在是太有限了。

假设通货膨胀保值债券的实际收益率为 0（低于 0.96%，这样的情况其实让人难以忍受），一对夫妇每年用节省的 10% 开支购买通货膨胀保值债券。在这种零利率环境下，假设工资保持不变，债券投资者大约需要 10 年时间才能攒够维系 1 年退休生活的开支（或者说，在消费之前，我们要先进行 9 年的储蓄）。如果你身体健康，希望在退休后能活 30 年，你需要先储蓄 270 年，才能维持这样的退休生活。虽然这个例子假设通货膨胀会导致你投资的债券没有真实收益，因而按复利得到的收益为零，但只要没有收益增加，现实就不会改变。由于利率太低，投资者根本就无法负担 100% 债券的配置。

这个例子说明了超宽松货币政策如何把投资者推向风险资产。它表明，投资者对收益率的极度渴望压缩了公司债券利差，并导致投资者对高股息股票需求的增加。总而言之，它解释了过去 20 年来市场对股票的需求，美国与全球股票的结构性高估值的原因。

相比之下，在利率较高且股票风险溢价较低的国家，投资组合的构建则偏重于债券。在最近的一次巴西之行中，我见到几位机构投资者，他们向我解释了股票持仓量较低、甚至不持有股票的原因：过去，他们始终可以通过短期政府债券实现收益率目标。从 1999—2019 年，巴西的平均短期利率接近 15% [7]。尽管这些高利率伴随的是恶性通货膨胀期，但真实利率始终处于高位也是不争事实，而且我遇到的巴西主要投资者和财富管理机构持股比例确实不到 10%。

人力资本到底是像股票还是像债券？

大多数人认为债券比股票更适合对冲人力资本。工资看起来就像债券息票，因为取得薪酬的金额和时间是预先确定的。临近退休，我们的人力资本也会逐渐枯竭。我退休可能是 20 或 25 年后的事情。从理论上说，只要健康状况良好，我就有足够的人力资本。我的总投资组合中，包含了对代表未来薪水现值“资产”的大量配置。但是退休一年后，我就会失去全部人力资本。如果我的风险承受能力没有改变，我就应该以类似的债券取代正在耗尽的人力资本。这样，我的总投资组合配置以及事实上的风险状况就不会改变。

这种方法显然过于理论化，因为它假设投资者的风险厌恶程度保持不变。但在我看来，随着退休的临近和储蓄余额的增长，大多数人会变得更加厌恶风险。

因此，我和茨兹祖里斯认为，人力资本更像股票，而非债券。当股票表现良好时，工资往往会因收入的增长而增加；当股票表现不佳时，工资则会因收入的下降而减少。从这个角度看，人力资本具有正的“股票贝塔系数”。在资产管理和银行业，收入的很大一部分来自激励性薪酬。在这些行业中，工作保障似乎与经济周期有关，因此，我们的“股票贝塔系数”相当高。而在周期性行业（房地产、材料、交通等），员工和企业家似乎更接近同舟共济的状态。在另一个极端状态中，终身教授、医学专业人士和政府工作人员的“股票贝塔系数”可能非常低。

尽管我们认识到风险应该会因行业而异，但茨兹祖里斯和我猜测，总体工资数据更有可能反映重大股权风险。为此，我们计算了工资与股票及债券收益率之间的相关性。为避免金融资产短期波动率带来的干扰，我们只关注了三年期滚动收益率的相关性。研究发现，根据1952—2014年的数据，在扣除通货膨胀因素后，平均工资指数与股票收益率的相关性（53%）高于和债券收益率的相关性（30%）。因此，如果风险厌恶程度不变，股票或许更能代表进入枯竭状态的人力资本。

当然，股票比债券更容易遭受亏损，而且股票的波动率也会让退休者寝食难安。临近退休，我们可以增加债券的配置比例而减轻这种下行风险。但归根结底，最合理的长期退休投资组合应该是什么样的呢？全债券组合还是适当配置股票的均衡组合呢？在我们为《投资新闻》撰写的文章中，茨兹祖里斯和我谈到了萨缪尔森提出的那个问题。我们的回答是：“我们相信，个人理财应该是适当配置股票的均衡投资组合。如果这个结论让我们的读者感到失望，他们应该阅读我们发表在《投资新闻》上的另一篇文章，纠正之前的错判。”

懒人理财首选：目标日期基金

在美国，随着设定提存计划（defined contribution plan）的出现，我们已经把构建个人投资组合的职责赋予个人。个人投资者根据投资选项菜单，选择配置给股票和债券的份额。然后，在每个资产类别中，他们还要选择对不同策略和子资产类别的配置比例。对那些非投资专业人士而言，这些选择并非易事。

最近，我和一位财务顾问谈起这个话题。他认为，让个人独立解决生命周期中最重要的投资组合的构建显然是不合理的。“大多数人并不具备做出这些投资选择所需要的专业知识，外科医生会让患者给自己做手术吗？”他非常激动地反问。大多数人根本没有能力完成这样的选择。那些参与美国设定提存计划的人都知道，惯性似乎是推动投资组合构建的最强大力量。因此，什么也不做这个选项永远最受欢迎。

惯性决定了默认选项的重要性。不管是选择把一定比例的工资交给退休金机构，还是像通常情况那样——完全由聘请者替他们做这件事，总而言之，他们根本不会去主动构建自己的投资组合；相反，他们的聘请者（也是这项计划的发起人）必须决定如何配置这笔资金。

多年以来，人们的默认选项始终是现金，但这个默认选项也导致收益率不佳。如果一个人距离退休还有很长时间，就很难说手握现金是个好选择。事实上，这完全有可能是最糟糕的选择。而且这甚至也算不上“无风险”选择，因为在此过程中，现金只能按不确定的利率进行再投资。我们无法预测现金在多年期内的累积收益率。

在理论上，“最安全的选项”应该是购买通货膨胀保值债券，因为它提供的现金流与我们在退休后的预期支出相匹配[8]。尽管能实现完全匹配的资产并不存在，但人们通常把长期债券作为替代。正如我们刚刚讨论的，长期债券在利率较低时是次优选择，尤其是当个人资金不足，无法承担无风险债券的低收益时。

股票很棒，但它们也会让投资者面临重大短期亏损。一个人在整个生命周期中应为股票配置多少资金？这也是构建组合的关键问题。如前所述，它对投资结果的影响完全有别于其他投资组合构建决策。

根据 2006 年颁布的《养老金保护法案》（*Pension Protection Act*），计划发起人可自动登记员工每月对退休计划的缴款，他们可以使用多资产基金作为默认选项。这些措施使得惯性对员工有利。他们可以选择退出或改变资产配置，但如果选择什么也不做（这也是最常见的情况），他们即可自动取得对股票进行合理配置的多元化投资组合。因此，最受欢迎的默认选项是目标日期基金。

当员工（或规定缴款术语所说的“计划参与者”）处于职业生涯早期时，目标日期基金最初对股票给予较高的配置，随着他们逐渐接近退休（进入下滑路径），配置逐渐从股票转向债券。这样，根据年龄为计划参与者配置一个具有对应年份的目标日期基金。

截至 2019 年 5 月，普信集团全球多元化资产部门旗下管理着超过 2 500 亿美元的目标日期基金的资产。普信集团也是全球最大的主动管理型目标日期基金的供应商[9]。为此，普信集团研究总监吉姆·茨兹祖里斯提出了如何根据下滑路径构建投资组合的方法，即根据计划参与者的年龄确定每个人到底应持有多少股票：

> 我们认为，投资者的效用（满意度）有两个来源：消费和财富。投资者的风险厌恶程度、急躁程度和财富亲和力共同造就了不同的下滑路径。我们选择了一条为尽可能多的计划参与者创造最大化效用的下滑路径。

考虑到个人对风险的承受能力，效用的本质就是个人在退休时从不同水平的收入和财富中获得的满足感。这是依赖概率的衡量方法。要衡量个人在生命周期中每个时点的预期效用，我们就需要计算以多个概率加权得到的未来投资结果的现值。每个投资结果对应一个效用分数。为体现这个过程，我们采用了蒙特卡罗模拟模型，并嵌入针对股权风险溢价、利率、通货膨胀率等参数的前瞻性长期资本市场假设。我们将在第

14 章讨论“直接效用最大化”，即“全面优化”。

这种方法听起来很专业，而且事实也的确如此，但我们可以对它做一个简单的总结：在设计下滑路径的方式时，我们考虑的是个人希望实现的目标，以及他们愿意为实现这个目标而承担多大的风险。这就是老生常谈的收益率与风险构建投资组合的过程，而且适合于多时间段和多重目标。

我们的“效用实验室”已开发超过 15 年，而且我们很难把投资组合构建方法缩减为某种简单的公式或配方。有些目标和约束在本质上属于“行为”范畴，因而并不完全适合于某个经典的效用函数。在大多数情况下，它们代表的是计划发起人的需求。此外，我们的基金经理和研究人员也是把数据和模型与判断和经验结合起来使用的。他们需要按照营利性和稳健性的双重需求调整投资组合的权重，以便于考虑模型与特定市场需求的不确定性。这显然是一个循环迭代的过程，而不能一蹴而就[10]。

另外，我们还要单独优化子资产类别与策略的配置。这个二次优化过程体现的就是我们在股票和债券中进行配置的方式。为此，我们还要使用其他很多种投资组合优化技术、情景分析法、判断和经验。

我们将在稍后进一步深入探讨投资组合的优化。但就当下而言，在没有获取其他任何信息（譬如税收、其他收入来源、目标、遗赠动机以及风险承受能力等）的情况下，我们是否应把股票与债券的何种配置视为“最佳组合”并作为个人的默认选项呢？目前有两种不同类型的目标日期基金系列，它们的区别就在于对股票配置的比例。

迄今为止，股票配置比例更高的下滑路径更受欢迎。这种模式不仅有更长期的业绩记录支持，而且因为股票的长期业绩稳定增长，随着时间的推移，它也给投资组合带来了更高的回报。但对于不愿承受短期亏损且资金充足的计划发起人和参与者而言，股票配置比例较低的投资组合是他们的最优选项。这些参与者可能拥有更高的账户余额和更高的储蓄率，因而可以接受更稳健的养老金确定给付制（defined benefit pension plan）。

在图 13.1 中，我们可以看到，按照当下的主流配置模式（即采取股票配置比例较高的下滑路径），根据距离个人退休年数（负数表示已经退休的年数）得到的股票与债券配置比例。如图所示，当个人距离退休还有 25 年的时候，基金对股票的配置比例为 90%。由于个人距离退休的时间跨度相当长，因此，他们拥有较高的风险承受能力。

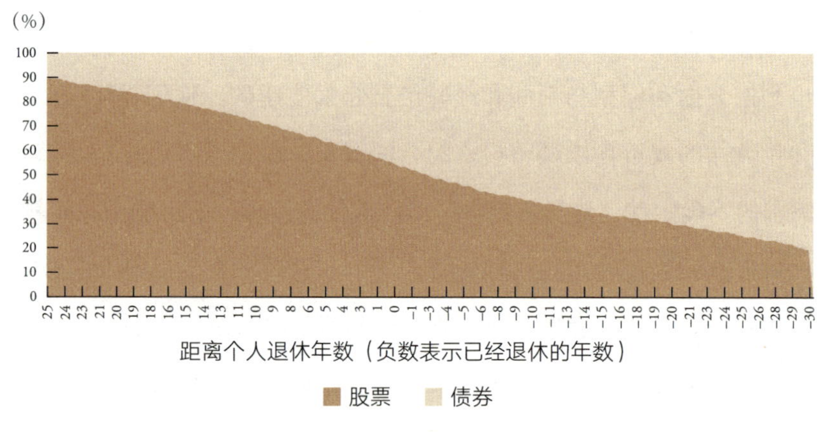

图 13.1　股票配置比例的下滑路径

随着时间的推移，对股票的配置比例会逐渐降低。在退休时点，基金对股票的配置比例为 55%，这个比例看起来似乎很高，但不能忽略前面提到的问题：大多数人退休时，手头并不富裕，而且需要以更多储蓄跟上在退休后超过 20 年的通货膨胀率。

总而言之，股票和债券的相对配置比例是最重要的资产配置决策。而且这往往需要跨越多个周期的持续调整，才有可能达到优化状态。我们为客户进行覆盖整个生命周期的投资，为他们退休生活提供开支来源。

养老金确定给付制使用的是资产负债法，相关机构将无风险资产定义为与负债匹配的投资组合。但是看看美国的设定提存计划以及其他国家以退休养老金为导向的类似计划，我们会发现，这些计划的目标永远是相同的：满足个人在未来退休后的收入需求。

也就是说，所有国家只是在使用不同方法解决同一个问题。我曾在2016年的养老金和投资会议上就这个问题发表过看法[11]。捐赠基金和主权财富基金似乎有各种不同的目标，但是就本质而言，这两者都是在通过投资满足未来的现金支出。

资金水平同样至关重要。我们可以泛泛地告诉客户“一定要与负债匹配”，而理财师最屡试不爽的建议就是“使用债券与负债进行匹配，然后把剩余资金全部投资风险资产”。但是当债券的预期收益率不够高时，我们就只能在资金接近充足的情况下才能与负债进行匹配。

对此，我们不妨假设一个极端性的例子（当然，这种情况未必现实，只是为了说明问题）：假设我有1 400美元的储蓄，而且准备在5年后去度假，预计花费2 000美元。此外，假设市场的真实利率为0.5%。那么，我应该如何使用债券去“匹配负债”呢？当然不可能。如果我投资债券，5年之后，这笔投资将会变成1 435美元。

因此，着眼未来，我们在两种方法之中作出选择：要么现在为养老金计划缴纳更多费用，要么通过投资风险资产以期取得更高的收益率。如果选择高风险投资，要在5年后达到2 000美元的资金目标，就需要这笔投资能得到7.4%左右的年化收益率。也就是说，投资者如果资金不足，就只能寄希望于通过投资取得高收益率。如果理财师告诉你，“使用债券与负债进行匹配，然后把剩余资金全部投资于风险资产”，他的建议实际上只适用于资金充足的投资者。

在理清股票与债券的配置逻辑后，我们基本就可以根据投资者的风险承受能力对资产组合进行初步调整。接下来，投资者必须以多种资产类别和策略填充这个原本只包括股票和债券的“桶”。对于这些填充投资组合结构的微量元素，我认为单周期优化效果最好。单周期优化工具比多周期效用框架更加灵活、透明，而且可以对它们进行更频繁的检验和优化（每 1~5 年进行一次）。

也就是说，我们可以把多周期效应框架视为重型火炮，把单周期优化工具当作更便捷的精确制敌武器。我当然不是军事专家，但这个类比是方便大家理解。需要提醒的是，我指的是多元化投资组合优化，也就是说，这个优化并非一劳永逸，而是多次反复性的。为确保结果的稳健与可靠，最好用多种方法进行检验，而不是依赖于某一个模型。正如我之前提到的，在构建投资组合时，判断和经验必须始终发挥作用。

在第 17 章中，我们将探讨在股票-债券铺垫的下滑路径中加入子资产类别。为此，我们将详细探讨样本资产的组合：这些投资组合具有广泛的代表性，目前管理着总额超过 2 500 亿美元的退休资产。由于美国的退休基金管理平台通常只考虑美国资产和成本最小化（因而很少纳入替代方案），因此，我们的讨论会着眼于约束较少且更具全球性的多资产投资组合。

在探讨最终产品之前，我们首先讨论如何在投资组合构建过程中使用单周期优化工具，并着眼于投资组合构建中的两个关键主题：私人资产的作用、主动管理与被动管理之争。

注　释

1. 普信集团还拥有非常强大的固定收益专营业务，但这项业务的规模远不及股票。

2. 本节摘自 2016 年吉姆·茨兹祖里斯和我写的文章。

3. 相关示例参见 2009 年斯蒂芬·霍兰（Stephen M. Horan）的文章。

4. 相关示例参见 1992 年鲍勃·默顿、兹维·博迪等人的文章，2003 年鲍勃·默顿的文章，以及 2006 年罗杰·伊博森、摩西·米列夫斯基（Moshe A. Milevsky）等人的文章。

5. 相关数据参见：https://www.cnbc.com/2019/06/27/how-many-americans-have-nothing-saved-for-retirement.html。

6. 截至 2019 年 5 月 8 日。资料来源：美国联邦储备银行（圣路易斯）及 cnbc.com。

7. 相关数据参见：https://tradingeconomics.com/brazil/interest-rate。

8. 针对如何把无风险利率视为时间窗口函数的直观描述，请参见 2019 年艾莉森·施拉格（Allison Schrager）的文章。

9. 供应商是指晨星公司（Morningstar）。

10. 吉姆·茨兹祖里斯认为，约翰·坎贝尔（John Y.Campbell）和路易斯·文塞拉（Luis M.Viceira）所著《战略性资产配置》（*Strategic Asset Allocation*）一书很好地解释了我们所采用的方法。

11. 相关示例参见：video.pionline .com/media/Different+approaches%2C+same+problem/0_ebr4ogkk。

第14章

优化投资组合需要考虑哪些因素？

> 简单地说，我们的目标就是描述能改善决策质量的模型。—— JPP

在我加入美国道富银行几年后，马克·克里兹曼叫我去他办公室。他神神秘秘地递给我一张纸，上面手写了很多难以理解的复杂方程式，这张纸是通过传真发过来的。实际上，即使在2002年，传真也已经是老套过时的做法。

这张纸的页边空白处写了一句评语："所以说，克里兹曼，你和马科维茨都错了。"

这封传真原来出自著名经济学家保罗·萨缪尔森之手。多年来，他一直在和哈里·马科维茨讨论投资组合的构建问题。传真是为了回应马克·克里兹曼针对各种均方差投资组合优化应用工具而发表的一篇文章。通过一个理论示例和复杂的数学推导模型，萨缪尔森认为，更高的阶矩很重要，因此，均方差优化会导致"毫无意义的无谓损失"，也就是说，会导致投资组合次优化。萨缪尔森指出，如果在投资组合构建中考虑更高的阶矩，我们就会得到更优解。

这份传真促使克里兹曼和我针对直接效用最大化开展了一系列

研究，以说明高阶矩在投资组合构建中的重要性。不过，克里兹曼先打电话和哈里·马科维茨讨论萨缪尔森的这份传真。每当说起这件事的时候，克里兹曼就喜欢开玩笑似的问马科维茨："你到底做错了什么？"

发起异想天开的智力竞赛，只为比拼优化结果

更高的阶矩真的很重要吗？这显然是一个千载难逢的机会，我们得以参与到投资组合构建的关键问题（甚至是唯一一个）的讨论中，至少可以和世界上最优秀的两位金融学大师级人物进行隔空对话。尽管这次辩论具有典型的学术性质，但问题本身则涉及每一位资产配置者。比如，它会影响我们到底把多少资金配置给具有相对肥尾效应的资产类别（公司债券、对冲基金和智能贝塔等）。

为解答这个问题，我们不妨从哈里·马科维茨在1952年总结的标准均方差优化方法开始。可以说，没有这个方法，任何一本关于资产配置的图书都是不完整的。因为只有借助均值-方差模型，我们才能求解可导致如下结果最大化的投资组合权重：

预期收益率 − 风险规避 × 波动率

其中波动率表述为收益率的方差（标准差的平方）。

相比之下，按照直接效用最大化或者说"全面优化"的概念，我们需要把每个潜在结果转化为一定程度的投资者满意度，即效用。我们在针对下滑路径的讨论中，曾提到过这种方法。这种方法考虑到收益率分布的所有特征，当然也包括高阶矩。尽管大多数投资者不会明确定义自己的效用函数，但当他们试图表达自己的目标和风险承受能力时，实际

上就是在间接体现自己的效用目标。在确定投资组合构建中的相关资产权重时，他们同样是在间接寻求效用的最大化。归根到底，投资组合的构建原则就是追求效用最大化。

如果投资组合的收益率为 11% 而非 10%，投资者会有多高兴呢？如果是 9%、8% 或 7%，他们的满意度又会怎样呢？投资者对潜在亏损的担忧程度有多大？诸如此类的问题，其实都可以归结为效用。对于这些偏好，必须把它们构建为以收益率（或财富的终值，即财富的初始价值与收益率的乘积）为变量的函数。每个潜在结果都要对应一个可量化的满意度水平。

这显然是一个复杂问题，投资者根本就不可能以这种方式表达自己的偏好。在传统的理财咨询业务中，当然也不会有客户走进理财咨询师的办公室大肆叫嚣："嗨，我是约翰，我对财富效用的偏好符合对数函数。"同样，理财咨询师也不可能为每个客户量身定做一套效用函数。

幸运的是，效用理论始终是金融经济学中研究成果最丰富的领域之一。研究者们已提出若干函数来描述投资者对风险结果的态度。其中的大多数函数属于某种版本的"幂效用函数"。比如说，可以把投资者的效用定义为财富的自然对数或平方根，或以财富为参数的其他任何指数[1]。假设我的财富效用服从对数函数，在计算既定结果（收益率为 5%）的效用时，我只需使用"ln"函数即可得到既定财富带来的效用，如下所示：

$$效用值 = \ln(1+5\%) = 0.049$$

0.049 这个数字本身并没有多大意义。但如果我们把对数函数用于所有潜在的未来收益率，我们即可计算出这些数字的总和，从而得到我们的预期效用总额，这是我们希望实现的最大效用值。按照这个逻辑，我们可以尝试不同的投资组合权重，直到能得出最大总效用值的资产配置结构。

效用最大化似乎是一个技术性问题，但它恰恰是构建投资组合的精髓。要理解这个概念，我们要先了解关于投资组合优化的所有知识，以及如何在风险环境中进行资产配置。

我们不妨拓展这个例子以诠释更多话题。比如说，我们可以使用一个简单的案例或“玩具模型”，就像萨缪尔森传真给克里兹曼的便签中所采用的方法。

假设我们要构建一个由股票和债券组成的投资组合。此外，我们还假设经济发生衰退的概率为 10%，在此期间，股票将会下跌，并带来 20% 的亏损，而债券的收益率则提高到 9%；经济继续增长的概率为 90%，在这种情况下，股票收益率为 11%，而债券的收益率为 7%。

这样，我们就可以轻而易举地使用 Excel 表格创建效用最大化计算工具。在表 14.1 中，假设投资者拥有对数特征的财富效用函数，并列出中间步骤的所有输出结果，任何感兴趣的读者都可以在 5 分钟左右的时间里完成这个例子：很简单，财富的终值为 1 的收益率；投资组合的财富价值按股票和债券权重得到的加权平均收益率；效用为投资组合财富（终值）的自然对数，即 ln（投资组合财富）；按概率权重得到的加权效用为效用数量的概率加权总和（以 10% 和 90% 这两个概率为基础）。

最终的目标就是实现概率加权效用的最大化。为此，我们可以尝试不同的股票和债券权重，直到发现能带来最高效应结果的投资组合。

难以置信的是，我们仅用 5 分钟构建起来的这个小型优化公式，竟然代表了投资组合构建技术的最高水平。我们只需在这个模型中添加更多的情景和资产，即可得到效用值。而且这个模型远比均方差优化更强大，因为它考虑了数据的全部特征，如肥尾效应，而且考虑到了任何类型的效用函数。

表 14.1 效用最大化的简单示例

权重		约束
股票	70%	100%
债券	30%	
	收益率	
	经济衰退	经济增长
	10%	90%
股票	-20%	11%
债券	9%	7%
	终值财富	
	10%	90%
	经济衰退	经济增长
股票	80%	111%
债券	109%	107%
	投资组合的财富	
	88.70%	109.80%
	效用	
	-0.12	0.093
	概率加权效用	
	0.07215	

但这里也有一个问题。在寻找效用最大化的投资组合结构时，随着添加的资产类别越来越多，我们自然就无法对所有可能的权重进行手工测试，我们把这称为“维数灾难”（curse of dimensionality）。对于由两

种资产构成的投资组合而言，如果我们以 1% 的增量调整一种资产的权重（尽管这不够精确，但效果已足够说明问题），我们就需要对 101 个投资组合进行测试（0%~100%）。如果采用 3 种资产，我们就需要测试 5 151 个投资组合。

如果有 5 个资产，需要测试的投资组合数量便增加到 450 万，以此类推。这其实是一个排列组合的数学问题。随着投资组合资产数量的增加，待检验的投资组合总数会呈现出指数式的快速增长，以至于如果考虑 10 种资产的话，我们就需要测试超过 4 万亿个投资组合。如果考虑 20 种资产呢？按四舍五入到万亿单位，我们会得到 500 万万亿个投资组合[2]。想象一下，如果我们想追求更精确的结果，比如说，以 0.1% 而不是 1% 的增幅调整权重比例，问题的难度可想而知。

在实际中，这个寻找最优化的结果过程是通过计算机完成的，而且和手工方式计算所有可能权重的方式相比，利用这种数学上的简便算法注定会让结果更快地收敛于最终方案。我们可以利用诸多不同的工具和软件得到近似解决过程。因此，问题的关键是哪种工具的效果最好？

为回答这个问题，在我们刚开始全面优化研究，便发起一场“探索算法之战”。我们希望找到最好的算法软件，但答案让所有参与者吃惊。

首先，我在 Excel 中设置一个样本问题。我选取了 20 只对冲基金，之所以选择这些基金，是因为它们的历史收益率分布呈现出高度的非正态特征。我设置了一些限制条件，避免投资组合过于集中。

其次，我利用一个双拐点（拐折）效用函数。这些拐点代表投资者的满意度出现急剧下降。大多数投资者对亏损都高度厌恶，甚至已超出传统平滑效用函数所能建模的范围。因此，它们的效用函数在零附近会出现下降。相关示例参考丹尼尔·卡尼曼（Daniel Kahneman）和阿莫斯·特沃斯基（Amos Tversky）在 1979 年根据前景理论（prospect theory）

推导出的 S 型价值函数（s-shaped value function）。

假设出于某种具体原因（如破产风险），我们希望不惜一切代价，年收益率不能低于 -10%。在这种情况下，我们的效用函数就会在 -10% 附近显著下降。任何可能导致这种情况（收益率降至 -10% 或更低）的资产都会被大幅削减，甚至被直接踢出我们的投资组合。在本质上，效用函数中的这种拐折会剔除任何可能跌破 -10% 亏损底限的解，无论突破这个底限的概率有多小，或为剔除超限资产而需要杜撰的预期收益率到底有多高。请记住：投资组合的构建中永远没有免费午餐，只有取舍。

我认为上述情况很难解决。因为它涉及数量庞大的资产，叠加非正态的收益率分布，效用函数本身的限制以及拐折特征带来的复杂性，这些进一步提高了问题的难度。我通过电子邮件进行了一场智力竞赛，征集对象包括拥有（通过“网格”平台）大规模计算能力的普信集团 IT 部门人员、量化金融专家以及来自哈佛大学的经济学家们。我的问题很简单：“哪一组权重能带来最大化效用？”

而最基础，同时也是最有趣的试验，就是寻找哪一组权重能带来最大的效用值。所有参与者均获得相同的信息，他们可以试验自己喜欢的任何工具。但显而易见的是，能算出最大化效用的人就是最终的胜利者。

按我的猜测，遗传算法（genetic algorithm）会成为赢家。于是，一位同事开始研究遗传算法。遗传算法可以范围广泛地随机选择起点，让它们“力争”得到更高的效用值，剔除最没有希望的区域，并让计算能力集中于最有希望的搜索目标。除了这个简单描述之外，我确实不知道该如何编写遗传算法。不过，这听起来确实很前卫。IT 部门中的某个人或许也会凭借超强计算能力成为胜利者。

最后，我当然没想到自己会成为最终赢家，但我居然做到了。我利用最乏善可陈、最司空见惯的工具得到最高的效用值：Excel 的求解器。

我的体会就是永远不要低估基本软件。事实也证明，任何拥有基础版 Excel 的人都能构建起异常强大、灵活的全面投资组合优化工具。

虽然我认为自己发起的这场竞赛极具智慧性和挑战性，但个别同事却提出这场竞赛并不公平。更公平的竞赛应该是以不同资产、效用函数和约束得到的优化结果。比如说，应考虑覆盖数百只股票和债券的投资组合。我的竞赛充其量只是一场小游戏。不过，至少用于我们在 5 分钟内构建的那个效用最大化模型时，Excel 优化模型的效果值得欣慰。当然，正如我们在前述目标日期基金下滑路径设计中所提到的那样，构建多周期优化器的难度可想而知，毕竟，它面对的是一组相互独立的现实挑战。

尽管我们对流程设置严格限制，但效用模型并不能始终精确反映投资者的偏好。正如我们在收益和风险预测部分所言，对风险结果建模是极其困难的。这里就出现了两个相互关联的方面：我们使用不能很好代表投资者偏好的模型，去检验同样不能很好代表投资收益率和风险的评估。但不妨再次回到我在本书序言中提到的观点：如果我们认为自己不能合理地做好这两个方面的工作，或许我们最初就不应该从事投资业务。

寻找最简单和最复杂之间的优化模型

为近似得到效用函数和资产收益率分布，我们不妨简化投资组合的构建问题。正如哈里·马科维茨的观点，均方差优化几乎完美地实现了这个目标。高阶矩并不重要，这恰恰也是马科维茨在与萨缪尔森就这个话题进行辩论时所阐明的观点。在针对全面优化的研究中，我们最初也得到了类似结果。

当效用函数考虑到急剧下降的情况时，这代表了损失厌恶程度已明显超过临界值的“拐折”特征，就会出现均方差的问题。如前所述，这种情况很常见——大多数投资者会把他们的风险承受能力定义为“我一年内的亏损不能超过 x%”。在这些情况下，均方差优化会对波动率低但亏损敞口大的资产（做空波动率的负偏态资产）给予过多配置。2005 年，在简-海恩·克雷默斯（Jan-Hein Cremers）、马克·克里兹曼和我发表的论文《最优化对冲基金配置：高阶矩是否合理？》中，我们提出了这些发现。蒂姆·艾德勒（Tim Adler）和克里兹曼则在 2007 年发表了一篇结论类似但论证更具有说服力的论文《基于样本内和样本外检验的均方差与全面优化》。

均方差和全面投资组合优化模型相当于从最简单（均方差）到最复杂（全方位）等所有模型的两个挡板。在这两个挡板之间，存在若干修改版本的均值-方差优化模型，它们既考虑到肥尾效应，又不需要我们详细定义效用函数。

在第 11 章，我们讨论了风险状态，以及如何将肥尾效应构建为由两个概率分布组合而成的模型，其中的每个概率分布均可能服从正态分布。在 1999 年《金融分析师杂志》上，乔治·周、埃里克·雅奎尔、马克·克里兹曼和肯尼斯·洛瑞发表了一篇题为《好时光和坏时光中的最佳投资组合》的论文，这篇文章包含了堪称历史上最佳的脚注（我们稍后会详细介绍这篇文章）。他们在文中提出了一种混合状态方法。他们对均值-方差优化模型略加调整，使之对亏损窗口更加敏感。为此，他们采用了两组相互独立的波动率和相关性（“协方差矩阵”）组合：一组针对正常状态，另一组则针对动荡状态。调整的目标就是找到可实现如下结果最大化的投资组合权重：

预期收益 -［风险厌恶 1× 波动率（正常状态）+ 风险厌恶 2× 波动率（动荡状态）］

其中，“风险厌恶 1”代表在正常状态市场环境下对波动率的厌恶程度，“风险厌恶 2”表示在市场处于压力状态下的风险厌恶程度。与均值-方差优化模型的原始版本一样，波动率体现为收益率标准差的平方。

此外，4 位作者还将风险厌恶分别乘以正常和动荡状态的相对概率。出现极端动荡状态的概率通常较低，但亏损相对很大。归根结底，可以按不同的方式对状态作出定义。在该论文中，乔治・周等人提出了一种更有效的方法对相关性效应进行解释。

他们根据多变量距离或者说马氏距离指标来定义状态。马氏距离是指个别点与分布中心之间距离的度量，也就是说，它是对某个点与分布均值偏离标准差数量作出的多维度概括。马氏距离早已在科学研究中被广泛采用，网络上有很多关于如何计算马氏距离的视频教程。1927 年，科研人员首次用马氏距离的概念测量头骨的相似性。2010 年，马克・克里兹曼和李媛珍在《金融分析师杂志》发表了题为《头骨、金融振荡与风险管理》的论文。

除考量偏离与平均值的距离之外，如果观察值（通常为数据样本中的一个月）代表资产类别之间的非正常互动，它就更有可能成为多变量异常值。这和头骨有什么关系呢？对此，克里兹曼和李媛珍解释道：

> 1927 年，印度统计学家马哈拉诺比斯（P.C.Mahalanobis) 根据人类头骨的 7~15 个特征对印度人不同种姓和部落之间的差异性和相似性进行了分析。马哈拉诺比斯使用的头骨特征包括头部的长度和宽度、鼻部的长度和宽度、头骨指数、鼻骨指数和身高等。这些特征的差异体现于尺寸和形状。也就是说，马哈拉诺比斯可能认为，在两组头骨之间，1.27 厘米的鼻长差异就属于显著差异，但这个差异对头骨长度而言可能微不足道。随后，他又提出一种更广义上的

距离统计量度，即马氏距离，这个概念不仅考虑了各维度之间的标准差，还考虑到维度之间的相关性。

事实证明，也可以使用这种方法在投资情景中评估市场动荡和定义风险状态。乔治·周他们针对两种资产类别提出了一种简单的可视化方法。在我们为道富银行制作的 PowerPoint 演示稿中，就采用了三维旋转椭圆体，它可以帮助我们解释 3 种资产类别的异常值状态（而且我们在当时就已经采用了令人炫目的动画效果）。但是在尝试对 3 个以上维度（即 4 个或更多资产类别）的异常值进行演示时，我们遇到了无法解决的困难。这就引出了一个有趣的脚注。我不知道乔治·周他们是怎么设法逃过裁判的眼睛，但文章中的确出现了这样一句话：

> 如果我们考虑 3 个收益率序列的话，异常值的边界将会是一个椭圆体，呈现出一种看似橄榄球的形状。因此，我们无法直观地看到包含 3 个以上收益率序列样本的异常值边界——至少在没有受控物质帮助下，我们是无法做到的。

均方差优化还有其他几种修订版本，对非正态（非高斯）的高阶矩，尤其是肥尾效应进行解释[3]。比如说，我们可以用衡量尾部风险的指标代替波动率。在第 10 章中，我们曾讨论 CVaR，用来衡量市场下跌期间的预期亏损。如果以 CVaR 衡量尾部风险，我们就可以调整均方差，以求解导致如下结果最大化的权重[4]：

−风险厌恶 × CVaR

也可以把 CVaR 替换为我们选择的其他尾部风险量度，如超过 -10% 的亏损概率、风险价值（VaR）等。

此外，我们还可以使用尾部风险约束。比如说，我们不希望 CVaR 低于 -10%。我们就可以把优化问题定义为：

> 预期收益率 - 风险厌恶 × 波动率
>
> 且服从如下约束条件：CVaR < -10%

在这个定义中，任何约束都应有效。例如，我们可以求解均方差最优投资组合，条件是投资组合在 2008 年历史情景下的亏损不超过 15%。此外，这个受到约束的模型还考虑了其他多个情景约束。

譬如，我们可以把 2000 年和 2008 年的情景结合起来。当然，我们还可以采用前瞻性情景法。

我们可以把波动率和尾部风险直接组合成一个目标函数。为此，我们可以采用与上述风险状态相同的方法，但需要将针对具体状态的风险厌恶参数替换为针对波动率和尾部风险的风险厌恶参数：

> 预期收益率 - [风险厌恶 1× 波动率（正常状态）+ 风险厌恶 2× 尾部风险]

同样，对尾部风险的衡量可以采用 CVaR、VaR、亏损概率以及 2008 年的情景等。我们可以在目标函数内对尾部风险按概率进行加权。从根本上看，我们在风险预测部分讨论的所有尾部风险度量都是可以使用的。通过这种方法，我们可以从 3 个维度对投资组合进行优化：收益率、波动率和尾部风险。对于相同的收益率和波动率，我们需要得到最小尾部风险的解。因此，我们同样需要减少低波动率但高尾部风险的资产（如对冲基金和信贷等所有令人生厌的“短期波动率”资产）。

我们在第 8 章讨论了高阶矩问题。另一种方法就是将这些高阶矩直接添加到目标函数中，如下所示[5]：

预期收益率 − 风险厌恶 × 波动率 + 偏态厌恶 × 偏态 − 峰度厌恶 × 峰度

这里需要关注偏态的正负号，因为对损失厌恶的投资者来说，正偏态比负偏态更受欢迎。这种对均方差优化进行修正的效果在总体上与其他修正方法相同：当资产超出波动率所能捕获范围的非预期下行风险时，其配置比例会相应降低。

如何解决优化导致的个别资产过度集中?

任何使用过投资组合优化工具的人都知道，这些工具往往会导致投资组合过度集中于个别资产类别。此外，这些集中解决方案可能对输入的微小变化非常敏感，从而导致问题进一步复杂化。与大多数人直觉相反的是，我们可以认为这些问题并无现实意义。在解释为什么大多数人只是过分担心之前，我们不妨了解一下以往的金融文献中是如何讨论这个问题的。

我们可以进行权重约束。譬如，我们可以把对冲基金的配置比例限制在投资组合的 10% 以内，可以对上述所有方法设置这种限制——包括从全面优化到各种形式的尾部风险敏感性均方差优化。

我们可以定义“群体”约束。假设除股票和债券之外，配置目标还包括对冲基金、流动的选择性资产以及房地产等所有归属于“替代品”的资产类别。在这种情况下，我们可以设置约束条件，将不超过投资组合 20% 的配置比例给“替代品”。这个例子并不是随机选择的。选择性资产通常具有人为的低波动率和不合理的高预期收益率，从而带来角点解（corner solution），即优化工具将整个投资组合配置给选择性资产。不妨用一个经典例子说明这个问题：如果把私人房地产添加到股票和债券构成的投资组合中，而且没有对配置比例进行严格限制，优化工具就会试图把全部资金配置给私人房地产。

除简单的权重约束之外，还有很多方法处理这个问题。事实上，大量文献涉及如何克服投资组合集中及投资组合优化的不稳定解决方案。由理查德·米肖（Richard Michaud）首次提出的经典方法就是使用重采样（resampling）[6]。这个想法的实质就是反复对数据集二次抽样得到的投资组合进行再优化。这个过程表明，数据样本的微小变化可能会带来完全不同的解。但如果计算解的平均值，我们就会得到稳定结果。

在不允许持有空头仓位时，这个过程会带来集中度相对较低的投资组合。在重采样时，只要优化工具找到一个做空资产类别的解决方案，就会以负权重代替零配置。因此，与我们对全样本进行的均方差优化过程相比，既定资产的平均最优权重更有可能为正数。至少我是这样理解这个过程的，我相信米肖也会采用某些“秘方”成分。

虽然这种方法本身不会改善我们的风险和收益率预测，但有助于确定最优权重的置信区间。我们可以用它来评估一个最优“区域”，而不是孤立的点估计，这个区间反映了我们评估的不确定性。

另一种为最优权重提供稳定性和避免权重集中的方法是使用“贝叶斯收缩”（bayesian shrinkage）。1986 年和 1991 年，菲利普·乔瑞（Philippe Jorion）提出了一种将收益率评估向参考点（如最小风险投资组合的平均收益率）收缩的方法。这个收缩过程考虑了资产类别之间的相对波动率和相关性，以强化收益率评估的一致性。

传统的布莱克-利特曼模型（black-litterman model）也使用了收缩的概念，在1992年发表的论文《全球投资组合优化》中，两位作者费舍尔·布莱克（Fisher Black）和罗伯特·利特曼（Robert Litterman）对此进行了解释。该模型将自由裁量（某些量化分析师称之为“虚构”）的观点与均衡收益率（由第一章所述CAPM计算得出）结合起来。这个结合过程不仅体现了我们对自身观点的信心，还考虑到波动率及相关性。

与乔瑞提出的方法一样，布莱克-利特曼模型也强化了一致性。如果我们不认同这些观点或对它们缺乏信心，解决方案就会向市值权重收敛。此时，对背离均衡状态或会导致投资组合集中的观点需要调整或“驯服”。如果假设两种负相关资产同时获得高正收益率（由于两者负相关，因此，这种情况不太可能出现），该模型很可能会让最终评估值逐渐向与CAPM一致的某个值“收缩”。

这些收缩模型具有相对较强的技术性，但对量化人士（或像我这样的低档宽客）来说，掌握这些模型的最好方法，就是重新编码布莱克和罗伯特·利特曼在论文中提出的例子。他们采用了简单的三资产示例，并为该过程提供了分步指南。

这些模型对非量化人员来说意义不大。它们需要以大量假设为依托，而且混淆了输入评估过程与投资组合构建过程之间的界限。如果你是深谙这些模型的专家，就可以追溯驱动最终评估的因素：评估值不断聚集的参照点、波动率效应、相关性效应、风险规避参数或模型的其他方面。但对其他人来说，最好还是要明确区分收益率预测、风险预测和投资组合的构建。这种区分不仅会带来透明度，也便于我们对自己的评估结果进行判断。

在对输入和投资组合构建进行明确区分而不是采用重采样和收缩法的情况下，另一种避免投资组合过度集中的方法，就是把对等组风险（peer group risk，跟踪误差）约束纳入均方差优化中。但更理想的方法如1995年乔治·周等人所述，我们可以把跟踪误差直接添加到目标函数中，实现如下结果的最大化：

预期收益率 − 风险厌恶 × 波动率 − 跟踪误差厌恶 × 跟踪误差

跟踪误差项就像一根把投资组合的权重拉向基准点（通常为市值权重或是一个对等组的平均配置）的松紧带。跟踪误差厌恶程度决定了这根松紧带的弹性。与我们刚刚提到的其他扩展目标函数一样，厌恶参数也可以让我们指定一个目标相对另一个目标的重要性。

在这种情况下，我们可以指定我们更关心的是绝对风险（波动率）还是相对风险（跟踪误差）。在乔治·周等人的研究中，我们可以看到如何使用这种方法生成一个有效曲面，而不是传统理论中的有效边界。边界反映了针对不同风险厌恶水平的最优投资组合的风险收益率。而曲面则在3个维度反映收益率、风险与跟踪误差。他们的研究对此作出了更直观的归纳：

◎ 对于相同的收益率和波动率，优化过程可以找到具有最低跟踪误差的投资组合。

◎ 对于相同的波动率和跟踪误差，优化过程可以找到具有最高收益率的投资组合。

◎ 对于相同的收益率和跟踪误差，优化过程可以找到具有最低波动率的投资组合。

只要改变风险厌恶和跟踪错误厌恶的“弹性”强度，我们就可以让投资组合在这个曲面移动。移动产生的所有解形成的是最优曲面，而不是线性边界，这个想法适用于目标函数拥有两个风险项的所有优化，比如前面讨论的均值–方差–CVaR 优化解。

优化的价值是否被过分夸大?

考虑到投资组合的不稳定性和过度集中的问题，有些金融专家和从业人员提出优化无用论。我当然不能接受这样的说法。只要使用得当，优化工具显然是有价值的；但如果使用不当，它们确实有可能导致危险的错误配置。

在一篇发表于 2007 年且被大量引用的论文中，3 位作者维克托·德米格尔（Victor DeMiguel）、洛伦佐·加拉皮（Lorenzo Garlappi）和拉曼·乌帕尔（Raman Uppal）指出，针对大多数资产类别，相等权重的投资组合业绩均优于均方差最优组合。我对这个结论同样是不认可的。

在发表于 2010 年的《为优化辩护》的文章中，马克·克里兹曼、大卫·特尔金顿和我反驳了德米格尔、加拉皮和乌帕尔：他们对均方差优化的批评是不公正的。因为 3 位作者为均方差优化器提供的输入数据就是错误的，他们以滚动的 60 个月已实现收益率作为预期收益率。但是在实际中，没有人会使用这些数据，因为它们包括了预期股票风险溢价为负数的非正常案例；而且从广义上说，德米格尔他们忽略了我们在本书第一部分关于收益率预测提到的所有观点。

我们研究得到的结论是，在使用基本预期收益率而非滚动的短期已实现收益率时，均方差的表现优于等权重的投资组合。在这里，我们无须对预测能力做任何假设。相反，我们用长期平均值（样本外评估）和固定风险溢价来模拟预期收益率。此外，我们采用了相同的资产收益率，从而得到最小风险的投资组合。

在第 2 章，我们曾提到，在没有预测能力的前提下，风险最小化投资组合的表现优于按市值加权的基准组合。在上述《为优化辩护》一文中，我们在范围更宽泛的回测中均发现了类似结果。同样，我们的结论是，即使不做任何收益率预测（这总比低质量的拙劣收益率预测要好），优化的表现依旧非常出色。

之所以会出现这个结果，一个原因是在讨论风险预测的背景下，波动率和相关性具有良好的持续性；另一个原因就是我们在第 12 章提到的低贝塔效应。当然，我们的这篇论文也因为出色的研究而获得 2011 年"格雷厄姆和多德名册奖"（*Graham and Dodd Scroll Award*）。

在 2019 年发表的另一篇关于优化的论文《为投资组合优化辩护：如果我们可以预测会怎样呢？》中，作者大卫·艾伦（David Allen）、科林·利齐里（Colin Lizieri）和斯蒂芬·萨切尔（Stephen Satchell）把我们的研究扩展到不同预测能力假设的案例中，他们的结果进一步强化了我们的结论。他们在论文中强调：

> 我们挑战金融界的共识，即评估误差导致均方差投资组合策略不如被动式管理的等权重策略。我们通过模拟和实证分析证明，具有适度预测能力的投资者会从均方差方法中受益匪浅……我们把预算限制、交易成本和样本外测试运用于各种投资，从而让我们的研究模型更符合现实。

除此之外，对不稳定解决方案和集中性投资组合的担忧也可能被人为夸大。在发表于 2006 年的论文《优化是否毫无价值？》中[7]，作者马克·克里兹曼指出，只有当资产高度相关时才会出现对输入微小变化非常敏感的问题，它们之间可以相互替代，而且不会对投资组合的收益率和风险特征带来明显影响。权重的大幅变化几乎不会给最优解决方案的风险和收益率造成任何影响。因此，在资产非高度相关时，最优解决方案会更稳定。

关于风险平价策略的争论仍在继续

风险平价是指对投资组合中不同资产给予相同风险权重的一种资产配置策略，通过风险平价策略，我们可以简化投资组合的构建。我们应将风险视为资产配置决策的核心，而且我们也的确应着力追求稳健性（即找到在一组精确的收益率和风险预测下的次优解，但在诸多可能性下均取得合理效果）。但资产配置者当然不应过分依赖这种方法。

这个观点的核心思想就是，均衡各资产类别给投资组合带来的风险。也就是说，我们可以把风险平价投资组合视为等风险的投资组合，而不是等权重的投资组合。要增加低波动率资产（如债券）带来的风险，就需要增加它们的权重比例。通常，我们假设所有资产类别都具有相同的预期收益风险比。

我们也经常对相关性进行简化假设。通常，这些假设会让优化过程更“稳健”，因为它们多少有点“不可知”，而且会减少预测误差。这个稳健性观点在投资者中颇为流行，尤其是在2008年熊市期间，该项策略跑赢传统60%股票与40%债券投资组合后[8]。截至2018年，量化基金经理管理的风险平价产品资产规模已达到5 000亿美元[9]。

2012年，罗伯特·安德森（Robert Anderson）、斯蒂芬·比安奇（Stephen Bianchi）和丽莎·戈德伯格在《金融分析师杂志》上发表了

《我的风险平价策略能否更胜一筹？》的论文。3 位作者指出，通过对过去 80 年的数据进行回测，如考虑杠杆和资金周转率的历史成本，风险平价策略的业绩滞后于由 60% 股票和 40% 债券构成的传统投资组合。在这篇论文发表几年后，这场辩论也达到一个顶点。

2016 年，我在《量化金融杂志》（*Quantitative Finance Journal*）上发表了对钱恩平所著《风险平价基础》（*Risk Parity Fundamentals*）的书评[10]。在过去几年中，资产管理行业在风险平价问题上划分为几个派别。一些著名的资产管理公司似乎虔诚地相信，无论针对哪些领域或采取何种方式，风险平价策略的业绩均优于传统资产配置模式。但也有人认为，风险平价不过是基于对金融理论的误导性解释和缺乏可信度的回测而引发的流行。

风险平价支持者的反应显然是经过深思熟虑的，而且他们的观点清晰明了。安德森、比安奇和戈德伯格对风险平价的回测具有误导性，因为他们歪曲了这种方法在实际中的操作方式。最终，这场辩论似乎已达到了“我们必须接受分歧”的僵持阶段。

钱恩平的《风险平价基础》一书对风险平价的支持显然是一面之词。在这本书的每一章里，钱恩平都要重申，与传统的均衡投资组合相比，风险平价会带来更好的多元化效果，并在实际中带来更高的风险调整收益。在书的结尾，我甚至开始怀疑，钱恩平是否会觉得，风险平价可以治疗癌症。他当然会提出一个强有力的理由，即为提高投资组合的收益率，投资者应采用高收益风险比、低贝塔系数的资产（这样的资产通常是指债券）。这个结果符合我们之前在低贝塔风险溢价背景下所讨论的杠杆厌恶理论。

在《风险平价基础》这本书中，大多数章节读起来似乎就是对风险平价怀疑论者的驳斥。以下是钱恩平在书中的一些典型自问自答。

问：债券收益率是不是太低了？

答：曲线的斜率和定价比利率水平更重要。

问：风险平价是否依赖于不安全的杠杆率？

答：不。事实上，如果我们考虑到股票中的隐性杠杆，风险平价策略的杠杆类似于均衡投资组合。

问：如果股票和债券都呈正相关（比如在意外加息期间），该怎么办？

答：历史数据表明，风险平价有助于投资组合很快走出这类事件。此外，大宗商品也可以在股票和债券之外提供进一步的多元化。（2020 年的疫情事件可能会让我们怀疑这个结论。随着流动性完全枯竭，曾有一段时期，投资者在股票和大宗商品市场下跌的同时，卖出美国国债。对采用风险平价策略的投资者而言，这些事件无异于一场完美的风暴。）

问：风险平价是否忽略了负债？

答：这种方法只需简单调整即可考虑负债和资金比率（funded ratio）。

遗憾的是，在钱恩平提到的全部回测和示例中，均未解决一个最关键的问题：安德森、比安奇和戈德伯格对杠杆成本和交易成本的批评。在当前低利率环境下，借贷成本已达到极度低的水平。但对于追溯到 40 多年前的回测而言，他应对历史伦敦同业拆借利率（LIBOR）进行 9% 以上的调整。但钱恩平没有提出对这个问题的假设，这就会让读者质疑：

在调整杠杆率和资金周转成本后，为“风险平价策略击败均衡投资组合策略”呐喊助威的声音是否会偃旗息鼓?

总体而言，我们尚不清楚，风险平价策略是否对传统投资组合构建方法拥有天然优势。怀疑论者的质疑可能是针对过分强调风险集中的做法，而不是亏损敞口。对由 60% 股票和 40% 债券构成的投资组合而言，可能对股票风险因子持有 95% 的敞口，但是与由 95% 股票和 5% 债券构成的投资组合相比，其亏损敞口仍低得多。

尽管大多数量化投资者都知道尾部风险的存在并对其管理，但对于风险平价策略构建的投资组合（其中大部分依据波动率构建）如何解释非正态分布，却并非始终清晰明了。风险平价可以通过多种方式实现，从而带来多种结果。至于如何计算协方差矩阵，如何以及何时对投资组合进行再平衡，是否在一段时间内针对特定风险等技术上的细节作为目标也非常重要。

即便如此，对可获得廉价杠杆的投资者来说，很难驳斥这样的观点：我们应把风险置于投资组合构建过程的核心，而且应增加非相关且高风险收益比资产的敞口。对否认所有资产类别都拥有相同风险收益比（或否认所有资产类别之间都拥有相同相关性），强调估值的投资者而言，他们可能会构建不同于风险平价策略的投资组合，但他们仍会从本章见解中受益。

注　释

1. 相关示例见 1979 年哈里·马科维茨等人的文章、2005 年和 2007 年马克·克里兹曼等人的文章。

2. 相关示例见 2005 年马克·克里兹曼等人的文章。

3. 有关这个话题的文献综述见 2010 年坎贝尔·哈维等人的文章、2012 年布莱恩·菲尔德（Brian Field）等人的文章、2005 年斯韦特洛扎·拉乔夫（Svetlozar T. Rachev）等人的文章。需要提醒的是，关于这个话题的文献极为常见［比如史蒂文·格雷纳（Steven P. Greiner）在 2012 年《金融应用杂志》上发表的评论］。当然，我或许遗漏了很多更有价值的参考资料，还请读者予以谅解。在这里，我着重讨论了本人与同事在实操中真正使用过的软件。

4. 相关示例见 2011 年托马斯·伊德佐雷克（Thomas M. Idzorek）等人的文章。

5. 相关示例见 2012 年布莱恩·菲尔德（Brian Field）等人的文章。

6. 相关参考资料见：https://www.newfrontieradvisors.com/research/articles/optimization-and-portfolio-construction/。

7. 这篇论文还获得了一个奖项——2006 年"Bernstein-Fabozzi/Jacobs Levy"优秀论文奖。对那些希望获得金融从业者杂志奖项的人来说，寻找一种能捍卫投资组合优化理论的方法，或许是再适合不过的话题。

8. 见 2013 年杰弗里·默瑟尔的文章。

9. 桥水基金、AQR、Panagora 和其他很多金融机构均提供此类策略。查阅相关示例，请登录：www.forbes.com/sites/simonconstable/2018/02/13/how-trillions-in-risk-parityvolatility-trades-coul。

10. 经允许，这部分内容摘自如下书评：http://www.tandfonline.com。

第15章

私募股权能否提升投资组合收益率?

> 任何投资决策以及企业内部的所有决策，都需要考虑风险。以贴现现金流进行的估值是完全无效的，而且没有任何意义；如果不能正确考虑风险，对决策自然也毫无价值。市场价值依赖于对风险的评估。—— JPP

在投资组合的构建中，不管使用什么优化方法，譬如多周期法、全面法、均方差法、均方差的尾部风险感知法、风险平价法、判断法和经验法则，一个长期挑战就是如何对选择性资产进行最优配置。多年来，公开养老金和捐赠基金等机构投资者始终致力于解决这个问题。近期，选择性资产类别也开始受到越来越多个人投资者的青睐。

作为一种资产类别，私募股权的规模及普及程度正在不断扩大，在这种情况下，公募股权和私募股权之间的比较尤为重要。此外，我们还可以把这种比较引申到不同选择性资产类别之间，因为它涉及如何在流动性和非流动性市场之间进行更广泛的配置。

私募股权在投资组合中的作用是什么？私募股权和公募股权构成的最优组合是什么？如本书第 9 章所述，答案近乎天真——私募股权确实非常棒。这个结论已经被采用均方差优化技术的理财师所验证。它在本质上是免费午餐。如果投资的时间跨度足够长，整个投资组合或许都应投资私募市场，毕竟，这个市场似乎展示出高收益率、低波动率以及与商业周期低相关性的特征。根据我对以往文献的全面回顾以及自己的研究，我认为，私募股权绝非免费午餐。尽管它在某些投资者的投资组合中不可或缺，但其作用远不及历史数据的天真解读。

从事私募市场投资的汉领资本（Hamilton Lane）研究发现，截至2018年9月30日，私募股权的20年期风险收益比率（夏普比率）比公募市场高出270%（以摩根士丹利全球指数为基准）。2000—2018年，发达国家市场收购项目（私募股权中专门从事杠杆收购的一个细分资产类别）的5年期最低年化收益率为12.4%，相比之下，摩根士丹利全球指数的年化收益率为–5.7%。现金在5年内的贬值风险甚至比收购项目更大，毕竟，全球范围的现金利率已降至零，甚至更低[1]。

同样，在发表于2019年的一篇文章中，作者西德尼·奥斯丁（Sidney Austin）等人鼓励有钱人投资私募股权。康桥咨询公司（Cambridge Associates）也发现，机构投资私募股权越多，收益率就越高。奥斯丁在文中暗示，把40%的资金配置给私募股权或许是最优选择：

> 我们的分析表明，在过去20年中，对私募股权配置较高比例的机构取得了显而易见的高收益率。平均配置比例超过15%的投资组合，实现的年化收益率中位数为8.1%，相对于配置比例低于5%的投资组合而言，收益率高出160个基点。此外，研究还显示，配置比例越高，收益率越高……多年来，业绩排在前10%的机构持续提高对私募股权的配置比例，平均水平达到40%。

这个观点透露的信息似乎表明，私人投资者应该效仿复杂的捐赠投资模式。奥斯丁进一步指出："如果能正确评估流动性需求，流动性不足并不会带来更大的风险。实际上……在大多数严重的市场低迷时期，对私募股权配置比例较高的机构均业绩表现优异。”

公募养老金显然也会得益于私募股权相对公开市场的优势。在《2018年公开养老金研究报告》（*2018 Public Pension Study*）中，美国投资委员会（The American Investment Council）声称，在163只美国公共养老基金中，按10年期计算的私募股权年化收益率为8.6%，而公募股权的同期收益率仅为6.1%。

尽管估值更高，而且通常附有历史收益率并不代表未来收益率的免责声明，但私募股权投资者依旧保持乐观。麦肯锡在《2018年全球私募市场评论》（*2018 Global Private Markets Review*）中披露，90%有限合伙人（为私募股权经理提供资金的资产所有者）预计，私募股权将继续跑赢公开市场。麦肯锡的研究人员认为："由此可见，资本将会不断流入私募股权市场。"汉领资本的研究也表明，在过去10年中，已经有超过6万亿美元的资金流入私募股权市场[2]。这样的资金洪流在未来10年内只会进一步加剧。因此，汉领资本预计，这个市场将在未来10年筹集到11万亿~15万亿美元的资金。

私募股权的业绩存在注水嫌疑

无论从金融理论还是常识的角度看，都很难证明非上市公司业绩应始终优于上市公司。不妨设想，两家公司提供完全相同的产品或服务，并假设它们拥有相同的预期现金流，没有债务，而且由具有相同商业思维和阅历的孪生姐妹管理。唯一的区别是，一家是非上市公司，另一家则是上市公司。

为了给公司估值，投资者需要对这两家公司的预期现金流进行折现。这两家公司拥有完全相同的预期现金流，两者的折现率依赖于无风险利率和风险溢价。在较长时期内，如果按两家公司的股权都是基于贴现现金流进行估值，非上市公司的股权为什么应该比上市公司的股权升值更快呢？非上市公司的经营风险为什么会低于上市公司呢？

也许流动性不足会带来溢价。非上市公司股东可能需要以更高的收益率补偿他们无法在公开市场上轻松交易股票带来的风险。但正如汉领资本的研究报告所示，这个溢价能否证明：夏普比率增加 270% 是合理的？答案显然不得而知。

答案可能藏在上述报告的脚注和细则中，譬如“业绩结果不代表对咨询费或管理费的任何豁免或扣除”以及“基于内部收益率”之类的声明。这些研究和预测来自与私募股权同舟共济的机构：汉领资本是一家私募股权管理机构；康桥咨询和麦肯锡也把很多私募股权投资者作为客户；美国投资委员会更是一个代表私募股权机构的行业推动组织。

学术界则致力于以事实和数据说话，而且需要为他们的假设尽可能地提供依据和解释。因此，和深谙公开市场操作规律的机构相比，他们或许会对私募股权的业绩进行更接近事实的估值。

需要提醒的是，学术界的共识似乎与实际背道而驰：在较长时期内，私募股权不会跑赢公开市场。在我职业生涯的大部分时间里，我始终致力于在理论研究和实际之间架起一座桥梁。这个结论或许代表了整个金融行业所面对的学术研究与传统智慧之间最大的鸿沟之一。

营销展示中的常见偏见或许可以解释这个鸿沟。三个最重要的偏见是私募股权收益率的“杠杆化”（levered）、“被锁定”（locked up）和“自我报告”（self-reported）。这些偏见相互影响，相互叠加。

杠杆化：杠杆会放大收益率，而且在这些收益率趋向平滑后，风险调整收益率会被自动夸大。

被锁定：私募股权管理者要求投资者预先出资，这样，在较长锁定期内，私募股权管理者可以在认为合适的情况下部署和返还资金。相比之下，在公开市场上，基金经理显然无法控制资金的流入和流出。

自我报告：在报告投资价值的方式上，私募股权公司享有较大灵活性，因为私募股权不会被频繁交易，甚至没有交易。

在发表于 2005 年的《私募股权的业绩：收益率、持续性与资本流动》的文章中，作者斯蒂夫·卡普兰（Steven N. Kaplan）和安托瓦妮特·朔尔（Antoinette Schoar）指出："私募股权基金的平均收益率基本相当于标普 500 指数。"他们研究的样本涵盖了 21 年的时间段（1980 年至 2001 年）。他们不对杠杆进行控制。因此，他们假设，私募股权投资的市场贝塔系数（对标普 500 指数的敏感性）为 1.0。他们没有控制私募股权基金比公募股权面临更多系统性风险的可能性。

他们唯一的调整就是考虑"锁定"部分，即现金流的出现时间。私募股权基金的内部收益率（IRR）按市场价值进行加权，而公开市场基准收益率则按时间加权（所有年份在计算中都具有相同权重）。由于私募股权管理者可以受益于现金流时点的巨大灵活性，因此，这种比较可能更有利于私募市场。

为调整这种偏差，卡普兰和朔尔计算了公开市场等价物（public market equivalent，PME，将投资给私募股权基金经理的资金投入二级市场可实现的投资回报率）的基准收益率。我们可以把 PME 视为标普 500 指数按价值加权获得的收益率，即假设现金流流入和流出与私募股权基金相同。这样，它们就抵消了私募股权在现金流时点上的优势[3]。PME 通常表示为公开市场与私人市场收益率的比率，如果该比率高于 1.0，则表明私募股权的业绩优于公开市场；如果该比率低于 1.0，则表明私募股权的收益能力不及公开市场。

为说明这一点，不妨假设标普 500 指数在某一年的收益率为 5%，次年收益率为 20%，那么，两年期（按时间加权）年复合收益率为 12.2%。我们再假设，投资私募股权基金的收益率与标普 500 指数的同期收益率完全相同。私募股权基金经理在第一年初投入 1 000 万美元资金，并在第二年之前增加 1 亿美元。这样，相比于“还算凑合”的年份（投资为 1 千万美元，投资收益率为 5%），私募股权经理在超级好年份（投资 1.1 亿美元，投资收益率为 20%）会投入更多资金。

私募股权基金经理本可在两年结束时向投资者返还 1.326 亿美元，在这种情况下，按价值加权的内部收益率为 18.6%。如果将 18.6% 的内部收益率与标普 500 指数的收益率 12.2% 进行比较，我们是否应得出私募股权的业绩领先于公开市场 6% 以上的结论呢？这种跑赢大盘是真正的超额收益吗？在这种情况下，基本收益率每年保持相同，PME 显然为 1.0。我们唯一需要做的事情，就是调整现金流的发生时点，而阿尔法系数则从 6% 降至零。

卡普兰和朔尔发现，如按相同权重计算，746 只私募股权基金的平均 PME 为 0.96；如按规模加权计算，平均 PME 为 1.05（此时，大规模基金会有更优表现）。这些结果与 1.0 不存在统计上的差异。研究也证实，这些基于 PME 的结果适用于广泛的数据集合和时间段[4]。

这些研究主要对现金流的时点进行调整。还有研究者关注到已发布的私募股权收益率的其他偏见。在 2009 年发表的论文《私募股权基金的表现》中，作者卢多维奇·法利普（Ludovic Phalippou）和奥利弗·戈特施拉格（Oliver Gottschlag）开门见山地指出：

> 行业协会和以往研究报告显然夸大了私募股权基金的业绩。其实，这种超额业绩主要源自对持续投资的会计估价（accounting valuation）过高，而且研究者们偏向业绩更好的基金。我们的研究表明，私募股权基金扣除费用后的年均收益率低于标普 500 指数 3 个百分点；在经过风险调整后，私募股权基金年均收益率低于标普 500 指数 6%。

这些数字与汉领资本、康桥咨询、美国投资委员会等机构披露的数字相差甚远。它们似乎对私募股权这个资产类别讲述了一个完全不同的故事。我们不妨研究一下，法利普和戈特施拉格如何认定私募股权基金的收益率比公募股权基金低 6%。他们的研究为一丝不苟、追求真理的学术研究提供了一个典范。

首先，和其他研究一样，法利普和戈特施拉格也采用了 PME（他们称之为赢利能力指数）这个指标。但是在使用 PME 过程中，他们对基金收益率汇总方式的偏差进行了调整。传统方法以初始投入的总资本确定计算加权平均数的权重。然而，这些权重并不能反映投资资金的现值。尽管这只是一个技术调整,但他们发现“标准汇总方法会导致业绩偏高”。

其次，法利普和戈特施拉格对“自我报告”偏见进行控制。作为私募股权基金收益率计算的一个部分，资产净值（net asset value）往往会被平滑处理并高估。为纠正这种偏见，他们只选择已终止的基金。但令人费解的是，在私募股权数据库中，尽管已终止基金不再产生现金流的流入和流出，但仍有很多该类基金居然披露了资产净值残值。于是，他们注销了这些“活死人”，即资产净值残值，因为这些残值并不代表返还给投资者的真实现金。

在某种意义上，这些“活死人”可能代表了资产净值在整个投资期内的高估部分总和。用法利普和戈特施拉格的话说："这些已达到常规清算阶段的基金，仍披露仅适用于持续投资的大量会计估价，这必然会导致业绩被高估。"为调整这种样本偏差（仅有正常经营的基金才应向主商业数据库披露收益率），他们增加了没有包含在商业数据库中的基金。这些基金的业绩落后于大盘。

再次，法利普和戈特施拉格对"杠杆"偏差进行调整。他们考虑了系统性风险，包括杠杆收购中的杠杆以及风险投资中的小盘股和成长因子。其他研究也表明，仅这些类型的系统风险调整即可实现私募股权基金和公募股权基金收益率的平均化[5]。2014 年，法利普的一项研究表明，和小盘股和价值型公开市场指数构成的杠杆化基准指数相比，杠杆收购基金的收益率低 3.1 个百分点。此外，伊尔曼恩等人的研究显示，即使不加杠杆，在扣除私募股权基金的收费后，私募股权基金的业绩明显低于小盘股。克里兹曼等人的研究表明，行业效应非常重要。

最后，法利普和戈特施拉格估计，费用占私募股权基金投资价值的比例超过 25%（每年为 6%，这与他们披露的私募股权基金业绩对公募股权基金的滞后相匹配）。私募股权基金的营销演示通常使用包含管理费的收益率，这种误导或许是最令人担忧的。投资者应提出的第一个问题：收益率到底是包含费用的总收益率，还是扣除费用后的净收益率?

私募股权基金更易遭受流动性危机

对私募股权基金这个资产类别所谓的优越性，很多经验丰富的投资者持怀疑态度。在发表于 2006 年的《你不能靠 IRR 吃饭》文章中，作者橡树资本管理有限公司创始人霍华德 · 马克斯（Howard Marks）最早指出，IRR 确实有自己的优势。在使用传统的时间加权计算收益率时，小规模投资带来相对较高的收益率会片面夸大总收益率。相比之下，内部收益率则需根据已配置资本规模调整收益率。

但马克斯也指出了 IRR 的一个主要问题：它需要根据私募股权基金经理催缴而非实际配置资金的时间进行调整。他的结论是："高 IRR 本身并不代表投资者可以放在口袋里的钞票。"为此，马克斯以现实生活中的一个例子说明这一点。假设一位投资者收到私募股权基金经理发来的报告，报告显示，这位基金经理实现的 IRR 为 27.1%，但在 4.5 年时间内，投资者最初投入的 75 万美元仅增加到 102.3 万美元，年化收益率为 7.3%——这背后的差异令人惊讶。

2019 年，克里夫·阿斯内斯推出一款颇具讽刺意味的私募股权基金，他把这只基金命名为平滑[6]。尽管该基金投资于流动性资产，但它具有超低的波动率与可视的分散化风险。基金招股说明书的细则指出，该基金可以承担额外的杠杆和锁定期，在估值和报告方面也采用灵活的资产净值法。阿斯内斯开玩笑地说："考虑到采用新的内部'平滑'管理流程，因此，即使我们不能提供这种非相关性，平滑基金仍将报告与正常市场基本无关的收益率。"

阿斯内斯继续指出："在这个专有流程中，我们需要对流动的选择性投资进行常规性对冲，但也只是偶尔按市值计价。然后，我们要根据对基金潜在市场价值（未经审计）的评估赋予其合理权重（也就是说，根据我们认为基金预期业绩的看法），从而得到前几年价格加权平均值的某种组合。"

撇开讽刺不谈，在发表于 2019 年的一篇文章中，我和前同事梅根·查索尼斯（Megan Czasonis）、马克·克里兹曼和大卫·特尔金顿也发现，私募股权管理机构报告业绩的方式确实存在重大偏见。私募股权的估值是事后披露的，通常滞后于事实 2~3 个月。比如说，2018 年的收益率是在 2019 年第一季度计算得到的。这与共同基金不同，共同基金需每天发布收益率。这项研究揭示了公开市场收益率对私募股权基金估值影响方式的非对称性：当公开市场的收益率为正时，私募股权基金管理机构往往会高估投资价值；反之，当公开市场收益率为负时，他们并不会相应调低投资估值。

在熊市期间或投资者争相抛售的情况下，私募股权的披露估值可能高于真实市场价值，这一事实会变得更明显。此时，非流动资产中会嵌入空头期权头寸。在市场上的流动性非常充裕时，“流动性期权”支付溢价；但是当流动性消失时，投资者必须付出代价。2009 年，哈佛大学基金会就曾面临流动性危机，其持有的私募股权按 60% 的折价出售。2009 年《福布斯》刊登一篇《哈佛大学的投资巨星如何陨落》的文章，该文引用参与此笔交易的投资银行的话：“大幅折价是由于‘基金继续持有投资的不切实际的定价水平’以及‘幻觉似的估值’。”

2019 年，英国伍德福德股票收益基金（Woodford Equity Income Fund）的投资者被拒绝赎回，由此导致被冻结的投资者资金超过 47 亿美元。原本该基金在市场上被宣传为具有与美国共同基金一样的流动性。据《金融时报》报道，危机源自该基金对缺乏基本流动性的非上市资产进行了过度投资[7]。针对私募股权与公募股权孰优孰劣这场辩论，在 2016 年发表的文章《阿尔法架构》中，作者大卫·福尔克对众多从业者开始支持学术界的做法作出解释：

> 事实上，当你用杠杆买入小规模廉价私募股权，在衡量资产净值时恣意发挥主观判断的情况下，谈论它们相对公开市场具有业绩优势，这有多大意义呢？然后又去证明“优势”全部依赖于 7% 的费用，这是否合理呢？

公募股权与私募股权之间的非公平竞争

与私募股权基金经理不同的是，公募股权基金经理必须提供最基本的流动性。他们的投资必须持续不断（仅保留少量现金缓冲）。当投资者把现金交给他们投资时，他们就必须买入股票，即使当时的市场可能已被高估；当投资者要求赎回现金时，他们必须卖出股票，即便当时可能极不适合抛出。换句话说，他们的某些买卖决策完全身不由己，他们根本就没有等到买入或卖出的最佳时机。

在 2019 年进行的一项研究中，研究者对被动型指数策略优于主动型管理的假设提出质疑，陈卓菲、黄伟和姜近勇分析了美国主动型基金经理在 1998 年 1 月至 2015 年 3 月期间进行的近 2 000 次上市公司股票交易。他们的结论是，相比被动型指数基金，熟练型主动型基金经理进行自由裁量交易（大规模主动交易）会带来明显的增值。

相比之下，“被动型”交易，或者说单纯由资金流动（认购和赎回）引发的交易则会削弱收益率。他们认为，公募基金经理可以为投资者带来两方面的优势：专业化的投资组合管理和高度的投资流动性。当然，后者需要付出代价，因为资金流动通常是“没有信息含量的”[8]。这项研究表明，对于以上市公司股票为交易对象的基金经理，如不考虑追求资金流动性的情况，在对市场贝塔系数、规模、风格（价值型与成长型）及动量因子调整后，高水平基金经理的年化收益率会比排名最低的 1/5 基金经理的年化收益率高出 11.27%。

在 1999 年发表的论文《开放式共同基金的投资者流动和评估业绩》中，罗杰·艾德伦（Roger M. Edelen）从理论层面解释了这种影响：

> 传统分析表明共同基金经理在平均收益率上落后于被动型指

> 数基金经理，而且认为共同基金经理缺乏市场择时能力，这些观点没有考虑到这样一个事实：共同基金经理为投资者提供了充分的流动性，因而会进行大量完全以提供流动性为目的的交易……在信息高度不对称且信息生产成本高昂的市场中，只有当受流动性驱动的交易者承担知情交易者的亏损时，市场才会达到均衡……因此，在信息均衡的金融市场中，如其他条件保持不变，任何被迫进行大手笔流动性驱动交易的交易者都无法规避低于大盘的业绩。

对投资者来说，任何依赖“信息生产成本高昂的非对称信息市场”和“信息均衡”假设的学术理论似乎都不够透明，但它们的基本原理非常简单：如果接受金融市场的零和博弈理论，仅以为投资者提供流动性为目的的基金经理就会处于劣势。艾德伦给出了一个非常直观的例子：

> 不妨以一位开放式共同基金经理的投资业务为例。他偶尔也会拥有完善的非公开信息，从而实现正的风险调整收益率，但他还要满足投资者对流动性的需求。一个效果良好的业绩评价指标应该可以说明，这位基金经理对市场是否知情。但资金流动会迫使他从事完全以创造流动性为目的的交易。即使他掌握市场信息，但基金的平均风险调整收益率仍有可能为负数，具体取决于信息到达时间、相对规模和投资者流动情况。因此，开放式共同基金的主要服务——以低成本向投资者提供流动性股票头寸，可能会导致知情基金经理得到负的异常收益率。

根据不同基金运行的时间段，平均开始日期为 1985 年 5 月，平均结束日期为 1989 年 7 月，艾德伦计算出，对于基于资金流量的每个交易单位（定义为一年中基金资产的 100%），业绩会下降 1.5%~2%。根据对 166 家共同基金样本的分析，艾德伦得到的结论是："控制这种流动性的间接成本，导致基金的平均异常收益率（扣除费用）从统计上具有显著性的每年 1.6% 变为统计上不具有显著性的 -0.2%。"

那么，这个结论就引申出一个重要的问题：如果考虑到公开市场投资组合的锁定效应，那会怎样呢？艾德伦估计，对于中等规模的基金，约一半交易量属于因流动性而带来的交易，而不是信息驱动型交易。

如果我们更进一步，进行公平竞争，结果会怎样呢？如果我们允许公开市场基金经理也像私募市场基金经理那样拥有同样的灵活性（杠杆的使用、催缴、配置、返还资金的时点等方面），结果又会怎样呢？如果我们彻底撇弃平滑收益率的把戏，我们为什么还要把类似私募股权的结构限制于非公开市场呢？

在一个正在进行的研究项目中，我和普信集团的同事罗伯·夏普、罗伯·帕纳列洛和卡米拉·阿贝莱兹（Camila Arbelaez）等人共同发现，为换取更高的业绩，公开市场上的很多长期投资者已准备接受类似私募股权基金经理所面对的条款。不同于非公开市场的投资，这些投资者不仅得益于信息透明和估值公允等更多保证，而且对相关投资在危机环境下的流动性更有信心。

很多机构投资者或许还想更进一步，他们鼓励公开市场基金经理对此类产品使用评估会计法。这些投资者可能认为，以评估为基础的收益率有助于他们管理自己的职业风险。评估通常会缓冲损失，至少在短期内可以达到这种效果。平滑收益会让资产负债的研究看起来更漂亮。一位遴选基金经理的专业人士曾告诉我，只要能提供类似标普 500 指数的平滑收益率，就会有很多资产所有者愿意为此支付高费用，即使指数基金的基本收益率可以达到约 5 个基点。但是从风险管理角度看，在可以取得市价数据情况下，使用自我报告式的评估，显然不是可取的做法，就像鸵鸟把头埋在沙子里一样。

在我们的研究中，我们需要评估将杠杆和锁定用于主动管理型公开市场基金所带来的收益率。简单的锁定未必会带来优势，尤其是考虑到它们可能招致的代理和税务等其他问题。比如说，尚无证据表明，在对杠杆调整后，封闭式基金（剔除仅考虑提供流动性的交易）的业绩优于开放式基金[9]。这些基金对何时返还资本没有完全的自主决策权。事实上，大多数封闭式基金专注于提供更高收益率、可预测性更强的产品。但私募股权条款（包括任意催缴、配置和返还资本的能力）可放大投资者创造阿尔法系数的能力。当与杠杆结合时，我们推测，这些条款或许会让公开市场和私人市场的基金经理的业绩不相上下。他们也无须为了争夺资金而展开血淋淋的对峙。

当然，如果存在流动性风险溢价，私募股权仍有可能跑赢大盘。但随着对私募市场配置的资金规模达到泡沫水平，人们可能会质疑，这些市场能否在未来产生流动性风险溢价？

在之前针对 PME 的研究中，几位研究者假设将私募股权基金资金流配置给某个指数（通常为标普 500 指数）。在我们的研究中，我们将以指数型基金代替主动管理型基金。此外，我们还需调整公募基金中专门提供流动性的部分。从根本上说，我们将以公募基金经理的大量历史业绩为出发点，根据逆向工程得到的“锁定”版本计算 PME。根据计算结果，我们还可以考虑进行产品开发，创建类似于私募股权的主动管理型公募股权工具。归根结底，私募股权未必是免费午餐。尽管如此，只要资产配置者能识别真正优秀的基金经理和模型风险，私募股权及其他选择性资产也可以在投资者的组合中占据一席之地。

在第 17 章中，我们将通过投资组合的研究，探讨如何把本书针对收益率预测、风险预测和投资组合构建进行的研究和最佳实践融合于投资组合中。其中的很多组合均不包括选择性资产，毕竟大多数涉及递延税款的美国退休计划发起人追求的是费用最小化和流动性最大化。其他模式的组合可能包括 10% 左右的选择性资产。对可以放弃投资组合部分流动性的合格投资者而言，在考虑全部相关因素的情况下，配置 10% 的选择性资产似乎合情合理，这个权重接近市场投资组合的平均配置，平价数据参考 2014 年罗纳尔多·多斯维克等人的文章《全球多元资产市场投资组合：1959—2012》。

正如我们在第 1 章所讨论的那样，当出现疑问时，市场投资组合通常可以为投资组合构建提供参照点。捐赠基金及其他具有长期视野的富裕人群等投资者可能希望将更多资金配置给选择性资产。但他们仍需谨记，选择性资产并不是免费午餐，毕竟“选择性资产”这个类别的定义尚不明确，而且包含各种类别的投资（例如对冲基金、私人房地产、私募股权、基础设施、农业等）。

注　释

1. 资料来自 2019 年 4 月 2 日汉领资本投资者会议，详情见 http://www.hamiltonlane.com。
2. 广义上包括私募股权、风险投资、私募信贷、私募房地产以及基础设施投资等。
3. 公平地说，我们可以认为，私募股权基金经理比公募股权基金经理拥有更高超的市场择时能力，但这种“技能”毕竟难以衡量，因为公募股权基金经理在配置资金方面同样缺乏灵活性。

4. 罗伯特·哈里斯（Robert S. Harris）、蒂姆·詹金森（Tim Jenkinson）和斯蒂夫·卡普兰在2016年的研究中发现，与公开市场相比，私募股权在2005—2014年期间创造的超额收益为零。2016年，让-弗朗索瓦·勒尔（Jean-Franois L'Her）、斯蒂萨·斯托亚诺娃（Rossitsa Stoyanova）、凯瑟琳·肖（Kathryn Shaw）、威廉·斯科特（William Scott）和卡丽莎·莱（Charissa Lai）对其他因子进行调整，改进PME方法，并得到超额收益同样为零的结论。2015年，格雷戈里·布朗（Gregory Brown）、罗伯特·哈里斯、温迪·胡（Wendy Hu）、蒂姆·詹金森、斯蒂夫·卡普兰和大卫·罗宾逊（David T. Robinson）对4组私募股权数据集进行比较，杠杆收购（私募股权投资的主要方式）在2006—2014年期间的业绩并未跑赢大盘。

5. 相关示例参见2012年多维奇·法利普等人的文章、2019年阿尔皮特·古普塔（Arpit Gupta）等人的文章。

6. 相关示例参见2019年克里夫·阿斯内斯的文章。

7. 详情参见：https://www.ft.com/content/82bab25c-972c-11e9-9573-ee5cbb98ed36。

8. 相关示例参见1999年罗杰·艾德伦的文章。

9. 相关示例参见2013年埃德温·埃尔顿和马丁·格鲁伯等人的文章。2012年，马丁·切克斯（Martin Cherkes）在深入探讨封闭式基金的文献中引用了这个观点。

第16章

主动选股者如何从指数基金中获利?

我们不可能从资产配置角度去直接衡量市场是否有效，但我们可以间接地研究是否会存在异常利润。——JPP

考虑到我们已经讨论过风险因子及选择性资产的作用，因此，在构建投资组合的过程中，我们就需要讨论一个更重要的问题：我们应该把资金配置给主动型投资还是被动型投资?

近年来，指数型投资策略的市场份额已超过主动管理型策略。常见的说法是，就平均收益率而论，主动管理型基金经理的业绩并不优于指数跟踪型策略。但我认为这样的说法是有缺陷的。并非所有主动型基金经理都属于“平均”的情况。

老道的主动型基金经理不仅已建立起严谨且具有可重复性的投资策略，他们还拥有充足的资源、正确的文化、合理的收费和长期性视角，这帮助他们在过去几十年中为投资者带来了超额收益，并最终为投资者的退休生活提供可靠保障。这种技术熟练、经验丰富的主动型基金经理比比皆是。因此，我们不妨用一个假想的例子说明这个问题，这个例子将完全合情、合理、合法，因为它会大大简化本书的合规性要求，而且这个例子绝对不脱离真实生活。

假设一只主动管理型目标日期基金采取积极的选股策略（通过基本面研究）和战术性资产配置（如本书前面所述），并拥有结构性组合设计优势（同样依赖于本书讨论的诸多概念），另一只目标日期基金则按照基于指数型策略配置资金。在扣除费用后，自成立以来前者的年均收益率超过后者 82 个基点，这样的差异是否有意义呢?

我们不妨假设有一对双胞胎姐妹——玛丽和露西，她们采取完全相同的储蓄模式，但分别为两家不同的聘请者工作。玛丽的聘请者以主动管理型目标日期基金作为默认退休金的投资策略，而露西的聘请者则采用基于指数型策略的被动投资。假设两姐妹每人每年为退休金计划缴纳 12 000 美元；同时假设，指数型策略每年的收益率为 6%（扣除收费后），而主动管理型策略的收益率为 6.82%（同样扣除收费），也就是说，两种退休金投资策略相差 82 个基点。

实际上，我们还可以使用很多其他方法模拟这种情况。比如说，我们可以纳入随机性的资产收益率、工资增长率、聘请者匹配和通货膨胀率等参数。但为说明这个问题，我们通过 Excel 中的终值（FV）函数进行合理评估。这个函数可以计算出按给定收益率和时间窗口内支付现金流所对应的未来价值。我们发现，在整个职业生涯中（40 年，从 25 岁到 65 岁），玛丽通过主动型策略（拥有更好的复合效应）积累起来的退休金余额为 2 287 248 美元，而露西所在公司按指数型策略得到的退休金余额为 1 857 243 美元。

在这个例子中，主动管理型策略的累积优势为 430 005 美元。如果两个聘请者都聘用了 5 000 名员工（或者说拥有相同数量的“计划参与者”），随着时间的推移，如果玛丽所在公司的计划发起人决定聘用技术高超、经验丰富的主动管理型基金经理，与露西所在公司采取的被动型策略相比，前者将为员工创造出额外 21.5 亿美元（5 000 × 430 005）的安全保障。这个数字就非常可观了。

虽然这个例子的灵感源于真实世界，但它的过程显然是精心设计的。因为退休金参与者的投资分布于不同年份的基金，而且会经历不同的进入和退出日期。此外，大多数人每年的缴款额低于 12 000 美元。选择主动管理型基金经理可能会导致业绩不佳。证券的买入者都会有对应的卖出者，同样，对每个卖家，也会有一个对应买家。在这种情况下，我们很难想象，平均水平的主动型策略业绩会明显超过市场平均水平，但并非每个主动管理型基金经理都局限于平均水平。和投资管理中的其他事情一样，选择主动或被动的决策归根到底是对风险与收益的权衡。愿意承担主动型风险的投资者可以因此而获得额外的风险补偿。

总之，在金融市场中，主动型和被动型管理都有自己的一席之地。对希望最大程度减少费用的投资者而言，即使扣除税费后的收益率可能会有所降低，应该选择被动型策略。

指数基金规模越大，主动选股者越容易赢

对全球资产所有者而言，备受推崇的趋势就是混合策略投资，它可实现被动型和主动型投资组合的最优化。通过混合型投资组合，投资者可以在预定的费用预算内获得主动管理。近年来，随着大量资金像泡沫一样流进指数型策略，有一种观点认为，即使是对费用敏感的投资者也可以在主动型投资中获取更高收益率。在发表于 2018 年的文章《选股者的复仇》中，我和哈里·林奇（Hailey Lynch）、罗伯·帕纳列洛等几位同事通过实证研究发现，配置给指数型策略的资产越多，主动选股者就越容易跑赢大盘。

在这样的背景下，讨论投资组合构建之前，我们需要简单回顾一下

选股的问题，这会有助于我们更好地理解主动型与被动型策略。我和同事们发现，基于指数的投资会使股票价格失真，这就为主动型基金经理，尤其是主动选股者创造了机会。在这里，我们关注的是交易型开放式指数基金（ETF）流行所带来的选股机会。

目前，ETF 成交量已占美国交易所交易总量的 30%，而在 2000 年，这个比例还不到 2%[1]。这一趋势或许为主动选股者带来新机会。当围绕某个题材进行大量 ETF 交易时，其成份股之间的相关性会显著增加。甚至对题材本身不持有敞口或负敞口的证券，也开始与 ETF 的其他成份股进行同步交易。换句话说，由于 ETF 投资者对个股层面的信息视而不见，因此，他们经常会“把孩子和洗澡水一起倒掉”。

2020 年发生的一系列事件为这种效应影响提供了额外佐证。随着个股价格与 ETF 同步涨跌，错误定价可能会愈加明显，而利用错误定价实现的利润或许会成为 ETF 投资的一项隐性成本。在 2017 年发表的一篇社论中，《金融分析师杂志》的联合编辑丹尼尔·奇亚莫里迪斯（Daniel Giamouridis）呼吁对这一话题进行更多研究。他特别提到“与非成份股相比，ETF 成份股（在低迷市场中）有更高的交易共性，更好的流动性和市场影响趋同性以及更低的异质化风险”。为此，奇亚莫里迪斯强调，未来研究应着力于阐明波动率和相关性如何变化，判断价格偏离基本面（并出现逆转）的可能性。

既是为了应对学术界的这种呼声，也是出于更严谨的考虑，我们设计了一种简单的逆势交易策略，以评估主动选股者机会的大小：买入恐慌性超卖 ETF 的成份股。我们关注的是熊市机会，因为如第 9 章所述，与收益率相比，投资者在面对亏损时往往会显示出更严重的非理性，也就是说，与牛市相比，多元化策略在熊市环境中遭遇失败的概率更高。因此，在下行市场中出现极端相关性的概率几乎永远高于上行市场。正如罗伯·帕纳列洛和我所言，在金融市场中，恐惧比乐观更具有传染性。

我们可以通过 ETF 的贝塔系数识别超卖的成份股。我们的研究之所以要覆盖 9 个行业板块的 ETF，是因为它们与大盘指数 ETF 相比，更容易出现追求尾部风险收益的投机性交易。此外，我们的研究还纳入了一只标普 500 指数 ETF 和一只小盘股 ETF。

奇亚莫里迪斯尤其主张，研究“不仅应覆盖构成 ETF 成份股中的大盘股，还应包括股市中的特定板块”，如各种行业股。

尽管我们并不推荐在没有基本面支撑的情况下实施这一策略，但我们的研究结论确实令人震惊：在大量抛售后，ETF 投资者可能会在接下来的 40 天内把 200~300 个基点的超额收益率留给个股投资者。对全部 ETF 而言，每年出现此类事件的平均概率为 30 次，在我们的研究期间（2010 年 1 月 4 日至 2017 年 12 月 29 日）累计发生 240 次。

除需衡量股票对 ETF 的贝塔系数之外，该策略无须任何选股技巧。我们怀疑的是，主动选股者是否能取得超过 ETF 投资者的阿尔法系数。他们可以认真分析，ETF 为什么会下跌，某些成份股是否只是因为没有充分的基本面支撑而被拖累。当然，我们的目标完全只是评估投资机会的大小，因为我们无法对依赖主观判断的基本面方法进行回测。

罗切斯特·卡汉（Rochester Cahan）等人在 2018 年的研究中发现，大多数 ETF 投资者会忽略基础成份股的基本面因素[2]。他们指出，当“ETF 的短期交易活动与基础成份股基本面的实际情况不一致”时，会出现“套利机会”。在这里，他们采用了非正式的“套利”一词，而不是学术意义上严格的无风险利润。但他们也指出，如果投资者根据成份股的基本面要素选择 ETF，就有可能创造超额收益。

他们发现，尽管行业 ETF 基金与基本面的脱节程度最严重，但大盘 ETF 和智能贝塔 ETF 也同样存在这种情况。

虽然我们也得出了类似结论，但采用的方法并不相同，因为我们选择的对象是个股，即寻找 ETF 成份股中的错误定价，而卡汉等人则是在挑选 ETF，根据个股层面的分析，寻找在不同 ETF 之间的错误定价。同样，其他研究者也找到指数对个股层面联动造成影响的证据。如果把一只股票纳入到指数中，它与该指数其他成份股的相关性就会马上增加[3]。

作为补充，熊笑忠和罗德尼·苏利文（Rodney N.Sullivan）在 2012 年的研究中发现，在总体上，指数投资会助长系统性的股市风险。针对具体的 ETF 而言，笪治和索菲·希夫（Sophie Shive）在 2017 年指出，ETF 的换手率越高，其成份股之间的相关性就越高。由此，他们认为这些联动具有过渡性。也就是说，它们并非完全由基本面因素驱动。

但需要提醒的是，此类研究并不表明，指数型投资对市场不利。例如，在 2010 年，杰弗里·沃格勒（Jeffrey Wurgler）指出："为维持均衡，首先就需要承认，指数型和指数挂钩的投资产品会带来很多重大利好因素，这一点很重要。"同样，罗伯特·希尔（Robert Hill）也在 2016 年对此作出解释，宏观投资者交易 ETF 和其他指数型产品以应对不断变化的市场条件，而基本面投资者则从长远角度看问题，这两者之间的自然紧张关系对金融市场来说是健康的：每一类投资者都依赖于另一类投资者的存在来提供流动性，并推动价格达到适当水平。

在 2018 年的一项研究中，大卫·布朗（David Brown）、肖恩·威廉（Shaun William）和马修·林根伯格（Matthew Ringgenberg）从不同角度解释了主动与被动的关系。与卡汉等人对"套利"给出的松散型定义不同，布朗他们研究了 ETF 价格与基础资产净值之间的真正套利空间。为利用折价或溢价带来的套利机会，套利者需要同时出售（购买）ETF 并购买（出售）目标证券。布朗等人创建的数据集为我们提供了一个以独特、透明视角看待套利活动的机会。他们的研究显示，ETF 套利活动的增加预示着非基本面需求带来的冲击（这种冲击可能源自市场情绪或"题材"引发的交易）。反过来，这些冲击似乎预示着，ETF 及其成份股在一个月投资窗口内出现的后续收益反转。

这些涉及面广泛的研究最终均指向同一结论：指数 / 被动型投资会带来错误定价及异常相关性（或者说"相关性泡沫"）[4]。但令人费解的是，阿南·马达万（Ananth Madhavan）和丹尼尔·莫里洛（Daniel Morillo）在 2018 年的研究中却得出了相反结论。他们使用因子模型针对一段时期内影响相关性的动因进行了分析。他们发现，对推高不同个股相关性方面，宏观因子的重要性超过 ETF 资产的增加。

因此，他们的基本论点之一是："尽管个股相关性会在 ETF 资产增加时有所上升，但是与过去相比，或者说被动型指数策略兴起之前，它们显然尚未达到前所未有的水平。"但正如我们在研究中所揭示的那样，平均值会造成误导。如果将 ETF 交易量高的时期单独列出，我们不仅会发现结果将大不相同，而且为指数化造成相关性异常的主流结论提供依据。

2016 年，劳伦斯·格洛斯滕（Lawrence Glosten）、苏雷什·纳拉雷迪（Suresh Nallareddy）和邹远进行的另一项研究对此同样持怀疑态度，而且结论明显支持马达万和莫里洛提出的疑问，他们认为个别成份股相关性的增加可以解释为宏观冲击或更常见的系统性基本面信息。在这种情况下，有些流动性较差的 ETF 成份股甚至会得益于 ETF 交易量的增加，因为它们的定价效率更高（即对宏观基本面信息的反应更迅速）。但这几位研究者却得出了不同结论，他们发现，系统性的价格发现对 ETF 交易活动的解释作用非常有限[5]。

如果 ETF 交易量改善了系统性冲击带来的定价，但没有扭曲非系统性信息的定价，我们就不应观察到可预测的反转，如 2018 年大卫·布朗等人发现的收益率反转。此外，伊扎克·本-大卫（Itzhak Ben-David）、弗朗西斯科·弗朗索尼（Francesco Franzoni）和拉比·穆萨维（Rabih Moussawi）在2018年的研究中也发现，ETF确实吸引了“高频需求”，并根据观察到的收益率反转确认：“ETF市场的需求冲击会导致目标股票的非基本面定价发生变化。”

在上述研究基础上，我们假设，造成收益率扭曲和反转的主要原因，是某些ETF成份股接受宏观冲击的方式或程度不同于其他成份股。我们称这些成份股为“局外股”。我们发现，局外股的名单可能会因宏观冲击的性质而有所不同。但归根结底，成份股之间的不同差异性越大，出现价格扭曲的可能性就越大。

我们的研究表明，对可以区分系统性冲击和ETF驱动的价格扭曲的选股者而言，这些异常可以为他们提供实现超额收益的机会。因此，我们主张采取一种更实用的捷径：关注局外成份股在ETF交易量大幅上涨时的行为。这种方法不同于我们在文献中发现的其他所有方法。比如说，2018年，大卫·布朗等人根据ETF驱动的交易量对股票进行了分类，但并不考虑特定股票是否属于局外股。

归根到底，虽然我们认同指数型产品在金融市场中的作用，但我们依旧认为，如果主动选股者能回答如下两个简单问题，他们就有可能战胜越来越多的ETF投资者：第一，ETF为什么会被卖出？第二，在ETF下跌时，是否卖出相关成份股？

对资产配置者来说，这意味着，如果他们想对冲指数型产品出现的泡沫性增长，就需要至少将投资组合的一部分资金让高水平的主动型基金经理管理。这项研究同样支持按主动型和被动型管理分散风险的观点。此外，它还发出了一个警告信号，要尽量避开正被市场追捧的细分ETF产品（或者说不要跟风）。

实战案例 1：医疗 ETF 内局外股跑赢其板块指数 14.2%

为解释这个问题，我们不妨以美国医疗保健股和医药股在 2015 年 9 月的走势为例。从 9 月 18 日到 28 日期间，医疗板块 ETF 平均下跌 10.7%，而标普 500 指数的同期跌幅为 5.4%。在这 7 个交易日内，医疗板块 ETF 的交易量大幅跃升至历史最高的第 99 个百分位，而标普 500 指数的交易量继续保持在第 33 个百分位[6]。

医疗保健股的下跌似乎主要归因于两个重大事件：第一，是在 9 月 21 日，时任国务卿希拉里·克林顿（Hillary Clinton）在推特上发文称，她将公布一项旨在遏制制药公司“哄抬价格”的计划[7]。而且就在前一天，《纽约时报》发表文章，称图灵制药公司刚刚上调一款药物的价格。这款关系生死的药品价格从 13.50 美元大幅上涨到 750.00 美元[8]。媒体把图灵制药公司的 CEO、年轻气盛的马丁·什克雷利（Martin Shkreli）戏称为“制药伙计”。第二，在 9 月 28 日，美国众议院民主党传唤加拿大制药巨头瓦伦特制药公司（Valeant Pharmaceuticals），要求该公司提供有关药品涨价的相关文件[9]。医疗板块 ETF 的当日成交量创下历史新高。

尽管这两起事件均对制药行业的收入构成压力，但未必会影响其他医疗保健股的业绩。尽管有些公司直接受到冲击，但很难设想这些针对人类药品定价的监管措施将如何影响到动物药品及疫苗类公司（如硕腾宠物质押）或医疗设备企业（如百特国际）[10]。不过，医疗板块 ETF 的全部成份股均未能幸免于难——连续 7 个交易日内出现下跌。

制药业成为导致医疗板块 ETF 总波动率的最大因素。这些高贝塔股票往往成为导致 ETF 遭遇最大题材性跌幅的核心。相比之下，对医疗板块 ETF 有较低贝塔系数的股票，往往不会受下跌题材所影响，至少从基本面角度来看是如此。但它们还是会受到拖累，就像孩子和洗澡水一起被泼掉。因此，在 ETF 成份股中寻找局外股的一种简单方法，就是寻找对 ETF 有较低贝塔系数的股票。

如果按 ETF 贝塔系数对医疗板块 ETF 成份股进行排名，并选择排在最后的 10%，我们会在 2015 年 9 月 28 日找到 5 只局外股。这些股票不会受到药品定价风波的影响。它们的主营业务是出售牙科设备、宠物用品和实验室测试等产品和服务。但围绕药品定价的政治风波依旧导致其股票被抛售。由于成份股之间相关性的增加——这在 ETF 交易量飙升时是很常见的情况，它们的下跌幅度会超过根据 ETF 贝塔系数得到的预期。在 7 天持续下跌期间，我们假设以这 5 只股票按相同权重构建投资组合，该投资组合的收益率将为 −8.3%，而根据 ETF 贝塔系数得到的预期收益率则是 −6.1%。

这种过度反应为主动选股者创造了机会。假设投资者在下跌期结束时，买入这 5 只局外股（按相同权重），并将投资组合杠杆化为 1.0 的 ETF 贝塔系数（也就是说，对投资组合加杠杆，计算相当于 ETF 的阿尔法系数）。在随后 40 天内，在扣除交易和借款成本后，投资者的收益率将比医疗板块 ETF 高出 14.2% [11]。

实战案例 2：金融 ETF 内局外股跑赢其板块指数 20%

2016 年 2 月 11 日，时任美联储主席珍妮特·耶伦（Janet Yellen）在国会的半年度听证会上指出，美联储并不急于加息。她说：“美国金融近期对经济增长的支持作用已有所减弱。[12]”此外，耶伦还进一步指出，负利率“并非不可能”[13]。因为金融业往往得益于利率上涨，因此，这些评论无疑会给金融行业 ETF 带来负面影响。比如说，当利率上调时，银行可按高于隔夜借款成本的利率发放贷款，从而增加净利息收入。

2016年2月4日至11日，金融行业ETF的收益率为-6.6%。尽管这只ETF的交易量在金融危机前后出现较高交易量，但是按过去5年所有6天内交易量排序，2016年2月6个交易日内的交易量排在历史最高的第91个百分点。与前5年相比，标普500指数的成交量也有所增加，排在历史最高的第94个百分位，这就反映出货币政策的系统重要性，而且据坊间推测，这也一定程度上与耶伦抛出的经济增长疲软论有关。

但大盘的下跌并没有如财经媒体宣传得那么惨烈：标普500指数仅下跌4.4%。在金融行业ETF内的局外股会怎样呢？在金融行业ETF具有最低贝塔系数（底部10%）的8只股票中，7只股票属于REITs，唯一的例外是美国运通公司（American Express）。不同于银行股，REITs往往被视为具有正久期的资产进行交易。REITs通常按折现现金流模型进行估值。在这个行业中，现金流（租金）有非常高的可预测性。当利率下降时，房地产资产的价值上涨；当利率上升时，价值下降（也就是说，这些资产的估值特征类似于债券）。

美国运通公司在2015年的年度报告解释说，其收入具有正久期："美国运通公司正在面对利率的负面影响。[14]"按照美国运通公司的说法，"按目前利率上调100个基点的假设，对公司年净利息收入的最终影响约为2.16亿美元"。

因此，考虑到市场需要马上消化降息造成的压力，因此，REITs和美国运通公司的表现应好于其他金融股。事实上，由于增长冲击被低调处理（耶伦表示，尽管增长预期较弱，但"据此对经济状况做出任何结论都是不公平的"）[15]，因此，经济不仅不会下跌，反而应该反弹。美国国债的上涨就是一个例子。

不过，在2016年2月11日耶伦的听证会发言之前的6天内，由8只局外股构建的等权重投资组合收益率为-8.5%。我们对此的推测是，由于 ETF 交易量激增，REITs 和美国运通公司的超卖导致全部金融股出现跟随性下跌。如前面针对医疗保健股的第一个案例研究所述：如果选股者在下跌后买入这些局外股（并按同等权重构建投资组合），通过加杠杆得到 1.0 的 ETF 贝塔系数；如投资者持有该组合 40 天，他的业绩应明显超过 ETF。在这个例子中，如扣除交易成本和借款成本，投资者的超额收益率为 20.0%。需要提醒的是，在当年晚些时候，REITs 被剥离金融业，并被重新归类为一个单独板块。

不同风格投资者的相爱相杀

这些由 ETF 带来的选股机会似乎已无处不在。除上述两个案例之外，相关性泡沫同样普遍存在。比如说，我们假设一家公司收益情况非常糟糕。投资者可以使用 ETF 出售整个行业的敞口，尽管从基本面角度看，某些竞争对手也不应受到影响（而且有些竞争对手或许应得益于市场份额的增加）。宏观因子似乎同样重要。譬如，油价下跌会导致能源行业 ETF 下跌，并拖累那些持有石油行业敞口很小或负敞口的公司。尽管新兴市场指数中的某些市场和公司是净进口国，但新兴市场 ETF 同样有可能因油价下跌而被抛售。

主动选股者需要面对双重挑战：其一，他们必须根据特定题材，寻找 ETF 被大幅抛售的情况；其二，他们必须识别局外股（按基本面判断），不应受题材影响但被超卖的公司。但不是没有好消息，简单的过滤器或许就可以达到目的。我们发现，ETF 交易量飙升通常会带来异常相关性，而且低 ETF 贝塔系数似乎是识别局外股的有效信号。

这些异常相关性可能在个股层面提供大量买入机会。为说明这一点，我们对一种简单的系统性策略进行了回测。对于伴随负收益率出现的每一次交易量大涨，我们系统性地买入局外股并持有 40 天。我们对样本中的全部 11 只 ETF 按不同时段进行了检验。我们按前述制药和金融案例研究采取的方式识别局外股。我们通过 ETF 的贝塔系数对成份股进行排序，并选择排在最后 10% 的个股建立一个等权重投资组合。然后，为计算相当于 ETF 的阿尔法系数，我们对组合加杠杆，从而将 ETF 贝塔系数调整为 1.0。实际上，我们就是在复制前面提到的案例，只不过在规模上要大得多（包含 240 次交易量大涨事件）。依据当时可获取的数据，我们全部采用样本外数据。

我们计算了所有事件的平均累积阿尔法系数（加杠杆的局外股投资组合收益率减 ETF 收益率，包括发生在交易量大涨后 1~40 天以及扣除交易成本前后的全部事件）[16]。大涨后第一个交易日的平均阿尔法系数略为负值，这表明，即使将实施时间延迟一天，该策略依旧有效。但随着时间窗口不断延长并一直延续到第 40 天，平均阿尔法系数也不断累积，转为正值后持续提高。

该策略并非完全适用于所有 ETF 或所有时间窗口，但是就平均水平而言，其扣除成本后的超额收益将会非常可观[17]。由于我们将这个局外股投资组合的 ETF 贝塔系数控制为 1.0，因此，该策略预期不会承担相对 ETF 的任何系统性因子敞口（如市场贝塔系数、价值或动量敞口）。我们衡量与 ETF 的相对业绩，因此，我们预计这些阿尔法系数会“不同寻常”，或者说具有“异质性”（即选股的超额收益）[18]。

值得关注的是，该策略对材料行业 ETF 效果不佳；尽管对科技行业 ETF 在短期内有效，但总体结果是亏损的。这些结果凸显出系统性简单交易规则的风险。对它们而言，按照交易规则，在 ETF 被大量抛售后，大仓位低 ETF 贝塔系数股票的业绩不及其 ETF。

基本面分析在这方面或许有所帮助。选股者应该对每轮下跌背后的题材进行分析。他们应考虑低 ETF 贝塔系数的局外股是否确实属于该题材的局外股，如果的确如此，这些公司是否会出于其他原因而存在短期业绩表现不佳的风险。然后，他们再根据风险收益分析对与该题材相关的仓位进行调整。一旦建立多头仓位，他们就必须在兼顾市场发展状况以及相关板块和公司健康状态的情况下，严格按照既定原则确定何时出售。

最后一点需要澄清的是，尽管通过该策略可以识别 ETF 交易量的峰值并在下跌期间对其进行调整，但它显然不以下跌的幅度或持续时间为前提。相反，该策略强调的是最大下跌和灵活的时间窗口，因而有助于改善业绩。当然，必须同时监测所有 ETF 和指数型基金的交易量，因为同一板块可能会有若干指数型产品在同时交易。最终，在策略包含基本面分析的情况下，完全可以从多方面入手。因此，我们的目标是揭示投资机会的潜在规模，而不是着眼于设计某种纯粹的系统性方法。

ETF 投资者是否正在面对越来越多“被淘汰”的风险？鉴于被动投资的日益流行、市场流动性需求和税收优惠等方面的诱因，ETF 在美国交易所交易量呈现出大幅增长的态势。

有些 ETF 投资者专注的是自上而下的市场观点或题材，还有一些投资者则坚守市场有效论，因而只关注持有大盘指数敞口。但不管如何抉择，多数 ETF 投资者以及普通指数型投资者在交易过程中，都倾向于忽略个股的基本面分析。换句话说，他们只是在按照指数编制者确定的比例（而且通常是市值权重）买卖指数中的所有个股。

因此，我们发现，在 ETF 交易量激增时，成份股间的相关性已完全脱离公司基本面。对此，我们研究了 2010—2017 年期间的 240 起事件，具体涉及 11 只 ETF，我们的研究表明，这些相关性泡沫可能为主动选股者带来了机会。如果投资者在 ETF 交易量暴涨日之后买入被市场超卖的成份股，并在未来 5 ~ 40 天内持有这些成份股，因为它们会进行估值修复，投资者就有可能获得超额收益，而指数型投资者的收益则会受到影响。那么，这算不算主动选股者的隐性优势?

我认为，在金融市场中，被动型和主动型管理都有其一席之地。被动型投资者和主动选股者完全可以和平共处，都有获利空间。我们的研究也发现，主动选股者的收益能力是可观的，但这并不意味着 ETF“不好”。相反，这只能说明，不同风格投资者可以共同提高市场的流动性和效率。

但市场效率依旧是一个悖论：我们所看到的这些（表明市场效率低下的）赢利机会，恰恰是提高市场效率所必需的。这就是金融市场均衡的可望而不可即之处，换句话说，市场永远游荡在均衡与失衡之间。

构建投资组合的 7 条经验法则

目前为止，我们讨论了很多关于投资组合构建的内容。我们讨论了投资组合选择的问题，风险因子是否可以取代资产类别（尽管实际并非如此，但风险因子分析在投资组合构建中的作用不容忽视）。然后，在生命周期投资的背景下，我们对股票与债券进行分析比较。我们回顾了多种投资组合优化方法（从单周期到多周期，从均方差到各种尾部风险感知方法）。最后，我们顺便探讨主动选股者这一话题，对主动与被动管理进行了比较，并说明高水平主动管理在大盘指数和投资者投资组合中的作用。

最终，在完成第一部分和第二部分所述的收益率和风险预测后，我们将构建投资组合的基本要点归结为如下7大经验法则。

1. 不要试图以风险因子代替资产类别（完全没有必要彻底改革投资组合构建的基本法则）。
2. 使用风险因子模型对投资组合的多元化、预测风险和增强情景进行评估。
3. 尽可能把风险溢价视为小规模的独立投资（但必须关注回测结果）。
4. 先回答这个问题：股票与债券的配置比例怎样才能与投资者的目标及风险承受能力相匹配？
5. 使用投资组合优化模型、判断和经验来丰富和完善股票与债券的投资组合。
6. 把选择性资产视为分散风险的工具，但需要注意高估收益率和低估风险的问题。
7. 根据对主动投资的风险承受能力与费用的权衡，在主动和被动策略之间进行均衡配置。

注 释

1. 见2017年1月24日《金融时报》罗宾·维格斯沃思（Robin Wigglesworth）的文章《ETF正在蚕食美国股市》。交易量数据来自瑞士信贷，截至2016年。在2016年交易量最大的10只有价证券中，

7个属于ETF，而不是股票。据《华尔街日报》披露，ETF行业的规模已扩大到3.5万亿美元，详见阿斯杰琳·洛德（Asjylyn Loder）发表在2018年7月12日《华尔街日报》的文章，www.wsj.com/articles/etf-fees-tumble-as-price-war-heats-up-among-big-fund-firms-1531396800。

2. 在发表于2018年的一篇文章中，西玛·沙阿（Seema Shah）和帕姆·费内利（Pam Finelli）等发现，按照买入ETF流出量高的股票并卖出ETF流入量高的股票的逆势策略，会创造相当可观的利润。

3. 相关示例参见2005年和2010年杰弗里·沃格勒等人的文章、2007年罗伯特·格林伍德（Robert M. Greenwood）等人的文章。

4. 作为一个极端性示例，万艾克矢量小型黄金采矿ETF（VanEck Vectors Junior Gold Miners ETF）的案例就非常有趣。相关示例参见2017年8月23日《华尔街日报》阿斯杰琳·洛德等人的文章《14亿美元ETF淘金热如何震撼全球矿业股票》。作者称："在黄金价格基本持平的同时，资金涌入投资黄金矿业股的ETF，引发黄金矿业股的疯狂交易。"

5. "针对大公司、被大量分析师关注的股票以及完全竞争市场的股票"，研究者并未发现信息效率同步提高。除了IJR（小盘股ETF），我们所有的其他10只ETF均由标普500指数的成份股构成，这些公司大多被诸多分析师所关注。

6. 对1998年12月22日至2015年9月28日期间内所有7个交易日计算得到的百分位数。

7. https://twitter.com/hillaryclinton/status/645974772275408896?lang=en。

8. 2015年9月20日，《纽约时报》发表安德鲁·波拉克的文章《一夜之间药品价格从每片13.50美元涨到750美元》，详情见：http://www.nytimes.com/2015/09/21/business/a-huge-overnightincrease-in-a-drugs-price-raises-protests.html。

9. 实际上，瓦伦特制药公司在 2018 年 7 月 16 日星期一以博士康(Bausch Health Companies Inc.)的名义开始交易。

10. 也可以这样认为，药品定价压力最终会影响到整个医疗系统，进而波及医疗设备供应商。但这些个股似乎显然有过度反应之嫌。

11. 在整个研究项目里，包括在 2010—2017 年的回测期间，交易成本约为 10 个基点，如考虑平均杠杆率，交易成本可达到 17 个基点。借款成本以 LIBOR 的 50 个基点为基础，并最终取决于持仓时间长短。40 天后的平均累积成本约为 10 个基点。因此，40 天的总成本（包括交易成本和借款成本）粗略估计为 27 个基点。

12. 相关新闻报道见：http://www.nasdaq.com/article/stock-market-news-for-february-11-2016-cm578585。

13. 2016 年 2 月 11 日，拉里·埃利奥特(Larry Elliott)和吉尔·特雷纳(Jill Treanor)在《卫报》(*The Guardian*)讨论过此观点，详情见：http://www.theguardian.com/business/2016/feb/11/stock-markets-hit-by-global-rout-raising-fears-for-financial-sector。

14. 2016 年 12 月 22 日，《巴伦周刊》(*Barron's*)有相关报道，详情见：http://www.barrons.com/articles/american-express-no-higher-interest-rates-wont-help-1482422718。

15. 2016 年 2 月 11 日，美国投研公司（Zacks Equity Research）发布相关新闻。

16. 我们之所以选择 1～40 天的回测窗口，考虑的不只是以往的研究，还需要避免过多的重叠性事件。2018 年，本－大卫等人发现："ETF 交易量对同期股票价格的影响在随后 40 天内基本恢复，这与 ETF 市场需求冲击转化为成份股非基本面价格变化的观点是一致的。" 2018 年，大卫·布朗等人使用的是 1 个月回测窗口。虽然完全可以把窗口扩展到 40 天以上（而且我们发现，超额收益在 40 天后会持续累积），但这会造成过多的重叠性事件，导致难以提供阿尔法系数对投资业绩进行溯源。因此，在我们选取的样本中，ETF大涨事件的间隔天数中位数为38天。

17. 有关统计检验详细情况的相关示例，详情可参考：http://www.tandfonline.com/doi/suppl/10.1080/0015198X.2019.1572358。

18. 2018年，大卫·布朗等人的分析表明，在对法玛–弗伦奇模型的三因子及动量进行控制后，由ETF引发的反转会带来明显的超额收益。对于由局外股构建的杠杆化投资组合，如按事件发生前252天计算贝塔系数，对标普500指数的预期贝塔系数略高于ETF。
因此，在对事件发生后40天的市场敞口进行调整后，我们可以看到，这种策略产生的阿尔法系数会减少约20个基点（与扣除成本前阿尔法系数的300个基点相比，这只是一小部分）。至于这个微不足道的超额贝塔系数是否构成系统性偏差，读者可以自己去思考。
但不可否认的是，与净阿尔法系数的幅度相比，这样的影响始终较小。在流动性方面，我们选择的这些所谓局外股在平均水平上近似于其他成份股。流动性的分布呈现出明显的对称性：在这些低ETF贝塔系数股票中，约一半的流动性超过平均水平，另一半则低于平均水平。

第 17 章

6 个可复制、可落地的投资组合范例

> 考虑到我们的风险承受能力，资产配置的唯一目标应该是寻求尽可能高的收益率。—— JPP

接下来我们要讨论投资组合构建所采取的战略性资产配置，将涵盖我们在本书中讨论的所有原则。此外，我们还应围绕这些战略权重考虑战术性资产配置，以便利用本书第一部分所述的方法，把握相对估值机会。

我希望能以实用可行的建议作为本书的收尾。对投资者而言，形形色色高质量的多资产投资组合比比皆是。但我认为，这些高质量投资组合最大的共性，就是展示一种深思熟虑的资产配置法。它们不仅可以提供强大的风险调整收益率，而且在多元化无效时，依旧能在市场上展示出良好的业绩。为说明这个问题，我再次使用覆盖面更广的市场大盘指数代表资产类别。

在普信集团的全球多元化资产部门，我们管理着 200 多种不同的投资组合及产品。当然，这些“样本”不构成我们为投资者提供的建议。毕竟，每个投资者的情况都有所不同，因此，对投资者进行风险承受能力的评估仍然是最重要的（根据第 11 章的讨论，我们不希望把这种评估归结

为验血式的检测）。但有一点不容置疑，这些投资组合确实可以为投资组合构建提供值得借鉴的参照或“模板”。

自动驾驶式资产配置方案

如第 13 章所述，随着时间的推移，目标日期基金会自动调整股票与债券的配置比例，以适应投资者的预期时间窗口。因此，投资者只需购买与预期退休日期相匹配的基金，然后，投资者除向基金定期缴款之外，完全可以“彻底忘记它的存在”。

在这个过程中，基金经理会不断减少对股票的配置，并随着时间的推移，调整基金的成份股。在这个持续调整的过程中，投资者完全不必定期对其投资组合进行优化。

从根本上说，这些基金提供了自动驾驶式的解决方案。很多递延纳税的 401（k）账户以及理财师和直接投资均可实现这种投资。在表 17.1 中，我们以战略性资产配置提供了一个构建目标日期组合样本的例子。如前所述，这些权重并不包括会因时间而变化的策略性偏差。为简单起见，我们遵循下滑路径，展示了 7 个关键性投资组合，但需要提醒的是，典型的目标日期序列会因投资者年龄而出现小幅调整。

对大多数主动管理型目标日期基金的基金经理而言，都需要以高效的专业研究团队进行战略性和战术性资产配置。为便于说明问题，我在表 17.1 中使用了指数敞口，但需要澄清的是，每个组成部分实际上均可由基金经理进行主动管理，他们拥有专业的选股能力，并研读大量分析师的数据报告。在本质上，主动型目标日期基金结合了一家投资公司的全部能力。

表 17.1　全生命周期的资产配置 *

		退休前和退休后的年数（配置比例：%）						
美国股票	**指数**	-20	-15	-5	0	5	15	20
大盘核心股	标普 500 指数	9	11	16	19	18	13	12
大盘成长股	罗素 1000 成长股指数	17	15	8	5	3	2	2
大盘价值股	罗素 1000 价值股指数	17	15	8	5	3	2	2
中盘成长股	罗素中盘成长股指数	3	3	3	2	2	1	1
中盘价值股	罗素中盘价值股指数	3	3	3	2	2	1	1
小盘股	罗素 2000 指数	2	2	2	1	1	1	1
小盘成长股	罗素 2000 成长股指数	2	2	2	1	1	1	1
小盘价值股	罗素 2000 价值股指数	2	2	2	1	1	1	1
美国股票小计		57	53	43	37	31	23	21
非美国股票	**指数**							
发达国家核心股	MSCI EAFE 指数	7	6	5	4	4	3	3
发达国家成长股	MSCI EAFE 成长股指数	7	6	5	4	4	3	3
发达国家价值股	MSCI EAFE 价值股指数	7	6	5	4	4	3	3
新兴市场股票	MSCI 新兴市场指数	4	3	3	2	2	2	1
非美国股票小计		24	23	18	16	13	10	9
实物资产	加权基准指数	4	4	3	3	2	2	2
股票合计		85	80	64	55	46	35	31
核心债券	**指数**							
美国核心债券	彭博巴克莱美国综合指数	7	9	14	16	18	20	22
动态全球债券	3 月期限美元 LIBOR（现金）	2	3	5	5	6	7	7
已对冲国际债券	已对冲彭博巴克莱全球债券指数	2	2	3	4	4	5	5
核心债券合计		10	14	21	25	27	32	34
多元化债券	**指数**							
美国长期国债	彭博巴克莱长期债券指数	3	3	3	4	4	4	4
高收益债券	摩根大通全球债券指数	1	1	2	3	3	4	4
浮动利率	标准普尔履约贷款指数	0.2	0.3	1	1	1	1	1
新兴市场债券	摩根大通新兴市场债券指数	1	2	3	4	4	5	6
多元化债券小计		5	6	9	11	12	14	15
通货膨胀挂钩债券	彭博巴克莱 TIPS 指数	0	1	6	10	15	20	20
债券合计		15	20	36	45	54	65	69

（续表）

	退休前和退休后的年数（配置比例：%）						
截至2019年11月30日的美元年化收益率（%）	-20	-15	-5	0	5	15	20
3 年	14	13.9	13.1	12.5	11.8	11.1	10.9
5 年	11.3	10.9	9.6	8.8	8	7	6.6
10 年	7.8	7.6	6.8	6.3	5.7	5.1	4.9
CMA 收益率（5 年）	6	5.8	5.4	5.2	4.9	4.7	4.6
风险（%）							
波动率	10.7	10.1	8.1	7	5.9	4.7	4.2
出现 10% 亏损的概率（1 年期，%）	7.2	7.2	6.6	6.0	5.4	4.8	4.2
出现 10% 亏损的概率（1 年内，%）	17.5	15.1	10.2	9.0	7.2	7.2	7.2
1 月期限的尾部风险（CVAR）	-8.7	-8.2	-6.7	-5.9	-5.1	-4.2	-3.9
情景法：全球股市下跌 10%	-8.7	-8.1	-6.5	-5.6	-4.7	-3.6	-3.2

* 收益率统计数据的来源：参见表中所列指数提供商，由普信集团提供分析。

有关风险分析的注释：所有风险分析均以 MSCI BarraOne 平台（基于因子的模型）为基础。

投资组合波动率为截至 2019 年 9 月 30 日的数据。对目标日期指数型策略，三月期美元 LIBOR 表示为美国洲际交易所——美银美林银行（ICE BofAML）的 3 个月美国国库券指数。对基于指数的目标配置策略，BXM 被映射到 iPath 芝加哥期货交易所的标普 500 买入指数 ETF（iPath CBOE S&P 500 Buywrite ETF，BWVTF US Equity）。

投资组合的总风险（波动率）和情景分析（导致 MSCI ACWI 指数下跌 10% 的事件）按 MSCI 的 Barra MIM 与 GEM 模型计算。在情景分析中，对全球股票指数（以 MSCI ACWI 指数表示）下跌 10%，同时采用 Barra 全球多资产风险模型 BIM303L 中的协方差矩阵和 GEM3L 因子在各资产类别之间进行的相关冲击。

历史上的预期亏损（CVaR）模拟以 MSCI 的 BIM303L 模型为准，持有期为 22 天（置信度为 95%）。出现 10% 亏损的概率（在一年期末及一年期内）按 Barra MIM 波动率及 CMA 收益率评估得到，理论依据来自马克·克里兹曼和唐·里奇发表于 2002 年的《风险的误测》一文。历史时期的起始日期为 2003 年 1 月 1 日，结束日期为 2019 年 9 月 30 日。

本土偏好真的是偏见吗？

需要关注的是，表 17.1 中对美国资产存在一定的战略性本土偏好。在美国以外构建投资组合时，我们通常要考虑一定程度的本土偏好（对它们实施“本地化”）。例如，我们在韩国创建的目标日期投资组合中，对韩国本土股票和债券按市值权重的配置比例明显大于它们在全球投资组合中的权重。本土偏好考虑的是负债，即退休人员的支出发生在本国这一事实。如果当地经济状况良好或物价上涨，退休人员就会希望或需要更多的支出[1]。在这种情况下，本土资产的增长会抵消支出需求的增长（其他条件保持相同），而当经济形势不佳时，则恰恰相反。此时，支出需求会减少，从而抵消投资组合的损失。

这个负债论也适用于债券。如利率上升，退休人员就可以用较少资金购买相同金额的收入流，这样他们就可以接受投资组合中本地债券的损失。如果利率下降，退休人员就需要为相同金额的收入流支付更多费用，但另一方面，他们能以升值后的本地债券价值为收入流提供资金。这个概念在固定收益计划领域众所周知。

考虑到固定缴款计划在本质上也是为了解决这个问题（以积累资产替代退休后的工资），因而同样适用于这个概念。归根到底，尽管全球多元化投资对增长和风险管理依旧重要，但本地资产可以对冲本地支出，因此，本土偏好本身并非总是偏见。但有些投资者需要建立更广泛的全球市场敞口，这就需要为他们提供不存在本土偏好的投资组合。

以下是这些投资组合样本的其他明显特征。

◎ 包含高收益多元化工具的战略性阿尔法头寸，如高收益资产和新兴市场债券。这些资产类别可能会在较长时期内提供较高的风险调整后的贝塔（指数）收益率和大量的超额收益机会。

◎ 出于类似原因，中小盘股票的配置比例往往略高于市值权重。随着时间的推移，这些市值权重逐渐下降。

◎ 实物资产类别由在通货膨胀环境下有良好表现的全球股票（金属与矿业、贵金属、REITs 和能源公司）构成。

◎ 如目标日期投资组合所示，在我们采用的几个模型中，还包括了对通货膨胀保值债券的配置。人们经常对通货膨胀保值债券的战略价值产生分歧，毕竟，低通货膨胀率已持续多年。我们经常会策略性地减持与通货膨胀挂钩的资产，但我们认为，通货膨胀依旧是一种“尾部风险”，因此，大多数投资组合中都需要对通货膨胀保值债券做战略性资产配置。

◎ 在普信集团的“目标日期基金”旗舰产品系列中，几乎所有成份股均为主动管理，这里使用指数敞口完全是为便于举例。此外，我们还提供主动与被动管理产品构成的混合型基金，这种基金最近颇受 401（k）计划发起人的追捧。

◎ 在投资组合中，股票是提高收益率的主要动力。尽管股票配置的比例增加会使波动率变高，但从长远看，股票配置比例的增加会让投资者取得更高回报。在我们的投资组合中，我们对股票配置的比例通常略高于同行。通过尾部风险的分散化和战术性资产配置，我们设法对这种战略性股票风险进行管理。

在表 17.1 中，我们还可以看到不同时段的历史年化收益率。“CMA 收益率”是指资本市场对未来 5 年的预期收益率，它反映了我们对当前市场形势的基本判断。这些数字之所以低于历史收益率，是因为当前利率已接近历史最低点，我们已在第 1 章讨论过这个话题，而且这些数字没有包含主动管理（证券选择和战术性资产配置）带来的阿尔法系数[2]。

保守型资产配置方案

保守型资产配置样本（见表17.2）可为专注美国市场的投资者提供较高当期收入，且波动率适中甚至很低。通常，与目标日期基金等其他以退休为重点的投资组合一样，收入型投资组合往往倾向于以投资者所在国家为主的“本地化”。

表 17.2 基于美国资产的保守型投资组合 *

美国股票	指数	权重（%）
股票收益率	罗素 1000 价值股指数	12.5
美国股票小计		12.5
股票合计		12.5
核心债券		
美国核心债券	彭博巴克莱美国综合指数	18
短期债券	彭博巴克莱 1~3 年政府债券 / 信贷指数	5.5
美国政府国民抵押贷款协会债券（GNMA）	彭博巴克莱 GNMA 指数	9.5
公司收益型债券	彭博巴克莱美国公司债券全球指数	5
动态全球债券	3 月期限美元 LIBOR（现金）	4
已对冲国际债券	已对冲彭博巴克莱全球综合债券指数	8
未对冲国际债券	彭博巴克莱全球综合债券指数	3
核心债券合计		53
多元化债券		
长期美国国债	彭博巴克莱长期债券指数	4
高收益债券	摩根大通全球债券指数	14.5

（续表）

多元化债券	指数	权重（%）
浮动利率	标准普尔履约贷款指数	4
新兴市场债券	摩根大通新兴市场债券指数	8
新兴市场本地债券	摩根大通全球新兴市场多元化政府债券指数	2
多元化债券合计		32.5
通货膨胀挂钩债券		
短期 TIPS	彭博巴克莱 TIPS 指数	2
通货膨胀挂钩债券合计		2
债券合计		87.5
截至 2019 年 11 月 30 日的美元年化收益率（%）		
3 年		10.4
5 年		5.4
10 年		4.2
CMA 收益率（5 年）		3.9
风险（%）		
波动率		2.9
出现亏损 10% 的概率（1 年期，%）		1.8
出现亏损 10% 的概率（1 年内，%）		6.6
1 个月期限的尾部风险（CVaR）		－3.6
情景分析法：全球股市下跌 10%		－1.6

* 注：表中数据的原始来源、计算方法和截止日期等信息，请参见表 17.1 的注释。

但它还包含了收益导向型股票带来的12.5%“意外”收益，在为收益能力提供长期推动力的同时，也带来了长期的通货膨胀对冲效应。结合其他投资组合的特征，如多元化的信用风险敞口和证券选择阿尔法（在采取主动管理策略的情况下），这种股票配置可能比纯债券组合更有助于投资者积累更多资本。

相比之下，很多保守型投资组合完全投资于固定收益资产。因此，它们往往会通过高收益资产及其他低信用评级行业来争取收益，但也间接地增加了股票风险。因此，这些基金错过了直接校准股票和债券构建的组合并从中受益的机会。尽管在不同时点会有很大变化，但正如第9章所述，这显然是最稳健的多元化形式之一。

在投资组合中，固定收益部分是本章所述全部样本中最具风险分散能力的要素之一，这与投资组合通常对固定收益给予较大配置（87.5%）的做法是一致的。持有美国国债多头仓位已成为分散股票风险的有效途径。我们的大多数投资组合都会从战略和战术这两个角度使用这一资产类别。从战略角度看，凭借其较高的利率敏感性和较长久期的“风险平价”概念，它可以明显分散既定金额股权投资的风险水平。基于同样的原因，从战术角度看，我们希望根据自己对市场的风险偏好与风险规避观点调整投资组合的总体风险，配置美国国债准没错。

收入来源可以是现有的常规性高收益板块（高收益率、浮动利率和新兴市场），而保守型收入目标则需要采用量身定做的核心债券类别。通过合理选择这些资产类别，熟练的基金经理可以规避指数敞口中常见的系统性偏见，如大额的油价风险因子敞口。

同样目标日期基金样本中配置的动态全球债券，也是种保守型策略，其目的在于填补不适合进行多元化带来的问题。该策略侧重于现金基准，包括直接的股权与信用风险对冲仓位，而且主要依赖于利率与货币的相对估值机会。在我们的投资组合中，考虑到动态全球债券的保守性及其波动率更接近核心债券而非多元化工具，因此，我们把动态全球债券归结于核心债券，或归类于选择性资产，因为动态全球债券强调的是绝对收益率。

不管何种情况，这都是相同的策略，但我们发现，它可以出现在不同类别中，以反映债券在特定投资组合中相对其他成分所发挥的作用。

中等风险资产配置方案

在表 17.3 中，我们将投资组合的 40% 配置给股票，相比之下，保守型投资组合的股票配置比例为 12.5%。该样本投资组合以寻求长期总收益率最大化为目标，这与首先强调收入，其次强调资本成长的目标保持一致。考虑到投资组合的这一双重目标，7% 的现金配置比例可以为股权风险提供良好的多元化特性，增加流动性，而且有助于将投资组合锁定于更接近基准指数的位置。此外，它还提供了一种策略性杠杆，在长期内对风险敞口进行动态调整。

表 17.3　中等风险条件下的多元化收益投资组合 *

美国股票	指数	权重(%)
大盘成长股	罗素 1000 指数成长股	10
大盘价值股	罗素 1000 指数价值股	10
波动率溢价	BXM 指数	3
小盘股	罗素 2000 指数	3
美国股票小计		27

（续表）

非美国股票	指数	权重(%)
发达国家核心股	MSCI EAFE 指数	10
新兴市场股票	MSCI 新兴市场指数	2
非美国股票小计		11
实物资产	加权基准指数	2.0
股票合计		40
核心债券		
美国核心债券	彭博巴克莱美国综合指数	22
已对冲国际债券	已对冲彭博巴克莱全球债券指数	6
核心债券合计		28
多元化债券		
长期美国国债	彭博巴克莱长期债券指数	2
高收益债券	摩根大通全球债券指数	4
浮动利率	标准普尔履约贷款指数	1
新兴市场债券	摩根大通新兴市场债券指数	5
多元化债券小计		12
债券合计		40
现金 + 选择性资产		
货币市场	3 月期限美元 LIBOR（现金）	7
选择性资产	保守型基金中基金（FOF）HFRI 指数	13
现金 + 选择性资产小计		20
现金 + 选择性资产合计		20

（续表）

截至 2019 年 11 月 30 日的美元年化收益率（%）	
3 年	10.9
5 年	7.3
10 年	5.3
CMA 收益率（5 年）	4.7
风险（%）	
波动率	5.1
出现亏损 10% 的概率（1 年期，%）	6.0
出现亏损 10% 的概率（1 年内，%）	7.8
1 月期限的尾部风险（CVaR）	－5.1
情景分析法：全球股市下跌 10%	－4.0

* 注：表中数据的原始来源、计算方法和截止日期等信息，请参见表 17.1 的注释。

在这个资产配置样本中，选择性资产扮演了重要角色。尽管也可以把美国股票归类于选择性资产，但我们还是对它的波动率溢价进行了分类。第 7 章提到我在蒙特利尔 CFA 学会的演讲时，曾探讨过这种策略，并研究了持保看涨期权（用来获取波动率溢价的主动型管理策略）与波动率管理策略之间的相关性。

此外，我们在第 12 章探讨风险因子时再次谈及这个话题。如前所述，在较长时期内，波动率风险溢价可能是为数不多会展现出强大业绩表现的“因子”之一。该策略通常侧重于股票指数期权，并结合目标股票敞口（即“德尔塔对冲”避险策略）。

全球多元化均衡资产配置方案

表 17.4 的样本资产配置适用于向全球投资者出售的旗舰式基金中基金（FOF）。其机会组合覆盖发达市场与新兴市场的股票和债券以及以提高风险调整收益率为目标的各种多元化风险策略。它属于典型的一站式解决方案。

表 17.4　全球多元化的均衡投资组合 *

美国股票	指数	权重（%）
大盘成长股	罗素 1000 指数成长股指数	11
大盘价值股	罗素 1000 指数价值股指数	11
波动率溢价	BXM 指数	5
小盘股	罗素 2000 指数	5
美国股票小计		32
非美国股票		
发达国家核心股	MSCI EAFE 指数	6
发达国家成长股	MSCI EAFE 成长股指数	3
发达国家价值股	MSCI EAFE 价值股指数	3
欧洲股票	MSCI 欧洲指数	4
日本股票	MSCI 日本指数	2
国际小盘股	标普全球（不包括美国）小盘股指数	4
新兴市场股票	MSCI 新兴市场指数	4
非美国股票小计		25
实物资产	加权基准指数	3
股票合计		60

（续表）

核心债券	指数	权重(%)
政府信贷	彭博巴克莱美国政府债券 / 信贷指数	12
已对冲国际债券	已对冲彭博巴克莱全球债券指数	1
未对冲国际债券	彭博巴克莱全球债券指数	3
核心债券合计		16
多元化债券		
高收益债券	摩根大通全球债券指数	2
浮动利率	标普履约贷款指数	1
新兴市场债券	摩根大通新兴市场债券指数	4
新兴市场本地债券	摩根大通全球新兴市场多元化政府债券指数	2
多元化债券小计		9
通货膨胀挂钩债券		
短期 TIPS 债券	彭博巴克莱 TIPS 1~5 年指数	1
综合 TIPS 债券	彭博巴克莱 TIPS 指数	2
通货膨胀挂钩债券小计		3
债券合计		28
选择性资产	保守型基金中基金（FOF）HFRI 指数	12
截至 2019 年 11 月 30 日的美元年化收益率（%）		
3 年		11.2
5 年		8.4
10 年		5.7
CMA 收益率（5 年）		5.5
风险 （%）		
波动率		7.5

（续表）

截至 2019 年 11 月 30 日的美元年化收益率（%）	权重(%)
出现亏损 10% 的概率（1 年期，%）	6.6
出现亏损 10% 的概率（1 年内，%）	11.5
1 月期限的尾部风险（CVAR）	-7.2
情景分析法：全球股市下跌 10%	-6.0

* 注：表中数据的原始来源、计算方法和截止日期等信息，请参见表 17.1 的注释。

战略性资产配置通常包括 60% 的股票（无本土偏好）、28% 的全球固定收益（包括低于投资级的债券）以及 12% 的选择性资产。选择性资产可以包括对冲基金及动态全球债券（这里归类于选择性资产）。政府信贷配置采取具有较长久期的结构，长期关注高质量债券和美国国债，分散或“对冲”股票波动率 / 选择性资产的潜在肥尾敞口。

这类资产组合正在逐渐成为非美国投资者的主流策略，尤其是在欧洲。在过去几年中，欧洲投资者已将数十亿美元投资于高动态、追求绝对收益率的多资产产品。这种主流策略在 2008—2009 年熊市期间表现优异，并成功把握住随后的资产价格反弹的机会。但我认为，市场偏好可能已出现重大转变，因为在过去几年中，很多这种“枪手式”策略的业绩均逊色于传统的均衡策略。

在第 1 章里，我曾对“以债券式波动率实现股票式收益率”的假设冷嘲热讽，据说少数超级天才投资者可借助宏观贝塔系数的判断做到这一点，但欧洲投资者已开始怀疑这种方法。如果缺乏主动型管理的广泛性和多样性，借助于从战略、估值策略再到选股等方法，就很难取得持续性收益。正是因为缺乏策略宽度，对股票、信贷和久期溢价的做多仓位的长期顺风顺水，很多宏观投资者在过去几年都在苦苦挣扎。

收益最大化资产配置方案

表 17.5 这种高波动率的资产配置旨在寻求长期总收益率的最大化，这显然与追求资本成长的第一目标和追求收益的第二目标保持一致。这种投资组合的结构通常包括 80% 的股票，16% 的债券、货币市场证券和现金储备，以及 4% 的选择性资产。作为一种简单的风险分散化投资组合方式，它显然符合美国投资者的本土偏好。

表 17.5　专门投资于美国的成长型投资组合 *

美国股票	指数	权重(%)
大盘成长股	罗素 1000 指数成长股指数	20
大盘价值股	罗素 1000 指数价值股指数	20
波动率溢价	BXM 指数	6
小盘股	罗素 2000 指数	6
美国股票小计		32
非美国股票		
发达国家核心股	MSCI EAFE 指数	19
新兴市场股票	MSCI 新兴市场指数	3
非美国股票小计		23
实物资产	加权基准指数	4
股票合计		80
核心债券		
美国核心债券	彭博巴克莱美国综合债券指数	9
已对冲国际债券	已对冲彭博巴克莱全球债券指数	2
核心债券合计		11

（续表）

多元化债券		
长期美国国债	彭博巴克莱长期国债指数	2
高收益债券	摩根大通全球债券指数	1
浮动利率	标普履约贷款指数	0.2
新兴市场债券	摩根大通新兴市场债券指数	1
多元化债券小计		5
通胀挂钩债券小计		
债券合计		16
选择性资产	保守型基金中基金（FOF）HFRI 指数	4
截至 2019 年 11 月 30 日的美元年化收益率（%）		
3 年		13.1
5 年		10.5
10 年		7.4
CMA 收益率（5 年）		5.8
风险（%）		
波动率		9.8
出现亏损 10% 的概率（1 年期，%）		7.2
出现亏损 10% 的概率（1 年内，%）		14.5
1 月期限的尾部风险（CVAR）		−8.4
情景分析法：全球股市下跌 10%		−7.9

* 注：表中数据的原始来源、计算方法和截止日期等详细信息，请参见表 17.1 的注释。

特殊组合：针对波动率的资产配置方案

表 17.6 中的投资组合直接针对波动率，它依据的是我们在第 7 章讨论的波动率管理策略。我们可以把它用作防御性美股敞口，作为投资者资产配置的一部分。在这种投资组合中，一半的资金配置给美国股票，而另一半则配置给 3 个 ETF 构成的动态模块：美国股票、美国债券以及“现金”/ 短期债券。模块内的配置比例会因波动率的不同而有所变化。在波动率增加时，该策略会减少对股票 ETF 的配置；当波动率降低时，则增加对股票 ETF 的配置。如前文所述，这个过程有助于对多元化投资在市场压力下遭遇失败的情况进行管理。

表 17.6　防御性股票的目标波动率 *

美国股票	指数	权重（%）
大盘核心股	标普 500 指数	50
美国股票小计		50
总波动率管理		
标普 500 指数 ETF		动态权重
美国综合指数 ETF		
短期债券指数 ETF		
波动率管理合计		50
目标波动率		14%
范围		13%~16%
股票敞口范围		50%~100%
现金配置范围		0~50%

* 注：表中数据的原始来源、计算方法和截止日期等详细信息，请参见表 17.1 的注释。

资产配置仍处于持续快速发展阶段

这些投资组合只是几种适用于不同投资者的资产组合示例。最近，我们的全球多资产部门在解决方案能力进行了大量投入。针对收入、绝对收益、负债驱动和退休等一系列投资目标，我们为非美国投资者推出几款本地化多资产投资组合。归根到底，解决方案业务的成功关键在于满足客户需求。

此外，我们还为理财中介创建了定制型资产配置模型。这些模型深受理财顾问及其客户的欢迎。越来越多的理财师加大了对财务规划和税务筹划的投入，但他们同样需要第三方模型指导其客户选择合理的资产组合。构建这些模型参照本章所述样本组合的变体或“调整”。这些模型既可以是“专用型”（配置给由某一家投资公司管理的组合模块），也可以采取开放式架构（同时配置给多家管理机构）。

在选择性资产领域，我们创建了一个以绝对收益率为目标的多模块策略，以充分利用我们的全部投资平台，包括长短线股票的配置。至于我们最有趣的流动性替代策略之一，一种不受限的多空多资产策略，它是我们平台诸多最优创意的集大成者（覆盖宏观、个股、大宗商品、信贷和特殊事件等模块）。归根结底，资产配置和多资产投资管理模式还在持续快速发展。

这些多元化的演变表明，在过去 4 年中，我们的全球多资产部门经历了一个加速变革与创新的时期。我们正面临前所未有的竞争。要为我们的客户不断创造价值，我们就必须以更快的速度去开发和完善这些多元化能力。

然而，与很多竞争对手不同的是，我们的发展并非从零起步。我们拥有雄厚的实力，辅之以庞大的资产基础，以及在多资产投资管理方面数十年的成功经验。在锐意进取的变革征程中，我们当然不可避免地会遇到各种起伏和动荡。我们必须努力维护自己的核心原则（强大的企业文化、对现有客户和投资业绩的高度关注等），不断接受新鲜事物，加速创新，推动发展。

大约 3 年前，在我们的董事会会议中，我曾引用历史上最优秀的赛车手马里奥·安德雷蒂（Mario Andretti）的一句话："如果一切都在控制之中，那只能说明你的速度还不够快。"我怀疑部分董事可能会对这句话感到不安。但我认为，很多人尤其是私营部门的从业者肯定接受这样的想法：无论企业多么成功，原地踏步就是一种退步。

注 释

1. 至少符合以名义美元表示的结果。
2. 普信集团对 2019 年的资本市场假设，详情见：https://www.troweprice.com/content/dam/ide/articles/pdfs/2019/q2/capital-market-assumptions.pdf。

BEYOND DIVERSIFICATION

永无止境地追求更好的资产配置结果

> 金融投资在不断发展，那些致力于研究金融投资并推动其不断前进的人，将体会到无比的智力满足。—— JPP

教授用冷静的目光看着学生们，教室内陷入安静。教授很清楚该如何利用停顿来吸引学生的注意力。

教授说 :“我再问一次，这是什么意思？”

教室再次陷入安静。教授指了指身后的黑板，上面上写满了几乎无法辨认的方程式和数字。“好好想想！”他说，“你们坐在这里，是为了锻炼自己的判断力，而不只是记忆！”

学生们依旧保持安静。教授指着自己的右太阳穴，重复着他在每堂课都要提出的关于判断力的问题，不过，大多数学生都害怕回答错误时，教授将作出的反应。这天，班上似乎没人想冒险回答问题。

在我参加的大多数金融课上，我都会坐在前几排，而且我经常会主动回答问题。但这种情况显然不适合这堂课。那一天，我坐在最后一排，低着头。和往常一样，这位教授提出的问题非常棘手，这是一个超越数学逻辑的谜题。

问题的内容是公司金融，即如何把融资和投资决策联系起来，这个问题显然与莫迪利亚尼-米勒定理（Modigliani-Miller）有关，该定理表明，公司价值与公司的经营性融资方式无关。教授刚刚给全班同学讲解了一个假想示例，强调了传统资本成本分析对评估项目的不利影响。

教授继续说："我是不是应该把公司的部分资金投资国库券？或全部可用资金买入国库券？"

此时，大多数学生的头脑中都会突然萌生这种想法：把公司资本投资于现金工具显然不能带来股东价值的最大化。但是根据这个模型，现金投资的净现值将为正值。显然，大家对公司资本成本的假设是错误的。

在上完这堂课后，这位拥有 40 年非凡职业生涯的教授即将退休。他是这所大学金融硕士课程的缔造者，并出版了覆盖所有本科和研究生课程的金融教科书，其他几所大学也在使用他的教科书。

毋庸置疑，他是我见过的最好的金融学教授。或许是我的个人崇拜，因为他是我的父亲——让-保罗·佩奇（Jean-Paul Page，"JPP"）。这就是我坐在班级后面，低头不语的原因。本书引用"JPP"的所有观点，其实都摘自他的《财务管理和价值创造》（*Gestion financière et création de valeur*）一书，这本 1 000 多页厚的教科书是以法语出版的[1]。

我的父亲已经退休。他愉快地开启了全新的生活——钓鱼、狩猎、雪地摩托、滑雪、旅行和砍柴，这些成为他生活中的新焦点。尽管他已淡出学术活动，但他仍会给朋友和家人撰写一点简短的评论，话题涉及政治和经济等问题，但往往略带右倾观点。

不执迷理论研究，专注决策过程

在我们进行收益率预测、风险预测和构建投资组合的整个过程中，我一直试图接过父亲的衣钵。他始终认为，金融从业者应致力于提高决策过程的质量，而不是执迷于理论研究。他告诉自己的学生，动量分析尽管非常有价值，但永远不可能代替人的判断。他坚信，深入了解股东的期望（被市场所定价的因子）是财务决策的关键。

在探讨较长期的收益率预测时，我们曾指出，现代金融最强大的理论基础尤其是CAPM，如何帮助我们评估低利率对预期收益率的影响。此外，这些理论还表明，风险收益率和市值权重可以为我们讨论未来收益率提供有价值的参考基准。在本书中，我曾多次提到，每当我抱怨自己的职业发展缓慢时，我的导师马克·克里兹曼都会这样说："佩奇，在我们的生活中，获得幸福的秘诀就是降低期望。"因此，鉴于当前超低利率的市场环境，投资者或许有必要降低自己的预期。

此外，基于估值的预期收益率模型还指出，在未来5~10年，各种股票和固定收益资产类别的收益率都会下降。如果以股息收益率代表股票资产类别的预期收益率，考虑到长期的成长性和估值变化，这些数字可能会乐观一些。在这种情况下，谨慎的方法或许是采用若干不同模型，并结合我们的大量判断。但并非不是没有好消息，针对固定收益资产类别的估值模型，即使是那些完全依赖到期收益率的模型，往往也带有明显的预测性。

至于短期收益率的预测，我们已看到，尽管估值比率和动量或许是有用的，但它们提供的可预测性相对有限。同样，除固定收益资产类别的相对收益率外，它们的预测效果是可以接受的。在战术性资产配置背景下，我们讨论了如何通过自由裁量模型把估值、基本面及宏观因子结合起来，在这方面，显然需要高水平的投资者发挥关键作用。在这个过程中，我们可以通过仪表板提高分析的严谨性，这有助于创造新的交易思路，以进行数据的过滤和组织。

在风险预测方面，好消息是波动率似乎高度可预测（预测效果至少好于收益率）。高频采样（比如说每天或每周，而不是每月）的短期数据窗口似乎效果最佳。投资者可通过波动率管理策略和持保看涨期权等风险投资策略利用这种可预测性。

然而，在可预测波动率的表面之下，却隐藏着庞大的风险怪物：在我们最需要多元化时，多元化几乎总是难堪重任；而尾部风险也比波动率本身更难建模和预测；随着时间推移，风险状态可以彻底改变投资组合的风险敞口。值得庆幸的是，我们的行业已摆脱了对正态概率分布模型的依赖。当下的投资者可以采取各种方法去应对这些问题——尽管目前还谈不上消除这些问题。

投资组合的构建和优化将会有新突破

在投资组合的构建方面，我们探讨了资产类别与风险因子之争。风险因子分析为预测风险和生成情景提供了有价值的依据，但围绕因子溢价产品的炒作却不绝于耳。这有助于澄清我们所说的“风险因子”到底为何物。投资者不一定非要以资产类别取代风险因子作为资产配置的关键要素。相反，他们可以把这些方法结合起来。

在构建投资组合这个问题上，投资者面临的最关键问题或许就是他们需要为实现目标承担多大风险，相应调整股票和债券投资组合的比例。要回答这些与生命周期有关的投资问题，目标日期基金可以为我们提供有价值的参考。对这种类型的基金而言，股票与债券的投资组合会随着时间的推移而变化，并最终取决于投资者的退休日期或实际年龄。这种下滑路径通常是借助多周期优化模型构建而成。这些效用模型试图将资本市场预测、投资者偏好、行为和人口等因素结合起来。

在单周期投资组合优化方面，我们看到，没有任何一种方法是完美无瑕的。每个模型都有各自的优点和缺陷。尽管尾部风险感知优化模型或许可以非常有价值，但投资者必须谨慎使用，避免小数据样本带来的问题。同样，它有助于把不同方法结合起来。

在这个过程中，投资者必须作出合理的判断。在我入行后，我发现很多投资者对投资组合优化持教条主义观点。在这个话题上，两极分化的严重程度出人意料，尤其是在量化分析师中：有些人认为，根本就不应该使用投资组合优化；也有人对某些具体模型笃信不疑。我的观点是，投资者应综合利用多种模型和假设，以便于更好地理解投资组合对不同资产类别的权衡。正如我父亲所言："关键问题不在于模型是否完美无瑕，或是它们在理论上是否比其他模型更优雅。相反，问题的关键在于这个具体模型是否有助于投资者做出更合理的决策。"

最后，我们解决了如何在投资组合构建中使用如下两个模块的难题：选择性资产和基于指数（被动型）的模块。配置选择性资产必须谨慎，这就需要调整收益率和风险评估，反映一个不被人关注的现实：选择性资产绝非免费午餐。需要明确的是，我们认可选择性资产的价值，但我们讨论了在已公布的内部收益率和波动率之外寻找其他资产的必要性。

至于主动型与被动型管理之争，我们讨论了一个案例研究，以说明两者是如何共存的。指数型被动管理产品的兴起为主动型基金经理提供了机会。在这个案例研究中，我们看到庞大的 ETF 交易量造成异常高的相关性，从而为主动选股者提供了机会。需要再次重申的是，我们对此完全没有必要采取教条主义观点。无论是被动型管理策略，还是主动型管理策略，都有各自的一席之地，这取决于投资者的偏好。但主动型投资管理绝不会就此退出市场，它仍是资产配置的核心。并非每个基金经理都是平庸之辈，随着时间的推移，高水平的主动型基金经理凭借可重复的流程创造出优于指数敞口的收益率。

归根结底，投资者应如何整合本书讨论的基本原则进行资产配置？面对多元化经常失败的境况，他们应如何对自己的投资组合进行多元化？我在本书最后一章介绍的几种投资组合模型，或许提供了一些启示。策略性的相对估值机会还会不断演变，资产配置者依旧在不断完善战略性投资组合构建。我预计，资产配置的实务和理论还将继续有新突破，以永无止境地追求为投资者提供更好的结果。正如我父亲所言，那些致力于研究金融投资并推动其不断前进的人，将体会到无比的智力满足。资产配置绝对是一个魅力无穷的领域！

注　释

1. 我父亲出版的英文书籍《财务管理和价值创造》(*Corporate Governance and Value Creation*)，有兴趣了解公司治理的人可在如下网址获得：https://www.amazon.com/Corporate-Governance-Value-Creation-Jean-Paul/dp/0943205719。

致谢 

BEYOND DIVERSIFICATION

在一次长途越野跑的路上，我决定要写这本书。在某种意义上，这就是灵光乍现的时刻吧。我当时的想法是，可以用“马尔科姆·格拉德威尔”（Malcolm Gladwell，会讲故事的非虚构作家）的写作技巧，用易于理解的方式去解释复杂的投资话题。凭借多年为学术期刊创作文章的经验，我认为，如何消除学术审稿人施加的限制非常有挑战性。我希望在广泛的学术研究和从业经验中得出有趣，甚至是引人入胜的结论。

本书援引了 200 多篇学术文章的见解，旨在帮助聪明的投资者成为更优秀的资产配置者。当然，如果你已经阅读本书，自然也就会知道，我没有马尔科姆·格拉德威尔的笔力。有些章节确实无法规避金融领域专业性术语，当然，我也没有办法彻底撇弃术语。一位图书经纪人曾告诉我，除非我从头开始，否则，这本书“永远、永远不会成为大众市场的畅销货”。我当然不会放弃我的创作原则。

麦格劳希尔出版集团似乎非常愿意与我合作，因为他们瞄准的是更高层面的读者。我希望读者能通过本书有所收获。因此，我首先要感谢斯蒂芬·伊萨克（Stephen Isaacs）和麦格劳希尔自始至终对我以及图书内容的信任，而且不打折扣地接受了这本书。当然，我必须感谢因格里德·凯斯（Ingrid Case）的杰出编辑能力。

最近，我接受了《吉普林金融》杂志（*Kiplinger*）记者的采访。她的问题是："一个全职工作的人怎么有时间写这么内容翔实的书呢？"我的回答很简短："有很多朋友帮忙。"

本书很多章节的灵感来自普信集团的同事，包括罗伯·帕纳列洛、吉姆·茨兹祖里斯、鲍勃·哈罗、斯蒂芬·胡布里奇、安娜·德雷耶、哈里·林奇、西恩·麦克威廉、大卫·吉鲁、克里斯·福克纳-麦克唐纳、大卫·克莱维尔以及查尔斯·施莱弗。与你们中的每个人共事都是非常愉快的经历，而且我们必将继续共事，这对我而言是一种难得的绝对乐趣。

特别感谢和声明：罗伯·帕纳列洛对本书实证问题方面提供帮助；斯蒂芬·胡布里奇在波动率管理和其他量化题材方面的思想领导地位无人能撼动；我在生命周期投资方面的认知几乎全部来自吉姆·茨兹祖里斯教授；杰罗姆·克拉克和怀亚特·李绝对是目标日期基金特许经营领域的权威和领导者；大卫·吉鲁让我认识到，伟大的投资者是如何思考的。同样，他在宏观经济仪表板和其他战术性资产配置相对价值分析方面的行业地位不容置疑；大卫·克莱维尔一直为我们资产配置委员会讨论的各项"专题"提供支持，他还是宏观经济仪表板方面的负责人；海莉·林奇为主动选股者部分进行的实证分析令人赞叹。

我还要感谢查尔斯·施莱弗、罗伯·夏普以及我们资产配置委员会的所有成员，很幸运有机会和如此多杰出的投资者共事。每次我们见面，我都在学习。和你们一起工作，让我不再是一个"笨宽客"，而是一个真正的投资者。

几位同事参与了初稿的审核并提出了宝贵意见，他们甚至亲自动手进行编辑。非常感谢加文·戴利、彼得·奥斯汀、斯瓦比·乌斯、香农·卢卡斯、斯蒂芬妮·扬卡斯卡斯和丹·米德尔顿提出的建议。此外，还要特别感谢斯瓦比·乌斯和约翰·泽维塔斯在法律和合规要求方面提供的支持，感谢戴维·奥斯特赖歇尔和特里·杜德在本书内部审查过程中提供的协助。此外，感谢普信集团全球品牌营销主管西尔维亚·托恩斯对本书的大力支持。

对于如何在全职工作情况下创作本书这个问题，要给出更准确的回答，除了来自朋友和同事的帮助之外，就不能不提到协同、指导、时间管理以及家人的支持。

协同这个词的含义是说，这本书本身就是我的工作内容，它展示了普信集团如何为客户管理资产的。由于我们在普信集团所崇尚的协作文化（在这里工作本身就是一个难得的机会），我们可以向他人学习，不断突破专业资产配置最佳实践的界限。我们拥有出色的企业文化，我很幸运能成为这个组织的一员。

关于指导这个话题，我经常会说，我在资产配置方面所掌握的知识，都来自马克·克里兹曼。克里兹曼给我进行了十多年的指导。这也是我整个职业生涯中获得的最有价值的专业合作。我们始终是朋友，因此，我有机会继续向克里兹曼学习。如果没有克里兹曼多年来的支持，我的职业生涯就不可能走到今天这一步，更没有本书的面世。正如我在本书前言中所提到的，我在会议演讲中提到的大部分笑话，确实都是他的成果。

今天，在普信集团，我同样受益于罗伯·夏普和比尔·斯特罗姆伯格的强大指挥、指导和支持。我无法想象，在诚信、谦逊、投资头脑和领导力方面，还有谁比他们更强大。我们的行业似乎缺少具有领头能力的超级投资者，而夏普和斯特罗姆伯格在这个方面的能力毋庸置疑。

针对时间管理这个话题，这本书足足花费了我 2 年多的时间，而且是一点一滴的业余时间，在这期间，我曾经也有过自我怀疑的时刻。在阅读卡尔·纽波特（Cal Newport）的书《深度工作》(*Deep Work*)(这是我读过的最有影响力的书之一）后，我终于不再犹豫。它帮助我学会合理安排时间。我从未见过纽波特，但我觉得有必要感谢他，他彻底改变了我对时间管理的看法。同样，非常感谢玛丽·罗尔夫和丹·米德尔顿帮我做好的日程安排。

最后，关于家人的支持，除了学习到对金融的热情之外，我从父亲那里认识到了职业道德的重要性。此外，他还教我如何以合理的怀疑态度看待世界，并始终在决策中发挥自己的判断。我希望各位读者认真揣摩本书中引用他的话。此外，我要感谢我的母亲，她有一种无形的力量，在我一生中，永远都给予我最强大无比的支持。

我利用晚上、周末和假期时间，完成了这本书的部分内容。我的妻子始终毫无怨言地支持我，我永远感激她的理解和帮助。她是我一生的挚爱。我们的两个好孩子——查理和奥利维亚，非常感谢你们的支持，但我认为，你们两个人都不会对这本书有丝毫兴趣。机器人技术、视频、游戏和社交媒体当然比金融投资更有趣，但我希望你们会喜欢我最后要说的几句话，而且也是我的心里话：你们太棒了，我爱你们!

GRAND CHINA

中　资　海　派　图　书

《威科夫量价分析图解》

[美] 戴维·H. 魏斯　著

何正云　何艺阳　译

定　价：79.00 元

威科夫嫡系传人对量价分析法的当代解读
读懂图形、洞悉市场走势，成为解盘高手

威科夫量价分析法诞生已有百年，至今仍被全世界主流交易员奉为圭臬。在本书中，通过对 126 幅不同交易市场走势图的分析，魏斯毫无保留地介绍了如何在当下的市场环境中研判主力动向，找准即将出现的买卖点。

- 在各类行情图的价格区间内考虑收盘价的相对位置；
- 探索付出与结果、支撑与阻力以及如何在市场里跟对专业资金的步伐；
- 精准识别多空博弈与反转点，找到隐藏在股票和期货下的供需矛盾；

……

解盘是一门艺术，需要开放的心态，以适应当今动荡的市场，获得“与市场对话的能力”，从而创建适合自己的高胜率交易体系。

READING YOUR LIFE

人与知识的美好链接

20 年来，中资海派陪伴数百万读者在阅读中收获更好的事业、更多的财富、更美满的生活和更和谐的人际关系，拓展读者的视界，见证读者的成长和进步。现在，我们可以通过电子书（微信读书、掌阅、今日头条、得到、当当云阅读、Kindle 等平台），有声书（喜马拉雅等平台），视频解读和线上线下读书会等更多方式，满足不同场景的读者体验。

关注微信公众号“**海派阅读**”，随时了解更多更全的图书及活动资讯，获取更多优惠惊喜。你还可以将阅读需求和建议告诉我们，认识更多志同道合的书友。让派酱陪伴读者们一起成长。

微信搜一搜 海派阅读

了解更多图书资讯，请扫描封底下方二维码，加入“中资书院”。

也可以通过以下方式与我们取得联系：

采购热线：18926056206 / 18926056062

服务热线：0755-25970306

投稿请至：szmiss@126.com

新浪微博：中资海派图书

更 多 精 彩 请 访 问 中 资 海 派 官 网 www.hpbook.com.cn